이강영어 세 번째 이야기

이제 영어의 의문이 풀렸다 2

(새로운 영어 이론을 이용한 구동사 & 숙어 정리)

이 진 호 지음

도서출판 이 강

이제 영어의 의문이 풀렸다 2

펴낸곳/(도서출판)이강
펴낸이/이진호
지은이/이진호

초판발행일/2007년 1월 20일
등록번호/05-05-0217
등록일/2005년 5월

주소/광주광역시 북구 풍향동 579-17(3F)
전화/(062) 266-0136
FAX/(062) 266-0137
E-mail/kkk284@lycos.co.kr
다음카페 <이제 영어의 의문이 풀렸다>
에서 책에 대한 의견을 나누시기 바랍니다.

저작권자 ⓒ 이진호 2007

잘못된 책은 바꾸어 드립니다.
정가 13,500원
ISBN 978-89-956668-2-1 03740

본서의 내용을 무단 복제하는 것은 저작권법에 의해 금지되어 있습니다.

머 / 리 / 말

1권 **'이제 영어의 의문이 풀렸다'**와 2권 **'문법 없이 독해하기'**에 대한 많은 독자분들의 격려와 관심에 다시 한 번 감사드립니다.

이제 3번째 책을 출간하게 되었습니다. 2권 '문법 없이 독해하기'가 출간되고 많은 분들께서 구동사에 대한 내용을 다루지 않은 것에 대해서 문의가 있었습니다. 1권 '이제 영어의 의문이 풀렸다'에 만족하신 분들이라면 당연히 같은 생각을 하셨을 겁니다. 사실 제 자신도 처음에 계획하기로는 1권에 이어서 2번째 책은 구동사에 관한 것이어야 한다고 생각했었습니다.
제가 이러한 설명을 하는 이유는 그만큼 이번에 발간된 **'이강영어 세 번째 이야기'**는 1권에서 이어지는 자연스러운 내용이고, 그래서 제목을 **'이제 영어의 의문이 풀렸다 2'**로 정하게 되었다는 것에 대한 이해를 돕기 위함입니다.

그동안 많은 분들께서 **다음 카페 '이제 영어의 의문이 풀렸다'**와 메일을 통해서 책에 대해서 칭찬과 아쉬움의 글을 보내 주셨습니다. 그런데 아쉽게도 어느 순간부터 답변을 해드리지 못하고 있습니다. 정말 죄송하게 생각합니다.

제 책에 대한 아쉬움을 말씀하시는 분들께 세 가지를 들어 변명을 하려고 합니다.
  <u>첫째</u> 제 책에 부족한 점이 많이 있다는 것을 저도 인정합니다. 하지만 이제 겨우 3권의 책이 나왔을 뿐이어서 아직 제 주장은 진행형이라는 것과 그리고, 앞으로 많은 연구가 필요하다는 것을 말씀 드립니다.
  <u>두 번째</u>, 저는 이 책으로 영어의 모든 것이 해결될 것이라는 주장은 결코 하지 않았습니다. 저는 이 책의 내용이 입문서로서 기능하여, 학습자가 영어에 쉽게 접근하는 데 도움이 되기를 기대합니다.
  <u>마지막으로</u> 많은 아쉬운 점에도 불구하고 저는 이 책의 내용이 분명 읽을 만한 가치를 가지고 있다고 생각합니다. 지금까지 제 역할을 하지 못하고 있던 영어 교육의 새로운 전기를 마련할 수 있을 것으로 스스로 기대해 봅니다. 그것만으로도 큰 의의가 있을 것입니다. 지금 저에게 왜 완벽하지 않는가를

따지는 것은 저 혼자서 감당하기에는 지나친 기대가 아닌가 하는 변명을 해 봅니다.

이제 새로운 영어 이론은 세상에 이미 소개해 드렸고 앞으로 느리지만 끊임없이 앞만 보고 걸어가도록 하겠습니다.

제 책을 읽고, 그리고 내용에 동조해 주시는 많은 분들께 다시 한 번 감사의 말씀 전하고 앞으로도 많은 관심 부탁드립니다.

항상 건강하시기를 바랍니다.

끝으로 다음 카페를 통해서 과분한 관심을 보여주시는 hegler님께 감사의 말씀 전합니다. 나에게 언제나 힘을 주는 아내 현주와 아들 우현에게 이 책을 바칩니다.

2007. 01. 20

이 진 호

CONTENTS

머리말 ··· 1
차례 ·· 3
본서의 특징 및 학습법 ·· 7

1부 구동사 및 숙어의 생성 원리 정리
1. 영어는 형식이 의미를 가지고 있다. ·· 12
2. 확장1-A형식과 확장3-A형식 ·· 13
   1) 새로운 영어형식 I: 확장1-A형식 ·· 13
   2) 새로운 영어형식 II: 확장3-A형식 ··· 15
3. 구동사 ·· 16
4. 구동사는 동사다. ·· 18
5. 전치사 및 전치사적 부사 그리고 부사 ·· 20
6. 구동사의 형태와 구별 ··· 22
7. 구동사와 기본 동사 ·· 27
8. 전치사의 두 가지 역할 ··· 28

2부 구동사 분류 및 정리
◐ 이동 동사와 전치사 ·· 34
  (가) 확장1-A형식 ·· 34
  (나) 확장3-A형식 ·· 42
◐ 개별 전치사 및 전치사적 부사의 의미 분류 ···································· 50
(A) TO..forth/FOR..after ↔ AGAINST/BACK ··································· 52
  (1) TO... forth ··· 54
    (1-1) TO ··· 54
  ◘ 행동을 이동시키기 ·· 62
    (1-2) forth ··· 68
  (2) FOR... after ··· 72

- (2-1) FOR ··· 72
- (2-2) AFTER ··· 78
- (3) AGAINST ··· 82
- (4) BACK ··· 87
- (B) BY, ALONG, ACROSS, THROUGH ··· 93
  - (1) BY... ASIDE... beside ··· 93
    - (1-1) BY ··· 93
    - (1-2) ASIDE ··· 99
    - (1-3) beside ··· 102
  - (2) ALONG ··· 104
  - (3) ACROSS ··· 107
  - (4) THROUGH ··· 111
- (C) UP ↔ DOWN ··· 117
  - (1) UP ··· 117
  - (2) DOWN ··· 138
- (D) ON ↔ OFF/ AWAY 그리고 AT ··· 147
  - (1) ON ··· 148
  - (2) OFF ··· 164
  - (3) AWAY ··· 179
  - (4) AT ··· 188
- (E) OVER/above/beyond ↔ UNDER/beneath/below ··· 197
  - (1) OVER/above/beyond ··· 198
    - (1-1) OVER ··· 198
    - (1-2) above ··· 208
    - (1-3) beyond ··· 210
  - (2) UNDER/beneath/below ··· 212
    - (2-1) UNDER ··· 212
    - (2-2) beneath ··· 216
    - (2-3) below ··· 218
- (F) OUT ↔ IN...INTO ··· 219
  - (1) OUT ··· 219

  (2) IN...INTO ·········· 232
   (2-1) IN ·········· 232
   (2-2) INTO ·········· 244
(G) FROM ·········· 254
(H) APART ↔ TOGETHER ·········· 266
  (1) APART ·········· 267
  (2) TOGETHER ·········· 271
(I) ABOUT, (A)ROUND ·········· 274
  (1) ABOUT ·········· 274
  (2) (A)ROUND ·········· 281
(J) WITH ·········· 290
(K) OF ·········· 303
 A. 명사+OF+명사 ·········· 305
  (1) 소유격의 역할을 하는 'OF+명사' ·········· 307
   (1-1) 목적격의 OF ·········· 307
   (1-2) 주격의 OF ·········· 307
   (1-3) 소유의 OF ·········· 309
    having ·········· 309
    belong to ·········· 310
  (2) 'OF+명사'는 형용사이다 ·········· 312
  (3) '명사+OF+명사'는 하나의 단어 역할을 한다. ·········· 314
 B. 동사와 관련 있는 'OF+명사' ·········· 316
  (1) 출처, 기원의 의미 : FROM ·········· 316
  (2) 분리의 의미 ·········· 317
  (3) 결합의 의미 ·········· 319
  (4) -에 대해서 : ABOUT ·········· 322
  (5) 원인 ·········· 323
 C. 전치사 OF의 역할 ·········· 324
  (1) 동사가 아닌 것이 목적어를 취할 경우 ·········· 324
   'be+형용사'가 목적어를 취할 경우 ·········· 324
   명사 구문(목적격의 OF) ·········· 325

(2) That절을 목적어로 취하는 동사가 명사를 목적어로 취할 경우 ········ 328
(L) 기타 전치사적 부사 및 부사 정리 ·· 332

　후기 ··· 336

본서의 특징 및 학습법

본서는 제목 그대로 1권 <이제 영어의 의문이 풀렸다>에서 제시한 내용과의 연속선상에서 기획된 책입니다.

1권과 마찬가지로 이 책의 내용에서 가장 중요한 것은 **'형식 자체가 일정한 의미를 가지고 있다'**는 확장 형식의 원리입니다. 때문에 이 책은 구동사를 다루고 있는 시중의 다른 책들과 그 만큼의 차별성을 가지고 있습니다.

<u>1권이 새로운 영어의 기본 원리를 제시하고 있다면 2권은 그 이론에 대한 보강 작업의 하나로서 구동사 및 숙어를 설명하고 있습니다.</u> 1권의 내용을 읽고 나서 이 책을 읽는 것이 훨씬 효율적이기는 하겠지만, 책 앞부분에 1권의 내용 중 구동사 관련 내용을 정리하여 제시함으로서 1권의 내용을 읽지 않은 독자들도 충분히 따라갈 수 있도록 하였기 때문에 이 책만으로도 충분히 의미 있는 내용이 될 수 있을 것입니다.

총 34개의 전치사 및 전치사적 부사에 대해서 어떠한 동사적 의미를 가지고 있는지를 제시하고 있습니다. 각각의 전치사 및 전치사적 부사를 이해하기 쉽도록 유사한 의미를 가지는 것끼리 한데 분류하고, 다시 거기에 반대되는 의미를 가지고 있는 것들을 함께 묶어서 **분류 자체가 개념을 파악하는데 도움이 될 수 있도록 했습니다.**

그리고 각 전치사 및 전치사적 부사를 설명함에 있어서 단순히 예문을 제시하는데 그치지 않고, **개별 전치사 및 전치사적 부사를 설명할 때 기본 의미를 미리 제시함으로서 예문의 분류를 이해할 수 있는 틀을 제시하였습니다.**

최대한 세세하게 분류하고 최대한 많은 예문을 수록하려고 하였습니다. 일단 보통 숙어로 분류되는 <동사+ 전치사 및 전치사적 부사>의 형태는 빠짐없이 수록하여 그러한 것들이 본 저자가 제시하는 새로운 영어 이론의 영역 안에서 설명될 수 있음을 보이고자 했으며, 더 나아가 같은 양의 기존에 잘 다루지 않던 표현들까지 첨가하여 **구동사 사전과 같은 역할을 할 수 있도록 하였습니다.** 그래서 어떤 경우는 지나칠 정도로 예문이 많다는 생각이 들 수도 있을 것 같습니다. 때문에 분류가 이해가 되었다면 예문을 모두 읽지 않아도 될 것입니다. 그러나 다양한 표현의 많은 지문을 읽다 보면 자연스럽게 동사 보다는 형식이 더 중요하다는 확장형식의 이론에 훨씬 더 가깝게 다가갈 수 있을 것입니다.

그리고 전치사 OF에 대한 정리는 꼭 한번 읽어 볼 것을 권해 드립니다.

두 가지에 대해서 양해를 구하고자 합니다.
첫째, 1권의 내용 중 일부를 그대로 다시 수록하였다는 것입니다. 1권에 이미 수록했던 down, into, out에 대한 정리와 '이동 동사와 전치사' 부분을 다시 수록하였습니다. 부끄럽게도 이 책이 치밀한 기획 하에 출판되지 않았다는 것이 가장 큰 이유이겠고, 구동사에 대한 책을 출간하면서 이들을 뺀다는 것이 옳지 않다고 생각했기 때문입니다.
둘째, 분류의 어려움에 대한 것입니다. 제 나름대로의 기준을 가지고 정확한 분류가 되도록 노력했지만, 저의 능력이 부족한 것과 아울러 수학이 아닌 언어이기 때문에 존재하는 모호성으로 인해 정확한 분류 작업이 쉽지 않았습니다.
이것은 아마 책을 읽다 보면 저의 이러한 고백이 아니더라도 독자 여러분께서도 느끼게 되는 문제점일 것입니다. 하지만 이러한 문제는 어느 누가 다루더라도 필연적으로 발생하는 문제일 것이기에 너그러이 많은 양해 부탁드립니다.

이러한 문제에도 불구하고
이 책의 내용은 **'형식 자체가 일정한 의미를 가지고 있다'** 는 새로운 영어 이론을 이해하는데 많은 도움이 될 것으로 기대해 봅니다.

이제 영어의 의문이 풀렸다2
▶ 1부 ◀

구동사 및 숙어의 생성 원리 정리

제1부
구동사 및 숙어의 생성 원리 정리

두 가지만 먼저 말하고자 합니다.

첫째, 이 책은 1권<이제영어의의문이풀렸다>에 이어지는 책이지만 1권을 읽지 않고 2권만 접하게 되는 분들을 위해서, 이 책에 수록된 내용을 이해하기 위해 필요한 최소한의 내용을 아래에 정리하려고 합니다.
1권<이제영어의의문이풀렸다>을 읽으신 분들은 내용이 상당 부분 겹치지만 양해해 주시기 바랍니다.

둘째, 이 책에서 다루는 것은 우리가 흔히 **구동사(Phrasal Verb)** 또는 **구절동사**라고 부르는 것을 다루고 있습니다. 하지만 읽다 보면 그보다는 훨씬 더 범위가 넓다는 것을 느낄 수 있을 것입니다. 정확히 제시하면, 이 책에서 다루는 것은

<동사 + 전치사 (+ 명사)>
그리고 <동사 + 명사 + 전치사 (+ 명사)>의 형태를 취하는 것입니다.

보통, <동사+ 전치사+ 명사>, <동사+ 명사+ 전치사+ 명사>의
  형태를 취하고 있으면 숙어로,
<동사+ 전치사/전치사적 부사>, <동사+ 명사+ 전치사/전치사적 부사>의
  형태를 취하고 있으면 구동사 또는 구절동사라고 말할 수 있을 겁니다.

<u>중요한 것은 그것을 어떻게 분류하는가 하는 것이 아니라 그러한 것이 생성되는 원리를 이해하는 것일 것입니다.</u>

* 이하에서 앞으로 특별한 경우가 아니면 구동사란 용어로 통일 하겠습니다. 지금부터 사용하는 구동사라는 용어는 구절동사와 같은 의미이며, 아울러 '동사+전치사'형태의 숙어를 포함하는 개념입니다.

1. 영어는 형식이 의미를 가지고 있다.

영어에는 형식이란 것이 있습니다. 보통 문장의 5형식이라고 합니다. 그런데 이 형식이 단순한 공식이 아니라 근본적인 영어 원리를 담고 있습니다. 그것은 **'형식 자체가 일정한 의미를 가지고 있다는 것'**입니다.

예를 들어서 4형식(주어+동사+간접목적어+직접목적어)의 경우는 사용된 동사와 관계없이 <주어가 간접목적어에게 직접목적어를 **주다**>라는 의미를 가지고 있습니다.

주어 + 동사 + I.O(간접목적어) + D.O(직접목적어)

해석법: 주어가 I.O에게 D.O를 주다.

어떤 문장이 4형식이라고 파악이 되면 **동사가 무엇이 오든지간에, 동사에 상관없이** 일단 그 문장은 '주어가 I.O에게D.O를 주다'라는 의미를 기본적으로 가지게 됩니다.
그래서 '그는 그녀에게 책 한권을 주었다'는 He **gave** her a book.도 맞지만 동사를 제거한 He **V** her a book도 같은 의미를 가지고 있습니다. 그리고 He **got** her a book.과 He **took** her a book도 기본적으로 같은 의미입니다. 물론 사용된 동사에 따라서 글의 전체적인 분위기가 다르겠지만 기본적으로 '그가 그녀에게 책 한권을 준 것'이라는 것에는 변함이 없습니다. 아래 문장들을 해석해 보시기 바랍니다. 동사를 무시하고 형식의 의미에 의해 해석해 보시기 바랍니다.

He set **his secretary** **various tasks**.

(그는 그의 비서에게 여러 가지 일을 주었다.)

He served us hot coffee. (그는 우리에게 뜨거운 커피를 대접했다.)

Please secure me a seat. (자리하나 잡아 주시오.)
He conceded us the right to enter.
　　(그는 우리에게 들어갈 권리를 양보했다.)
She struck the boy a violent blow.
　(그녀는 그 소년에게 강한 일격을 가했다.)
It led him a dog's life. (이것은 그에게 비참한 생활을 시켰다.)
He left her a fortune in his will.
　　(그는 유서를 통해 그녀에게 재산을 남겼다.)
The book won him fame. (그 책은 그에게 명성을 가져다주었다.)
They assigned me a quite room.
　　(그들은 내게 조용한 방을 하나 배정해 주었다.)
Let me fix you a drink. (내가 술 한 잔 타주지.)

4형식뿐만 아니라 다른 형식들도 모두 고유의 의미를 가지고 있습니다. 하나 더 보면, 5형식(주어+ 동사+ 목적어+ 목적보어)의 경우도 형식 자체가 의미를 가지고 있습니다. 5형식은 형식 자체가 <주어가 목적어를 목적보어**하게 하다**>라는 의미를 가지고 있습니다. 그래서 '그는 그녀를 거기에 가게 했다'는 He got her to go there.도 맞지만 동사를 제거한 He V her to go there. 도 같은 의미를 가지고 있습니다. - 더 자세한 것은 1권을 참조하시기 바랍니다.

이제 이 책과 관련하여 더 중요한 점은, 5형식 외에도 더 빈번하게 사용되고, 그래서 더 중요한 형식이 존재한다는 것입니다.

2. 확장1-A형식과 확장3-A형식

  1) 새로운 영어 형식 I: 확장1-A

　　　<u>주어 + 동사 + 전치사 + 명사</u>

해석법 : 주어가 스스로 '전치사+명사' 쪽으로 '변화, 이동'하다.
* 변화의 전치사는 into

동사는 보지 마시고 화살표를 주시하면서 위에 제시한 해석법에 따라 아래 문장을 해석해 보십시오.

He flew into **a rage**.

위 문장을 해석법에 따라서 정리하면 'He가 스스로 into a rage쪽으로 변화, 이동하다'입니다. 여기서 He가 a rage로 변화 할 수는 없으므로 이 문장에서의 INTO를 변화의 의미로 봐서는 안 됩니다. 이동의 의미로 봐서 '그는 분노(rage)안으로 들어갔다'로 해석됩니다. 이것을 상식적으로 정리하면 최종적으로 '그는 갑자기 불끈했다'로 해석됩니다.

다음을 더 해석해 보시기 바랍니다. 동사는 보지 마시고 형식(전치사)에 의존해서 해석하십시오.

The train pulled into **the tiny town**.

(그 기차는 작은 마을에 들어 왔다.)

He retired **to** his village. (그는 고향으로 물러갔다.)
He got **into** big trouble. (그는 커다란 곤경에 빠졌다.)
He jumped **into** discussions. (그는 토의를 시작했다.)
The train drew **into** the station. (기차가 역으로 들어왔다.)
He launched **into** business. (그는 장사에 나섰다.)
We are removing **to** the city next week.
　(내주에 시내로 이사합니다.)
They struck **into** the woods. (그들은 숲 속으로 들어갔다.)
My body contorted **into** strange shapes.
　(나의 몸은 이상한 모습으로 뒤틀렸다.) * 변화의 into

2) 새로운 영어 형식 II: 확장3-A

주어 + 동사 + 목적어 + 전치사 + 명사

**해석법: 주어가 원인이 되어서 목적어를
'전치사+명사'쪽으로 변화, 이동 시키다.**

* 변화의 전치사는 into

동사는 보지 마시고 화살표를 주시하면서 위에 제시한 해석법에 따라 아래 문장을 해석해 보십시오.

He contributed **an article to a journals.**

위 문장을 해석법에 따라서 정리하면 'He가 원인이 되어 an article을 TO a journals 쪽으로 이동시키다'가 됩니다. 이것은 다시 '그는 논문을 잡지 쪽으로 가게 했다'라고 할 수 있고, 상식적으로 '그는 잡지에 논문을 기고했다'로 해석 됩니다. 이 문장이 여러 가지 정보를 얻을 수 있는 글속에 놓여 있다면 의미 파악이 명확할 것입니다.
다음을 더 해석해 보시기 바랍니다. <u>동사는 보지 마시고 형식(전치사)에 의존 해서 해석하십시오.</u>

He gathered **her** into **his arms**.

(그는 그녀를 두 팔에 안았다.)

He hit the tennis ball **over** the net.
(그녀는 테니스공을 네트 너머로 쳐 넘겼다.)

They flew supplies **to** the city. (그들은 보급품을 그 도시에 날랐다.)
He fitted the key **in** the lock. (자물쇠에 열쇠를 꼭 끼어 넣었다.)
They feed the wire **into** the hole. (그들은 구멍에 전선을 넣었다.)
The tide floated us **into** the harbor.
    (조류가 우리를 항구로 떠밀어 주었다.)
He dug his feet **into** the snow. (그는 발을 눈 속에 쑤셔 넣었다.)
Some insects deposit their eggs **in** the ground.
    (어떤 곤충들은 땅속에 알을 낳습니다.)
We admitted him **to** a hospital. (우리는 그를 입원시켰다.)

3. 구동사

 구동사 또는 구절동사는 일정한 형태를 가지고 있습니다. **<동사+전치사>**
<동사+전치사적 부사> 또는 **<동사+부사>**의 형태를 취합니다.
구동사의 원리를 알려면 확장형식과 연결해서 설명해야 합니다. 정확히 말하면 확장1-A형식과 확장3-A형식과 관련이 있습니다. 확장1-A형식과 확장3-A형식을 다시 써 보겠습니다.

      확장1-A형식 : 주어 + 동사 + 전치사 + 명사
      확장1-B형식 : 주어 + 동사 + 목적어 + 전치사 + 명사

 '전치사+ 명사'를 부사구라고 합니다. 그래서 '전치사+ 명사'자리에 한단어의 부사가 나올 수도 있습니다. 확장 형식에 사용될 수 있는 부사에는 전치사적 부사와 장소나 방향을 나타내는 부사가 있습니다. 그렇다면 위의 형식들은 다음과 같이 정리할 수 있겠습니다.

 확장1-A형식
    주어   +   **동사**   +   <u>전치사</u>   +   명사
    주어   +   **동사**   +   전치사적 부사
    주어   +   **동사**   +   부사

확장3-A형식
>   주어 + **동사** + 목적어 + **전치사** + 명사
>   주어 + **동사** + 목적어 + **전치사적 부사**
>   주어 + **동사** + 목적어 + **부사**

위에서 짙게 쓴 글씨는 <동사+전치사> <동사+전치사적 부사> 그리고 <동사+부사>입니다. 어디서 본 형태이지요. 바로 구동사의 형태입니다. 예를 들어 보겠습니다.

He **got** in the room.   (그는 방에 들어갔다. **확장1-A형식**)

He **got** the ball in the room. (그는 공을 방에 넣었다. **확장3-A형식**)

Get in : 들어가다 / 들어가게 하다
 - 지금까지 우리가 숙어로 외운 형태

위에서 본 것처럼 **구동사(기존에 숙어라고 설명함)라는 것은 확장형식의 '동사+전치사적 부사'와 '동사+부사'를 나타냅니다. 따라서 구동사를 이해하기 위해서는 확장형식의 원리를 반드시 이해해야 합니다.** (확장형식 전반에 관한 것은 1권을 참조하시기 바랍니다.)

확장형식의 문장을 해석하려면 동사보다 형식에 주목해야 합니다. 그리고 '전치사+ 명사'가 형식을 파악함에 있어서 가장 큰 역할을 하고 있습니다.
따라서 확장형식의 문장을 해석하려 한다면 '전치사+ 명사' 또는 그와 같은 역할을 하는 '전치사적 부사'와 '부사'를 살펴봐야 합니다. 결론적으로 **구동사의 의미를 파악하기 위해서는 '전치사적 부사'와 '부사'를 살펴봐야 합니다.**

여기서 한 가지 다시 지적하고자 합니다. 영어의 동사와 우리말의 동사는 다릅니다. 1권에서 설명한 대로 영어는 '변화와 이동'은 형식으로, 동사는 '변화와 이동'하는 방법, 수단, 모습, 모양 등을 나타냅니다. 이러한 원리를 담고

있는 것이 확장형식입니다. 그리고 이 경우 동사보다는 형식이 더 중요하고, 형식에 중요한 역할을 하는 것은 전치사+ 명사 입니다. **반면에 우리말을 보면 영어에서 전치사가 나타내는 '변화와 이동'을 동사가 나타냅니다.** 그리고 확장형식에서 영어의 동사가 나타내는 내용 중 대부분이 우리말에서는 부사적 표현이 됩니다. 정리하면 100% 일치하지는 않지만 대체로 우리말의 동사의 역할을 영어는 동사와 전치사가 하고 있습니다.

제가 여기서 하고 싶은 말은 **영어의 전치사는 동사역할을 한다는 것입니다.**

4. 구동사는 동사다.

<u>**원어민들도 전치사를 동사로 간주합니다.**</u> 형태는 전치사이지만 실제로는 서술어역할을 한다는 것을 알고 있다는 것이지요.

<u>**그 첫 번째 증거가**</u> 구동사(Phrasal Verb)라는 용어에 있습니다. <동사+ 전치사>, <동사+ 전치사적 부사> 또는 <동사+ 부사>의 형태를 Phrasal Verb라고 한다는 것 자체가 그들이 '전치사+ 명사'를 동사로 간주한다는 증거입니다. 구동사라는 의미는 <동사+ 전치사>, <동사+ 전치사적 부사> 또는 <동사+ 부사>에서 동사만이 아니라 '전치사', '전치사적 부사' 또는 '부사'까지 함께 실질적으로 동사역할을 한다는 것을 나타내 주고 있습니다.

<u>**원어민들이 전치사를 동사로 간주 하고 있다는 또 다른 증거를 제시해 보겠습니다.**</u>

        A : He **put out** food for the dog.
        = B : He **put** <u>food</u>   **out** //for the dog.

        (그는 그 개를 위해서 음식을 내놓았다.)

위 문장은 '주어+ 동사+ 목적어+ 전치사+ 명사'의 확장3-A형식문장입니다. 그리고 동사로 PUT이 사용되었습니다. out은 여러 가지 의미가 있지만 여기서는 가장 기본적인 '밖으로'의 의미로 사용되었습니다. '그는 음식을 밖으로 나가게 했다'가 형식에 맞는 해석이고 상황에 맞게 정리하면 '그는 그 개를 위해서 음식을 내놓았다'가 됩니다.

A와 B를 비교해 보겠습니다. 두 문장은 해석은 같고 전치사적 부사 'out'의 위치만 다릅니다. 두 문장의 해석이 같다 것은 out을 A처럼 동사 뒤에 놓을 수도 있고 B처럼 목적어 뒤에 놓을 수도 있다는 의미 입니다. B문장이 정상적인 문장이고, 이때 목적어 뒤의 out이 A문장에서처럼 동사 put 바로 뒤로 위치 할 수 있습니다.

위 문장에서처럼 동사와 전치사적 부사가 함께 위치할 수 있다는 것이 원어민들이 전치사와 전치사적 부사를 동사로 생각하는 증거라고 생각합니다.

영어에서 기본동사는 구체적인 의미를 갖지 못합니다. PUT도 기본동사의 하나입니다. 따라서 이 문장에서 PUT은 아무런 의미가 없기 때문에 의미상 실질적인 동사 역할은 out이 하고 있습니다. 그래서 원어민들은 A문장에서처럼 실질적으로 동사 역할을 하는 out을 형식적인 동사 put뒤에 함께 놓아서 out이 동사라는 것을 나타내어 주고 있는 것입니다. A문장을 다시 써 보겠습니다.

He	**put out**	food	// for the dog.
주어	동사	목적어	
그는	**내놓았다**	음식을	// 개에게

put out을 한꺼번에 동사로 간주하면 크게 보면 기본3형식처럼 보입니다. 그리고 '**put out = out**'이고 의미는 '내놓다'라고 하면 '그는 음식을 내놓았다'로 자연스럽게 해석이 됩니다. 예문을 몇 개 보도록 하겠습니다.

    The helicopter **placed in position** tall telephone poles.
    = The helicopter **placed** tall telephone poles **in position**.
    (그 헬리콥터는 큰 전신주를 제자리에 놓는다.)

    He **placed in her hands** a book.
                            = He **placed** a book **in her hands**.
    (그들은 그녀에게 책 한권을 주었다.)

The female **scooped up** the boy.
$\qquad$ = The female **scooped** the boy **up**.
(그 여자는 그 소년을 들어 올렸다.) * scoop - 푸다, 파다

I **take in** the information unconsciously.
$\qquad$ = I **take** the information **in** unconsciously.
(나는 무의식적으로 그 정보를 받아들인다.)

He **reached down** the atlas from the top shelf.
$\qquad$ = He **reached** the atlas **down** from the top shelf.
(그는 꼭대기 선반에서 지도책을 집어 내렸다.)

He **reached out** his hand for the cup.
$\qquad$ = He **reached** his hand **out** for the cup.
(그는 그 컵을 잡으려고 손을 내 뻗었다.)

5. 전치사와 전치사적 부사 그리고 부사

구동사를 설명함에 있어서 가장 중요한 것은 '전치사, 전치사적 부사, 부사' 입니다. **구동사를 구성하는** '전치사, 전치사적 부사, 부사'란 무엇인지 설명하려고 합니다.

1) 전치사
전치사는 특별한 설명이 필요 없을 듯합니다. 영어에서 위치, 방향 등을 나타낼 때 사용되는 IN, AT, ON, AGAINST, BY, OVER etc. 을 말합니다.

2) 부사
여기서 부사란 home, abroad, forward, out, away, up, down 등을 말합니다. 이러한 부사는 전치사적 부사와 부사의 2가지로 나누어집니다.

① **전치사적 부사**

전치사와 마찬가지로 특정되지 않는 **'위치나 방향'**을 나타내지만, 전치사와는 달리 뒤에 명사(목적어)가 나오지 않습니다. **그래서 최종 목적지가 없습니다.** 단순히 '위치나 방향'만을 마타냅니다. 무슨 말인가 하면, 전치사는 뒤에 나오는 명사에 의해서 구체적인 방향의 목적지가 정해집니다. to school은 '학교로' / in the room은 '방안에'라는 의미로서 최종 목적지가 있습니다.

반면에 전치사적 부사 out은 '밖으로' up은 '위로'라는 막연한 의미를 가지고 있습니다. 즉, 방향은 있는데 끝(최종 목적지)은 없습니다.

   ex) out, away, up, down, off, apart, together, aside 등

② **부　　　사**

전치사적 부사처럼 뒤에 명사를 수반하지 않고 홀로 사용됩니다. 반면에 전치사적 부사와는 달리 특정 위치(장소)와 방향을 나타냅니다.

   ex) there, home, abroad, abreast, near, northward 등

cf. 전치사와 전치사적 부사의 구별

전치사와 전치사적 부사의 종류는 정확하게 정해진 것이 없습니다. to나 into 등은 거의 오로지 전치사로만 사용되고, 반면에 out, away 등은 거의 전치사적 부사로만 사용되지만 많은 경우 문장에 따라서 전치사로 사용되기도 하고 전치사적 부사로 사용되기도 합니다. 앞으로 많은 예문을 통해서 확인할 수 있을 것입니다.

<u>보통 전치사는 뒤에 명사를 취하고 전치사적 부사는 명사를 취하지 않습니다.</u> 그런데 전치사와 전치사적 부사의 구별은 혼동되는 경우가 많습니다. 이러한 이유는 전치사에도 있고 전치사적 부사에도 있습니다. 다시 말하면 흔히 전치사로 사용되는 것 뒤에 명사가 나오지 않는 경우도 있고, 반대로 흔히 전치사적 부사로 사용되는 것 뒤에 명사가 나오는 경우도 있어서 이것을 어떻게 분류해야 할 것인지에 대해서 난감할 경우가 있습니다.

흔히 전치사로 사용되는 것의 예를 통해서 설명하겠습니다. 전치사가 전치사적 부사처럼 뒤에 명사를 취하지 않는 경우는 회화체적인 상황과 관련이 있습니다.

   A: He is **in the room.**
   B: Come **in**!

 A문장은 전치사의 전형적인 형태를 보여주고 있습니다. 그런데 B문장을 보면 전치사 'IN' 뒤에 아무것도 나와 있지 않습니다. 그러면 이때 우리는 B문장의 'IN'을 전치사라고 해야 할지, 전치사적 부사라고 말해야 할지 하는 문제에 직면하게 됩니다. B문장의 상황을 설명해 보겠습니다. 누군가가 방문을 두드려서 문을 열어 보니 친구였습니다. 이 때 '방으로 들어와!' 하는 표현으로 'Come in!' 하고 말한 것입니다. 이 때 'IN' 뒤에는 'the room'이라는 말이 생략되었다고 봐야 할 것입니다. 즉 'Come in the room!'이라는 것이지요. 하지만 회화에서는 'the room'을 생략하더라도 상황논리에 의해서 알 수 있으므로 'in'만 표현된 것입니다. 정리하면 이 문장에서 in은 형태상으로는 'in'이지만 실제적으로는 'in the room'이라는 것이지요. 그래서 이것을 모양만 보고 뒤에 명사가 없기 때문에 전치사적 부사라고 할 것인지 실질적인 의미를 고려하여 전치사라고 해야 할 것인지 하는 혼동이 발생합니다.
정리하겠습니다. 전치사와 전치사적 부사의 본질적인 내용이 바뀌는 경우는 없습니다, 그러므로 앞으로 뒤에 명사가 나왔는지 안 나왔는지 하는 것을 따지지 않고 처음 제시한 분류에 따르기로 하겠습니다. 그러므로 B문장의 'in'은 전치사입니다. 명칭이 무엇이던지 간에 이러한 점이 있다는 것만 알고 있다면 구동사를 학습하는데 있어서 큰 문제가 되지 않을 것입니다.

6. 구동사의 형태와 구별

 학습자들이 구동사를 처음에 학습하면서 느끼는 어려움 중의 하나는 구동사 형태의 구별입니다. 예를 들어 get out이라는 구동사가 확장1-A형식인지 아니면 확장3-A형식인지를 정확하게 파악하는 것이 처음에는 쉽지 않습니다.

이에 대한 설명을 위해서 앞에서 보았던 확장형식 안에서 구동사의 형태를 보도록 하겠습니다.

확장1-A형식
    주어 + **동사** + <u>전치사</u> + 명사
    주어 + **동사** + 전치사적 부사
    주어 + **동사** + 부사

확장3-A형식
    주어 + **동사** + 목적어 + <u>전치사</u> + 명사
    주어 + **동사** + 목적어 + 전치사적 부사
    주어 + **동사** + 목적어 + 부사

위에서 일단 home, there 같은 부사가 사용된 경우는 설명에서 제외하기로 합니다. 전치사적 부사의 경우를 이해한다면 같은 원리이기 때문에 쉽게 구별할 수 있을 것입니다. 주어를 생략하면 다음과 같이 정리할 수 있습니다.

확장1-A
  ① **동사 + 전치사 + 명사**
  ② 동사 + 전치사적 부사

확장3-A
  ③ 동사 + 명사(A) + 전치사 + 명사(B)
  ④ 동사 + 명사(A) + 전치사적 부사
  ⑤ **동사 + 전치사적 부사 + 명사(A)**

각각의 예문을 하나씩 제시해 보겠습니다.

확장1-A
  ① He **got in** the room.
  ② He **got in**.

확장3-A
③ He **got** the ball **in** the room.
④ He **got** the ball **in**.
⑤ He **got in** the ball.

형태를 살펴보면 ①번과 ⑤번의 형태가 같습니다. 그래서 특히 둘의 구별이 중요합니다. 예문을 통해서 설명해 보겠습니다.

a. He **got in** the room. (그는 방에 들어갔다. **확장1-A형식**)
b. He **got** the ball **in**. (그는 공을 넣었다. **확장3-A형식**)
= c. He **got in** the ball.

이번에는 위 예문에서 a문장과 c문장만을 비교해 보겠습니다.

a. He **got in** the room.
c. He **got in** the ball.

어떻습니까? 훈련이 되어있지 않다면, **got in**만 보고서는 이것이 어떤 형식의 구동사인지 정확히 알 수 없을 것 같습니다. **이 두 문장을 구별하는 데 있어서의 핵심은 in 뒤에 나오는 the room과 the ball이 동사 got의 목적어 인지 아닌지를 판단하는 능력입니다.** 문맥을 고려하여 상식적으로 판단한다면 대부분 그리 어렵지 않을 겁니다. 이러한 쟁점이 있다는 것을 염두에 두고서 앞으로 나오는 수없는 예문을 통해서 확인해 가다 보면 대부분 쉽게 구별할 수 있을 것입니다.

위에 제시한 a와 c문장을 a문장은 확장3-A형식으로, 반대로 c문장은 확장1-A형식으로 잘못 파악했다고 가정하고 해석해 보면 다음과 같습니다.

a. He **got in** the room. (*그는 방을 들어가게 했다/집어넣었다.)
c. He **got in** the ball. (*그는 공 안으로 들어갔다.)
    * 잘못된 해석

누가 보더라도 상식적으로 논리적이지 못한 해석입니다.

이번에는 확장3-A형식에서 목적어가 전치사적 부사의 전 후로 이동하는 것에 대해서 살펴보기로 하겠습니다. 앞에 제시한 ④번 문장과 ⑤번 문장 사이의 관계에 대한 것입니다.

④ He **got** the ball **in**.
⑤ He **got in** the ball.

이것과 관련하여 많은 경우에 문법 문제로 다루는 것 중 하나가 **목적어가 대명사일 경우에 ⑤번과 같은 형태가 불가능하다는 것입니다.** 위 문장에서 the ball을 대명사 it으로 바꾸어 보겠습니다.

④ He got **it** in. (O)
⑤ He got in **it**. (X)

몇몇 분들이 그 이유에 대해서 질문을 해 주셨기 때문에 여기서 답을 하려고 합니다.

영어의 일반 원리 중에 '**문미 초점의 원리(The End Focus Principle)**'라는 것이 있습니다. '**중요한 정보와 그렇지 않은 정보가 한 문장에 동시에 존재할 경우, 중요한 정보를 더 뒤쪽에 두는 것**'을 말합니다.
우리가 정보를 전달할 경우, 이미 모두 알고 있는 정보와 처음 제시하는 정보 중에 어떤 것이 더 중요하겠습니까? 당연히 새로운 정보가 더 가치가 있을 것입니다.
그렇다면 문미 초점의 원리에 의해서 문장을 만들 때, 이미 알고 있는 정보(구<舊>정보)를 새로운 정보(신<新>정보) 앞에 두게 됩니다.
그렇다면 구정보와 신정보는 무엇을 말하는지 설명해 보겠습니다. 관사가 붙지 않은 다수의 일반 명사간의 신구(新舊)관계의 경우 한 문장만 보고 이를 구별하기 힘듭니다. 그러나 일반 명사와 대명사/ 정관사와 부정관사가 붙어있는 명사 사이의 신구(新舊)관계는 구분이 가능합니다.

일반 명사와 대명사 중에는 대명사가 **구<舊>정보**이고/
항상 그러한 것은 아니지만, 대체로 정관사와 부정관사가 붙어있는 명사 중에는 정관사가 붙어 있는 명사가 **구<舊>정보**입니다.
(만약 두 개의 정보의 신구관계가 불분명하다면 **문미 초점의 원리**가 개입할 여지는 사라지게 됩니다. 즉, 순서를 어떻게 하든지 상관이 없다는 것입니다.)

이제 이러한 원리가 어떻게 실제 문장 속에서 작용하는지를 보겠습니다.

   a. He gave **her a pen**.
   b. He gave **a pen** to **her**.

우리가 보통 문법책에서 a문장을 b문장으로 전환할 수 있다고 배웁니다. 그런데 아무런 제한 없이 전환될 수 있는 것은 아닙니다.
이제 위 두 문장 중에 '**문미 초점의 원리**'의 원리에 부합하는 문장은 무엇인지 생각해 보겠습니다. 지금까지 대부분 별 생각 없이 두 문장을 같은 문장이라고 생각하고 있었다면 이제 그 차이를 확인하시기 바랍니다.
결론적으로 a문장은 맞는 문장이고 b문장은 어색한 문장입니다. 왜냐하면 her와 a pen 중에서 대명사인 her가 구정보이고 a pen은 신정보이기 때문에 **문미 초점의 원리**에 의해서 당연히 구정보인 her가 신정보인 a pen 앞에 위치해야 하기 때문입니다.

 문미 초점의 원리를 확인할 수 있는 예는 더 있지만 여기서 마치고 우리의 본래 이야기인 구동사에 관해서 설명하겠습니다.

   ④ He got **it** in. (O)
   ⑤ He got **in it**. (X)

 위 문장에서 it는 구정보이고 in은 신정보입니다. 그래서 당연히 **문미 초점의 원리**에 의해서 구정보인 it은 신정보인 in 앞에 위치해야 하는 것입니다.

7. 구동사와 기본 동사

영어에는 기본 동사라고 부르는 것이 있습니다. GET, TAKE, PUT, LET, SEND, BRING, HOLD, HANG, MAKE 등 영문을 접하면서 가장 흔하게 자주 보는 동사들은 모두 기본 동사입니다. 흔하게 볼 수 있다면 기본 동사에 가까운 것이라고 생각도 틀린 말은 아닐 것입니다.

지금까지 기존의 어느 문법서에서도 이러한 기본 동사에 대해서 명확하고 논리적인 설명을 제시하지 못하였었습니다. 그런데 1권 <이제영어의의문이풀렸다>를 통해서 어느 정도 논리적인 답을 제시했다고 조심스럽게 생각해 봅니다. 저는 기본 동사에 대해서 저보다 더 나은 설명을 할 수 있는 이론이 나오지 않는 한 1권의 내용은 가치를 지닌다고 생각합니다.

'형식 자체가 일정한 의미를 가지고 있다'는 확장형식의 정리를 배제한다면 기본 동사를 정확히 설명하는 것은 불가능합니다. 그리고 확장형식의 하나인 확장1-A형식과 확장3-A형식으로부터 이 책의 주제인 구동사가 도출됩니다. **따라서 그만큼 기본 동사와 구동사는 밀접한 관련을 가지고 있습니다.**

<u>저는 이 책이 구동사에 대한 사전으로서의 역할을 하기를 바라는 마음으로 접근하였습니다.</u> 그런데 몇몇 경우 많은 구동사 및 숙어를 분류함에 있어서 이것이 과연 형식(전치사 or 전치사적 부사)이 핵심의미를 형성하는 구동사인지 판단한다는 것이 쉬운 작업이 아니었습니다.

하지만 **기본 동사가 사용된 형태가 존재하는 경우 구동사로 확신을 가지고 분류할 수 있었다는 것을 말씀드립니다.**

예를 들어 다음의 문장에서 동사 get은 기본 동사로서 아무런 의미가 없습니다. 전치사적 부사 UP에 '일어서다'라는 의미가 있다는 것을 알 수 있고, 따라서 get up은 당연히 구동사로 분류해야 하고, 더 나아가 stand up도 구동사로 분류할 수 있는 것입니다.

        Please don't **get up**. (**일어서지** 마십시오.)

8. 전치사의 두 가지 역할

전치사는 2가지 종류가 있습니다. 확장1-A형식과 확장3-A형식을 구성하는 전치사와 그렇지 않는 전치사가 있습니다.
즉, 모든 전치사가 동사의 역할을 하는 것은 아니라는 의미입니다. 동사와 관련을 가지고 있는 전치사, 다시 말하면, 확장형식 내에서 사용된 전치사만이 동사의 역할을 합니다. 따라서 다음 문장과 같은 경우에서는 전치사가 동사의 역할을 하지 않습니다.

In 2002, he was 10 years old.
= he was 10 years old **in 2002**.
(2002년도에 그는 10살 이었다.)

이 문장에서 전치사 In은 동사의 역할과는 상관없습니다. 다른 문장을 보도록 하겠습니다.

He cut meat **//**with a knife. (그는 고기를 썰었다 **//**나이프를 가지고)
He killed the bird **//**with a stone. (그는 새를 죽였다 **//**돌을 가지고)

위 문장은 모두 외형상으로 <주어+ 동사+ 명사+ 전치사+ 명사>의 확장3-A형식처럼 보입니다. 그러나 뒤의 WITH를 보면 알 수 있겠지만 이 경우에 있어서 with a knife와 with a stone에서의 with는 구동사를 구성하는 전치사가 아닙니다.
구동사라고 분류하려면 동사를 제외한 형식만으로 문장의 의미가 파악되어야 하는데 이 문장에서 동사 cut와 kill을 제거하면 원래 문장의 해석을 유추하기가 어렵습니다. 따라서 위 문장은 구동사가 사용된 문장이 아닙니다.

이러한 쟁점이 있다는 것을 잊지 말고 앞으로 문장을 보기 바랍니다. 그런데 앞에서도 말했듯이 몇몇 경우 이러한 구분을 하는 것이 매우 난해합니다. 이러한 어려움이 있었다는 것을 고백하지 않을 수 없고 따라서 **앞으로 책을 읽어 가면서 분류가 조금 어색한 부분이 나오더라도 많은 양해 부탁드립니다.**

앞으로 이 책에서 구동사를 구성하지 않는 전치사라고 판단이 들고, 그리고 이러한 사실을 명시할 필요가 있다고 판단이 되면 위 문장에서처럼 전치사 앞에 **사선(//)**으로 표시하도록 할 것입니다.

이제 영어의 의문이 풀렸다2

이제 영어의 의문이 풀렸다2
▶ 2부 ◀

구동사 분류 및 정리

제 2 부

구동사 분류 및 정리

> 지금까지 저는 일관되게 영어는 형식이 중요하고 형식의 중심에는 전치사, 전치사적 부사, 부사가 있다는 것을 말씀드리고 있습니다.
> **여기서 우리는 각각의 전치사가 어떠한 의미를 지니고 있는지 알아야 할 필요성이 발생합니다.** 영문을 살펴보면, 같은 전치사가 사용된 문장이라 할지라도 우리말로는 여러 가지로 해석됩니다.
> 어떠한 규칙성도 없이 보입니다.
> 그러나 그 속에는 규칙성이 존재합니다.
> 그 규칙성이란 개별 전치사 및 전치사적 부사가 가지고 있는
> '**시각적인(visual) 기본 그림**'입니다.

    영어의 문장에서 동사의 역할을 하는(구동사를 구성하는) 전치사 및 전치사적 부사의 의미는 우리가 미처 상상할 수 없을 정도로 매우 다양합니다. 하지만 자세히 들여다보면 다양한 의미들에서 공통되고 기본이 되는 의미를 끄집어 낼 수 있고, **그 공통되고 기본이 되는 의미라는 것이, 말로는 설명하기는 어렵지만 매우 시각적(visual)이라는 것**에 동의할 수 있을 겁니다.
예를 들어 전치사적 부사 DOWN의 경우는 '내려가다, 가격이 내려가다, 쓰러지다, 붕괴하다, 물러서다, 구부리다, 앉다 등' 여러 가지 표현에 사용됩니다. 그런데 이러한 다양한 의미들 모두가 **DOWN의 기본적인 의미인 '높은 곳에서 낮은 곳으로 이동'**하는 것에서 충분히 유추가 가능합니다.

    이처럼 앞으로 많은 전치사 또는 전치사적 부사의 의미를 파악함에 있어서 각 전치사 및 전치사적 부사들이 가지고 있는 기본 그림을 머릿속에서 시각적으로 그려보는 것이 많은 도움이 될 것입니다. 그러한 시각적 그림으로부터 거의 대부분의 모든 의미가 확장 생산 되는 것입니다.

☯ 이동 동사와 전치사

 * 1권에 수록된 내용과 같은 내용입니다. 필요하다고 생각되어서 예문을 줄여 다시 수록하였습니다. 전체 전치사 및 전치사적 부사의 기본 개념을 이해하는데 도움이 될 것입니다.

 동사 자리에 기본적인 이동 동사(GET, GO, COME, MOVE, RUN, WALK 등)가 사용된 경우에 한정하여 전치사 및 전치사적 부사의 의미를 간단히 정리하려고 합니다. 전치사 및 전치사적 부사의 기본의미를 파악하는 데에 도움이 될 것입니다. 아울러 기본의미에서 크게 벗어나지 않는, 추상적인 상황도 별도로 소개해 놓고 있습니다.

가) 확장1-A형식 <주어+동사+전치사+명사>

주어(A) + 동사 + 전치사 + 명사(B)

주어(A)가 스스로 B쪽으로 이동하다

1. To : 가다, 도착하다, 도달하다
  ① 기본적인 이동 동사
   He went **to** school. (그는 학교에 갔다.)
  ② 그 외 동사
   The horse took **to** the roadside. (그 말은 길가로 갔다.)
   She returned **to** the boat. (그녀는 배로 돌아갔다.)
   I don't want to fly **to** exotic countries.
   (나는 이국적인 나라로 날아가기를 원한다.)
  ③ 추상적 상황
   They believed that it could lead **to** world peace.
   (우리들은 이것이 세계평화로 이끌 것이라고 믿는다.)
   This changes added **to** the confusion.

(이들 변화는 혼란을 가중시켰다.)

2. For : -을 향해서 가다<출발하다>
① 기본적인 이동 동사

The bees went **for** the blue cards.
(그 벌들은 파란카드로 향해 갔다.)

② 그 외 동사

He headed **for** Seoul. (그는 서울로 향했다.)
He made **for** home. (그는 집으로 갔다.)
He started **for** Seoul. (그는 서울을 향해 출발했다.)

3. Along : 따라가다 (어떤 대상이나 방향을 따라 이동하다)
① 기본적인 이동 동사

He walked **along** the beach early in the morning.
(그는 아침 일찍 해변을 따라 걸었다.)

② 그 외 동사

Brick house range **along** the road.
(벽돌집들이 길을 연해서 있다.)
The car rolled **along** the road. (차가 길을 따라 갔다.)

4. Across : 가로질러 (건너)가다
① 기본적인 이동 동사

We rode **across** the field.
(우리는 들판을 가로질러 차(말)를 타고 갔다.)
He walked **across** the road. (그는 길을 건너갔다.)

② 그 외 동사

He was jogging **across** campus.
(그는 캠퍼스를 가로질러 조깅을 하고 있었다.)
They took **across** the field. (그는 밭을 가로 질러 갔다.)
He won **across** the rapids. (그는 급류를 가로 질렀다.)

5. Through : 통과하다

① 기본적인 이동 동사

The road runs **through** the woods and along the river.
(그 길은 숲을 지나 강을 따라간다.)

② 그 외 동사

I decided to go **through** the red light.
(나는 빨간 신호등을 통과해 가기로 결정했다.)

The sun burst **through** the ground.
(태양이 대지를 뚫고 솟아나왔다.)

6. In : 들어가다

① 기본적인 이동 동사

His enemies moved **in** //to get him.
(그의 적들은 그를 잡으러 들어왔다.)

② 그 외 동사

Presents are rolling **in**. (선물이 답지하고 있다.)
They filed **in**. (그들은 줄지어 들어갔다.)
Drop **in** and see us when you are next in Seoul.
(다음에 서울에 오거든 와서 우리를 찾아 주세요.)
He tried to squeeze **in**. (그는 비집고 들어 오려했다.)

③ 추상적 상황

She pushes **in** everywhere. (그녀는 정말 아무데나 끼어든다.)
We will join **in** brotherhood. (우리는 의형제를 맺을 것이다.)

7. Into : 들어가다

① 기본적인 이동 동사

A man walked **into** a fast-food restaurant.
(어떤 남자가 fast-food식당으로 걸어 들어갔다.)

② 그 외 동사

Quills will stick **into** you. (가시가 당신을 찌를 것이다.)
The passage gives **into** the study. (그 통로는 서재로 통한다.)

The ship put **into** the harbor. (그 배는 항구로 들어왔다.)
Everyday millions of viewers tune **into** their favorite serial.
(매일 수백만의 시청자들이 인기 연속극에 채널을 맞춘다.)
③ 추상적 상황
He got **into** big trouble. (그는 커다란 곤경에 빠졌다.)
He flashed **into** sight. (그는 눈에 확 띄었다.)

8. Out : 나가다
① 기본적인 이동 동사
We move **out** today and they will move in tomorrow.
(우리는 오늘 이사 나왔고, 그들은 내일 이사 들어간다.)
He rode **out**. (그는 말을 타고 앞으로 나아갔다.)
② 그 외 동사
He sped **out**. (그는 재빠르게 앞으로 나아갔다.)
Two members dropped **out**. (두 명의 클럽 회원이 탈퇴 했다.)
Tom began to shoot **out**. (Tom은 재빨리 뛰어 나가기 시작했다.)
When I opened the cupboard door, an apple bounced **out**.
(찬장을 열었을 때 사과 하나가 튕겨져 나왔다.)
The factory workers are poured **out** when whistle blew.
(휘슬이 울렸을 때 공장 노동자들이 쏟아져 나왔다.)

9. Away : 멀리(보이지 않는 곳으로) 떠나다
① 기본적인 이동 동사
They went **away** //to have a good holiday.
(그들은 휴가를 보내기 위해서 떠났다.)
Don't run **away**, I want to talk to you.
(도망가지 마십시오. 나는 당신과 이야기 하고 싶습니다.)
② 그 외 동사
She felt the woman suddenly draw **away**.
(그녀는 그 여자가 갑자기 멀어지는 것을 느꼈다.)
No one knows when he packed **away**.

(그가 언제 가출했는지 아무도 모른다.)
The car burst **away**. (그 차는 급히 떠났다.)
③ 추상적 상황
She could simply pass **away**. (그녀는 죽을 수 도 있을 것이다.)
The pain passed **away**. (고통이 가셨다.)

10. Over : -를 (위로)넘다<건너오다>
① 기본적인 이동 동사
He walked **over** the bridge. (그는 다리를 넘었다.)
Come **over** and have a drink. (건너와서 한잔 마셔라.)
② 그 외 동사
They took **over** the hill. (그들은 산 너머로 갔다.)
The dog flew **over** a hedge. (그 개가 담을 뛰어 넘었다.)
He jumped **over** a ditch. (그는 뛰어서 웅덩이를 넘었다.)

11. Off : 떠나다 / 출발하다
① 기본적인 이동 동사
We must be getting **off** now. (우리는 이제 떠나야겠습니다.)
② 그 외 동사
The storm passed **off** without causing much damage.
(폭풍은 큰 피해를 남기지 않고 사라졌다.)
They filed **off.** (그들은 종렬도 나아갔다.)
The bird flew **off**. (그 새는 날아가 버렸다.)
He jumped on his horse and rode **off**.
(그는 말에 뛰어 올라 타고 가버렸다.)
We will start **off** early. (우리는 일찍 출발할 것이다.)

12. Up : 올라가다
① 기본적인 이동 동사
It moves **up** and down. (그것은 오르락내리락 한다.)
I got out of breath running **up** the hill from the road.

(나는 그 길에서부터 언덕을 오르느라고 숨이 찼다.)

② 그 외 동사

The waters tend to continue to rock **up** and down.
(그 물은 계속해서 위 아래로 부딪힌다.)
He climbed **up** a ladder. (그는 사다리 위로 기어 올라갔다.)

③ 추상적 상황

Domestic demand picked **up**. (국내 수요가 호전되었다.)
The aircraft speeded **up**. (비행기는 속도를 높였다.)

13. Down : 내려가다

① 기본적인 이동 동사

I would have to get **down** all by myself.
(나는 이제 나 혼자 힘으로 내려와야만 할 것이다.)
Tears ran **down** my cheek. (눈물이 뺨을 타고 내려왔다.)

② 그 외 동사

He took **down** the street. (그는 길 아래로 갔다.)
From left and right, troops poured **down**.
(좌우로부터 군사들이 쏟아져 나왔다.)
Rain pelted **down**. (비가 억수같이 쏟아졌다.)

③ 추상적 상황

A shiver ran **down** his spine.
(오한이 그의 등골을 따라 내려갔다.) * spine 등뼈, 척추

14. Back : 뒤로 물러서다 / 원 위치로 되돌아가다

① 기본적인 이동 동사

I missed the last bus home and had to walk **back**.
(나는 집으로 가는 마지막 버스를 놓쳐서 다시 되돌아갔다.)

② 그 외 동사

Be careful, the car is slipping **back** on this steep hill.
(차가 가파른 언덕에서 뒤로 미끄러져 가고 있으니 조심해라.)
They drew **back**. (그들은 뒤로 물러섰다. 후퇴했다.)

I dropped **back** to speak to Bill.
(나는 빌에게 이야기를 하기 위해서 뒤로 물러섰다.)

15. Around : -의 주위를 돌다 / -의 주위를 돌아다니다
① 기본적인 이동 동사

They are running **around** the forest.
(그들은 삼림 여기저기를 뛰어 다닌다.)

② 그 외 동사

She would hung **around** the house.
(그녀는 집안을 이리저리 방황하곤 했다.)
He took **around** the corner. (그는 모퉁이를 돌았다.)
Some tapped on my shoulder and I turned **around**.
(누가 내 어깨를 두드리자 나는 돌아보았다.)

③ 추상적 상황

Word of the incident spread **around** the office quickly.
(그 사건의 소문은 회사 주변에 빠르게 퍼졌다.)

16. From : -로부터 오다 (출신, 출발지를 나타낸다)
① 기본적인 이동 동사

He comes **from** Ohio. (그는 Ohio주 출신이다.)

② 그 외 동사

Light is reflecting **from** the water.
(빛이 수면으로부터 반사되고 있다.)
He returned **from** Paris yesterday.
(그는 어제 파리로부터 되돌아왔다.)
Gas has been escaping **from** the pipe.
(가스가 그 관으로부터 새어 나오고 있다.)

③ 추상적 상황

The tragedy arises from his imperfection.
(그 비극은 그의 불완전으로부터 생겨났다.)
These growth changes resulted **from** gene activation.

(이러한 성장 변화는 유전자 활동으로부터 결과한다.)

17. against : 부딪히다
② 그 외 동사
The small waves is lapping **against** the shore.
(작은 파도가 해변에 부딪혔다.)
The door hit **against** the wall. (문이 벽에 부딪혔다.)
③ 추상적 상황 - 반대하다
He cautions **against** the use of creativity test.
(그는 조심스럽게 창의력 시험을 사용하는 것을 반대했다.)
Speak up **against** budget cuts for the arts!
(소리 높여서 예술에 대한 예산 삭감에 대해서 반대해라.)
Some people argue **against** this tradition.
(몇몇 사람들은 이러한 관례에 반대하는 주장을 내놓는다.)

18. By : 옆을 지나가다.
② 그 외 동사
A car shot **by** us. (차 한대가 우리 옆을 쏜살같이 지나갔다.)
A flock of birds swept **by**. (한 떼의 새들이 휙 지나갔다.)
The parade marched **by** the school.
(그 행렬은 그 학교 옆을 행진해 지나갔다.)
③ 추상적 상황
The years rolled **by**. (몇 해가 지나갔다.)
Months went **by**. (몇 달이 지났다.)

지금까지의 내용을 좀 더 이해하기 쉽도록 동사 **JUMP가 사용된 문장**으로 정리해 보도록 하겠습니다. 영문의 동사는 모두 JUMP이지만 우리말 해석은 모두 다릅니다. 그것은 형식 때문입니다. 구체적으로 말하면 JUMP뒤의 전치사와 전치사적 부사 때문입니다.

He **jumped to** conclusions.
  (그는 점프해서 결론으로 갔다. ⇨ 그는 성급하게 **결론을 내렸다**.)
He **jumped into** a train. (그는 버스에 뛰어 **탔다**.)
He **jumped on** a bus. (그는 버스에 **올라탔다**.)
He **jumped over** a ditch. (그는 뛰어서 웅덩이를 **넘었다**.)
He **jumped down**. (그는 뛰어 **내렸다**.)
The price of green vegetables **jumped up** this month.
  (이 달은 야채 값이 **급등하였다**.)
He **jumped out of** the window. (그는 창문 밖으로 뛰어 **나왔다**.)

<u>다른 관점에서 설명 하면</u> 앞으로 영작을 할 경우에 '**-를 넘다 / -를 통과하다 / -를 가로 지르다 / 부딪히다 / 나가다 / 올라가다 / 내려가다 / -를 따라가다**' 등이 나오면 그에 맞는 동사를 찾을 것이 아니라 **이에 대응되는 전치사와 전치사적 부사를 생각하십시오.** 위에 나열된 우리말에 대응하는 한 단어의 영어 동사는 없다고 생각하시기 바랍니다.

(나) 확장3-A형식<주어+동사+명사+전치사+명사>

주어 + 동사 + <u>명사(A)</u> + 전치사 + <u>명사(B)</u>

주어가 A를 B쪽으로 이동 시키다.

1. **To : 가게 하다 / 도착하게 하다**
   ① 기본적인 이동 동사
      He threw the ball **to** the first base. (그는 공을 1루로 던졌다.)
   ② 그 외 동사
      You have to return the books **to** the library.
      (너는 도서관에 책을 반납해야 한다.)

She applied the plaster **to** a wound.
(그녀는 상처에 고약을 발랐다.) *plaster: 회반죽, 고약
③ 추상적 상황
Koreans attach much importance **to** education.
(한국 사람들은 교육에 많은 중요성을 둔다.)
This gas will put you **to** sleep during the operation.
(이 가스는 수술하는 동안 너를 자게 할 것이다.)

2. Along : 따라가게 하다
① 기본적인 이동 동사
He drove the cows **along** the country lane.
(그는 젖소들을 시골길을 따라 몰았다.)
② 그 외 동사
The commander ranged his men **along** the river bank.
(지휘관은 병사들을 강둑에 따라 배치했다.)
He bore us **along**. (군중들이 우리를 끌고 갔다.) *bear = drive

3. Across : 가로질러 (건너)가게 하다
① 기본적인 이동 동사
The man ran a fence **across** the lot.
(그 남자는 그 부지를 가로지르는 울타리를 세웠다.)
② 그 외 동사
He passed his card **across** the table.
(그는 테이블 건너로 그의 카드를 보냈다.)
Human feet wore a track **across** the field.
(사람발이 밭을 가로질러 길을 내었다.) *wear : 닳게 하다.

4. Through : 통과하게하다
① 기본적인 이동 동사
He ran a comb **through** his hair. (그는 빗으로 머리를 빗었다.)
② 그 외 동사

They readily passed us **through** the customs.
(그들은 즉시 우리가 세관을 통과하게 했다.)
He crashed his horse **through** the thicket.
(그는 바삭바삭 덤불을 헤치며 말을 몰았다.) * thicket: 수풀, 덤불
③ 추상적 상황
She helped him **through** the university.
(그녀는 그를 도와 대학을 졸업하게 했다.)
The food can carry you **through** the winter.
(이 식량은 여러분이 겨울을 나게 할 것 입니다.)

5. In : 들어가게 하다.
② 그 외 동사
He placed money **in** a bank. (그는 은행에 예금했다.)
He fitted a key **in** the lock. (그는 열쇠를 자물쇠에 넣었다.)
You should not let anyone **in**.
(너는 아무도 들여보내서는 안 된다.)
③ 추상적 상황
The lesson has not sunk **in**. (교훈이 먹혀들지 않았다.)

6. Into : 들어가게 하다
① 기본적인 이동 동사
He ran some hot water **into** the bowl.
(그는 약간의 뜨거운 물을 사발에 따랐다.)
We cannot get any more people **into** the room.
(우리는 더 이상 사람을 방안에 들여보낼 수 없다.)
② 그 외 동사
The army projected a missile **into** space.
(군대는 공중으로 미사일을 발사했다.)
He gather her **into** his arms. (그는 그녀를 두 팔에 안았다.)
The carpenter built some cupboards **into** the wall.
(목수는 벽에 찬장을 붙여 박았다.)

③ 추상적 상황

Jone beat his wife **into** submission.
(존은 아내를 구타해서 복종하도록 하였다.)

7. Out : 나가게 하다
① 기본적인 이동 동사

Get the man **out of** the burning house first.
(우선 그 남자를 불이 난 집 밖으로 나오게 해라.)

② 그 외 동사

Climb into the hole and toss the ball **out**.
(구덩이에 들어가서 공 좀 던져줘.)
He pulled my tooth **out**. (그는 나의 이를 뽑았다.)
He held his arms **out**. (그는 팔을 내 뻗었다.)
She pulled some money **out of** her purse.
(그녀는 약간의 돈을 지갑에서 끄집어내었다.)

③ 추상적 상황

He thinks himself **out of** difficulty.
(그는 궁리를 해서 곤란을 뚫고 나갔다.)
The telephone woke me **out of** a deep sleep.
(깊이 잠들어 있는 것을 전화가 깨웠다.)

8. Away : (멀리) 떠나게 하다
① 기본적인 이동 동사

They moved a desk **away**. (그들은 책상을 치웠다.)

② 그 외 동사

Let's threw the old TV **away**. (오래된 TV를 던져버리자.)
I shut the book and put it **away**. (나는 책을 덮고 치워버렸다.)
Please put your toys **away** before you go to bed.
(잠자리에 가기 전에 너의 장난감들을 정리해라.)

③ 추상적 상황

He drank his troubles **away**.

(그는 술을 마셔 그의 근심걱정을 모두 털어 버렸다.)
You can't think your toothache **away**.
(뭘 생각한다고 해서 치통을 잊을 수는 없다.)

9. Over : -를 (위로)넘어가게 하다
② 그 외 동사
He kicked the ball **over** the fence.
(그는 공을 차서 울타리 너머로 넘어가게 했다.)
He flew the plane **over** the Pacific.
(그는 그 비행기를 조종하여 태평양을 건넜다.)
③ 추상적 상황
A tree is reaching its branches **over** the wall.
(어느 나무가 가지를 담 너머로 내 뻗고 있다.)
She won her mother **over** her side.
(그녀는 어머니를 설득하여 자기편이 되게 했다.)

10. Off
② 그 외 동사
The captain filed the soldiers **off**.
(대위는 병사들을 종대로 행진 시켰다.)
We went to the airport to see our mother **off**.
(우리는 어머니를 배웅하기 위해서 공항에 갔다.)
③ 추상적 상황
He often works **off** his bad temper on his wife.
(그는 종종 아내에게 화풀이를 한다.)

11. Up : 올라가게 하다
① 기본적인 이동 동사
I pulled **up** my pants. (나는 바지를 위로 올렸다.)
He took **up** the apple and smell it.
(그는 사과를 집어 들어 냄새를 맡았다.)

② 그 외 동사

Raise your hands **up** straighter so that I can count them.
(내가 셀 수 있게 손을 똑바로 들어라.)
The vacuum cleaner won't pick this stuff **up**.
(진공청소기는 이 쓰레기를 빨아드리지 못해.)
They built the wall **up**. (그들은 벽을 쌓아 올렸다.)

③ 추상적 상황

The oil boom pushed the basic inflation rate **up**.
(오일 붐이 기본 통화 팽창률을 밀어 올렸다.)
The sudden excitement sent his temperature **up**.
(그 갑작스런 흥분은 그의 체온을 올라가게 했다.)

12. Down : 내려가게 하다

① 기본적인 이동 동사

He got the box **down** from the high shelf.
(그는 높은 선반으로부터 박스를 내렸다.)

② 그 외 동사

They floated a raft of logs **down** a river.
(그들은 통나무 뗏목을 강으로 흘려보냈다.)
He pressed the switch **down**. (그는 스위치를 내리 눌렀다.)
Our fighters shot **down** 20 enemy planes.
(우리 전투기가 적기 20대를 쏘아 떨어지게 했다.)

13. Back : 뒤로 가게하다 / 원 위치로 되돌아가게 하다.

② 그 외 동사

I threw the ball **back**. (나는 공들을 되 던졌다.)
The cord pulled me **back**. (끈이 나를 뒤로 끌어 당겼다.)
The police bore the crowd **back**. (경찰은 군중을 밀어 내었다.)

③ 추상적 상황

The police held the crowd **back**. (경찰이 군중을 계속해서 뒤에 있게 했다 - 경찰이 군중을 제지했다.)

14. Around : -를 -의 주위에 있게 하다(돌아가게 하다)
② 그 외 동사

He kicked the ball **around**. (그는 그 공을 이리저리 찼다.)
The general threw soldiers **around** the area.
(장군은 군인들을 그 지역 부근에 파견했다.)
He passed a rope **around** the cask.
(그는 큰 통 둘레를 밧줄로 감았다.)

15. From : 멀어지게 하다 / 출처
② 그 외 동사

He pressed juice **from** grapes. (그는 포도에서 주스를 눌러 짰다.)
He is digging facts **from** the book.
(그는 그 책에서 사실을 캐내고 있다.)
I forced the gun **from** his hand.
(나는 그의 손에서 책을 빼앗았다.)

16. against : 부딪히게 하다
② 그 외 동사

She knocked her head **against** the wall.
(그녀는 벽에 머리를 부딪쳤다.)
He hit his hand **against** the door. (그는 손에 문을 부딪쳤다.)

③ 추상적 상황

He entered an action **against** her. (그는 그녀를 고소했다.)
He launched threats **against** her. (그는 그녀를 협박했다.)

자동사 문형과 마찬가지로 지금까지의 내용을 좀 더 이해하기 쉽도록 동사 **DRIVE가 사용된 문장으로** 정리해 보도록 하겠습니다. 영문의 동사는 모두 DRIVE이지만 우리말 해석은 모두 다릅니다. 그것은 형식 때문입니다. 구체적으로 말하면 DRIVE뒤의 전치사와 전치사적 부사 때문입니다.

구동사 분류 및 정리

He **drove** the cattle **to** the market.
(그는 소들을 시장으로 **몰고 갔다**.)
He **drove** me **to** the station.
(그는 나를 정류장까지 차로 **태워다 주었다**.)
He **drove** the nail **into** the plank. (그는 못을 판자에 **박았다**.)
He **drove** the cows **along** the country lane.
(그는 젖소들을 시골길을 **따라 몰았다**.)
He **drove** the dog **away**. (그는 개를 멀리 **쫓았다**.)
They **drove** the enemy **out of** the country.
(그들은 적들을 그 마을에서 **몰아냈다**.)
He **drove** his head **against** the wall. (그는 머리를 벽에 **부딪쳤다**.)
I'll **drive** you **home**. (내가 너를 집까지 차로 **데려다 주겠다**.)

자동사 문형에서와 마찬가지로 다른 관점에서 설명 드리면 앞으로 영작을 할 경우에 **'-를 넘게 하다 / -를 통과하게 하다 / -를 가로 지르게 하다 / 부딪히게 하다 / 나가게 하다 / 올라가게 하다 / 내려가게 하다 / -를 따라가게 하다'** 등이 나오면 그에 맞는 동사를 찾을 것이 아니라 이에 대응되는 <u>전치사와 전치사적 부사를 생각하십시오</u>. 일단, 위에 나열된 우리말에 대응하는 한 단어의 영어 동사는 없다고 생각하시기 바랍니다.

* **'이동 동사와 전치사'**를 통해서 정리한 내용은 이제부터 본격적으로 제시될 **'개별 전치사 및 전치사적 부사의 의미 분류'**에서 다시 나오게 됩니다. 물론 예문의 내용은 다릅니다. 참고하시기 바랍니다.

☯ 개별 전치사 및 전치사적 부사의 의미 분류

지금까지 '이동 동사와 전치사'를 통해서 전치사와 전치사적 부사에 대해서 전체적인 개관을 했습니다. 이제 개별 전치사와 전치사적 부사가 앞에서 살펴본 기본적인 **'이동'의 의미 외에도 구체적으로 어떤 의미를 가지고 있고 또 이것은 어떠한 다양한 의미로 확대 되는지**를 제시하려고 합니다. 미리 몇 가지를 지적하고자 합니다.

* 지금부터 본격적으로 제시될 전치사 및 전치사적 부사의 의미 분류에는 분명 **불분명한 경계가 존재합니다**. 즉 경계선에 걸쳐있는 경우가 있다는 것이지요. 몇몇 경우에 A라는 의미에 분류되어 있는 예문이 B라는 의미 분류에도 해당될 수도 있어 보이기도 합니다. 나름대로 정확하게 분류하고자 노력했지만 완벽하게 해결하는 것이 불가능해 보입니다. 하지만 <u>각 전치사와 전치사적 부사에 대한 기본 그림만 머리에 넣고 있다면 전체적으로 큰 어려움은 없을 것입니다.</u> 언어란 본래 수학이나 과학이 아니어서 명료하게 의미를 분류할 수 없는 뉘앙스적인 요소를 가지고 있는 것 아니겠습니까?

* 저는 이 책에서 제시하는 **'개별 전치사 및 전치사적 부사의 의미 분류'**가 **'구동사에 대한 사전(dictionary)'**의 역할을 할 수 있기를 기대합니다.
  최대한 많은 예문을 수록하고, 좀 더 세세하게 분류하려고 노력하였습니다. 특히, 기존에 숙어라고 분류했던 '동사+ 전치사'형태는 거의 빠짐없이 수록하였습니다. 그리고 거기에다 다양한 동사가 사용된 예문을 첨가함으로서 학습자가 자연스럽게 동사보다는 형식(전치사 및 전치사적 부사)에 중요한 의미가 있음을 느낄 수 있도록 했습니다.
  따라서 학습자들께서는 우리가 사전을 모두 암기하는 경우는 없듯이 예문은 모두 읽을 필요는 없을 것입니다. 필요할 때 마다 참조하도록 하십시오. **그러나 각각의 전치사 및 전치사적 부사에 대한 개념 정리 부분은 반드시 숙지하시기 바랍니다.**

구동사 분류 및 정리

* **전치사 OF에 대한 정리는 반드시 주의 깊게 읽어 보시기 바랍니다.** 1권에서 다음 책에 다루겠다고 한 내용 중의 하나입니다. 1권을 통해서 약속한 내용은 앞으로 계속해서 다루어 나갈 것임을 다시 한 번 약속드립니다.

* 예문을 참조함에 있어서 가장 중요한 것은 사용된 동사는 일단 고려하지 않고 확장1-A형식과 확장3-A형식의 해석법에 의해서 문장의 의미를 파악하는 것입니다. 그러다 보면 자연스럽게 동사가 문장에서 어떠한 역할을 하고 있는지에 대한 느낌이 생길 것입니다.

(A) TO..forth/FOR..after ↔ AGAINST/BACK

He went **TO** school.

질문을 하나 하도록 하겠습니다.

<위 문장에서 그는 학교에 도착했습니까? 도착하지 않았습니까?>

답은 도착한 것입니다.
이러한 싱거운(?) 질문을 하는 이유는 전치사 TO와 FOR를 비교하기 위함입니다. 설명해 보도록 하겠습니다.

TO와 FOR가 **형식을 구성할(동사와 관계하여 사용되는 - 이동을 표현하는)** 경우 다음과 같은 차이가 있습니다.

> TO: 방향 - 반드시 도착 (목적인지 아닌지는 모름)
> FOR: 목적 - 반드시 도착한다고는 볼 수 없다.

다음 두 문장을 비교함으로써 설명하도록 하겠습니다.

a. The train went **TO** Seoul.
b. The train went **FOR** Seoul.

먼저, **b문장의 경우** 기차의 최종 목적지는 Seoul입니다. 즉 그 기차는 서울행 기차라는 것이지요. 그런데 이 경우 이 문장만 보고서는 실제로 기차가 Seoul에 도착했는지는 알 수 없습니다. 물론 특별한 일이 발생하지 않는 한 기차는 서울에 도착하겠지만, 혹시 폭설 때문에 기차가 서울에 도착하지 못할 경우도 있을 것입니다.

구동사 분류 및 정리

반면에 **a문장의 경우** 기차는 Seoul에 도착한 것입니다. 이 경우 이 기차의 원래 계획된 목적지가 Seoul이 아닐 경우도 가능합니다. 즉 원래 인천행 기차였지만 중간에 불가피한 사정으로 목적지가 바뀌어서 Seoul에 도착했을 수도 있을 것입니다.

다음의 표현도 마찬가지로 파악할 수 있습니다.

  c. the bus **FOR** Seoul (서울행 버스)
  d. the road **TO** Seoul (서울로 가는 길)

c 에서는 버스가 아직 서울에 도착한 것이 아니므로 FOR를 사용했고, d의 경우에 길은 이미 서울에 닿아 있으므로 TO를 사용했습니다. 지금까지의 설명을 토대로 다음 문장들을 해석에 유의하면서 비교해 보시기 바랍니다.

  She came home **FOR** dinner. (그녀는 저녁을 먹으러 집에 왔다.)
  She came home **TO** dinner. (그녀는 집에 와서 저녁을 먹었다.)

  It was a shock **FOR** me. (나의 일은 아니지만 생각해보니 충격이다.)
  It was a shock **TO** me.
   (그것은 내게 충격이었다. - 그래서 충격을 받았다.)

  What did you come **FOR**? (무엇하러 왔니?)

이러한 정리를 기본으로 전치사 TO와 FOR의 의미를 설명하겠습니다.

(1) TO... forth

(1-1) TO

전치사 TO의 의미는 **'이동 동사와 전치사'** 부분과 거의 같습니다. 한 가지 덧붙일 것은 전치사 TO가 '변화'를 표현할 때에도 사용될 수 있다는 것입니다. 이에 관해서는 전치사 INTO부분에서 설명해 두었습니다. 참고하시기 바랍니다.

(가) 확장1-A형식

주어(A) + 동사 + TO 명사(B)

주어(A)가 스스로 B쪽으로 이동하다.

1) 가다, 도착하다, 도달하다
   I missed the bus and **didn't get to** the office until ten o'clock.
     (나는 버스를 놓쳐서 10시가 되어서야 사무실에 도착했다.)
   I **am going to** market. (장보러 가는 중입니다.)
   Something **dropped to** the floor. (무언가가 바닥에 떨어졌다.)
   The guerrillas **took to** the woods. (게릴라들은 숲으로 피했다.)
   The fields should **revert to** the local people.
     (땅들은 지역사람들에게 되돌아가야 합니다.)
   He **retired to** his village. (그는 고향으로 물러갔다.)
   He **repaired to** the hill. (그는 산으로 들어갔다.)

2) 가다, 도착하다, 도달하다 응용 - 추상적 상황

   He **took to** drink shortly after his wife died.

(그의 아내가 죽자 얼마 안가서 그는 술에 빠져 들었다.)
The baby **has taken to** her new nursemaid. (그 어린이는 새 보모를 좋아하게 되었다.) * take to : 좋아하게 되다
His power **extended to** all parts of the world.
(그의 힘은 뻗쳐 세계의 모든 지역에 이르렀다.)
The price of rice **has sunk to** a low level.
(쌀값이 가라 앉아 낮은 수준에 도달했다.)
Your monthly salary **amounts to** $2,000.
(너의 월급은 모두 합쳐 2,000 달러에 달한다.)
Your answer **amounts to** a refusal.
(당신의 대답은 거절이나 마찬가지이다.)
Have you **come to** a decision on that matter.
(이제 그 문제를 결정했어?)
He **moved to** tears. (그는 감동해서 울었다.)
Don't let his rude behavior **get to** you. (그의 무례를 참지 말라.)
She readily **acceded to** his request. (그는 그의 요구에 선뜻 응했다.)
I **acceded to** the governorship. (나는 지사로 취임했다.)
The music **added to** our enjoyment.
(그 음악은 우리의 즐거움을 더해 주었다.)
Bright colors **appeal to** small children.
(밝은 색은 어린 아이들의 마음을 끈다.)
This rule **applies to** all cases. (이 규칙은 모든 경우에 적용된다.)
For particulars **apply to** the office.
(상세한 것은 사무실에 문의하십시오.)
His account of that affair **approximated to** the truth.
(그 사건에 대한 그의 설명은 사실에 가까웠다.)
Finally they formally **assented to** the statement.
(마침내 그들은 정식으로 그 성명에 찬성했다.)
At last he **attained to** a position of great influence.
(드디어 그는 크게 영향력 있는 위치에 이르렀다.)
His new novel **runs to** 900 pages.

(그의 새 소설은 900 페이지에 달한다.)
You **are not attending to** my words.
　　(너는 내 말을 건성으로 듣고 있다.)
Does temperance **conduce to** good health?
　　(절제가 건강에 도움이 되는가?)
The mayor **contributed to** the growth of the city greatly.
　　(시장은 도시 발전에 커다란 공헌을 했다.)
All roads **lead to** Rome. (모든 길은 로마로 통한다.)
The invention of steam engines **led to** the Industrial Revolution.
　　(증기기관의 발명이 산업혁명을 가져왔다.)
Bird's wings **correspond to** man's arms and hands.
　　(새의 날개는 사람의 팔과 손에 해당된다.)
You must not **jump to** a conclusion about the result.
　　(그 결과에 대해서 속단해서는 안 된다.)
A good idea **occurred to** his mind.
　　(좋은 생각이 그의 마음에 떠올랐다.)
Why don't you **refer to** the encyclopedia?
　　(백과사전을 찾아보는 것이 어때?)
He **succeeded to** a large property left by his father.
　　(그는 아버지에게서 많은 재산을 상속 받았다.)
He **will turn to** his work before long.
　　(그는 머지않아 일에 착수할 것이다.)

3) 고수하다

　　We decided to **adhere to** the plan.
　　　　(우리는 그 계획을 고수하기로 결정했다.)
　　The child **clung to** his mother's skirt.
　　　　(아이는 어머니의 치맛자락에 매달렸다.)
　　He **held to** his opinion to the last.
　　　　(그는 자기의 의견을 끝까지 고집했다.)
　　Keep to the left. (좌측통행 하시오.)

Most painters **stick to** their own style of painting.
(대부분의 화가들은 자신의 그림스타일을 고수한다.)
You must **stand to** your post. (너의 지위를 지켜야 한다.)

4) 말하다

He often **referred to** his past experience.
(그는 자기과거의 경험에 대해 자주 이야기 했다.)
He **admitted to** having stolen the car. (그는 차 훔친 것을 자백했다.)
The chairman **adverted to** a recent decision.
(의장은 최근의 결정을 언급했다.) * advert : 언급하다
In your remarks you **allude to** certain sinister developments.
(네 말은 어떤 불길한 사태를 암시하고 있다.)
  * allude : 언급하다, 암시하다 * sinister : 불길한

5) 본래 상태로, 제정신이 들어, 의식을 차리어
cf. 이 경우 TO가 전치사적 부사로 사용되었음

He **didn't come to** //for a while.
(그는 잠시 동안 의식이 들어오지 않았다.)

(나) 확장 3-A형식

주어 + 동사 + 명사(A) + TO + 명사(B)

주어가 A를 B쪽으로 이동 시키다.

1) 가게 하다, 도착하게 하다
Anyone who refuse to follow the party line must **be brought to**

heel before he does lasting damage.
(누구든지 당의 노선을 따르기를 거부하는 사람은 그가 지속적인 손상을 끼치기 전에 복종하게 만들어야 한다.)
　　　* heel : (발)뒤꿈치, bring A to heel : A를 복종시키다

He **removed** the family **to** the shore.
(그는 가족을 해변으로 옮기었다.)

He **added** a tree **to** the picture.
(그는 그림에 나무 하나를 더 넣었다.)

2) 가게 하다, 도착하게 하다 응용 -추상적 상황 I <기본 동사>

You must **give** close attention **to** small details.
(너는 조그마한 일에도 세심한 주의를 기울여야 한다.)

She **gave** birth **to** a fine healthy child.
(그녀는 잘생기고 건강한 아이를 낳았다.)

Those circumstances **gave** birth **to** a rebellion.
(이러한 사정이 원인이 되어 폭동이 일어났다.)

Gas light has gradually **given** place **to** electric light.
(가스등은 점차로 전등으로 교체되어 가고 있다.)

Such conduct **may give** rise **to** misunderstanding.
(그러한 행동은 오해를 일으킬 수 있다.)

Children should **pay** attention **to** what their teacher says.
(어린이들은 그들의 선생님이 말하는 것에 주의해야 한다.)

He **paid** court **to** her at least two years. (그는 적어도 2년간 그에게 구애를 했다.) * court : 뜰, 궁전, 여성에 대한 구애, 충성

We **pay** homage **to** our ancestors and celebrate a good harvest.
(우리는 조상들을 숭배하고 많은 수확을 경축한다.)
　　　* homage : 존경, 충성

You **must not pay** lip service **to** my proposal.
(너는 나의 제안에 표면상으로만 동의해서는 안 된다.)

Koreans worship their ancestors and **pay** their respects **to** them.
(한국인들은 조상들에게 참배하고 경의를 표한다.)

It is up to the police to **put** an end **to** these robberies.
  (이러한 약탈 행위를 끝내는 것은 경찰에 달려 있다.)
He **put** this question **to** me. (그는 나에게 이것을 질문 했다.)
The prisoners were all **put to** death. (죄수들은 모두 처형되었다.)
He **raise** an objection **to** what I said. (그는 내가 한 말에 반대했다.)
The queen had to **bid** farewell **to** dear relatives and friends.
  (그 공주는 사랑하는 친척들과 작별을 해야 했다.)
Please **remember** me **to** your mother.
  (어머님에게 안부를 전해 주십시오.)
I'd like to **say** goodbye **to** you now.
  (이제 여러분에게 작별을 고해야겠습니다.)
Say hello **to** your mother. (어머님에게 안부 전해 주세요.)
My wife always **turns** a blind eye **to** my mistake.
  (나의 아내는 언제나 나의 실수를 못 본체 한다.)

3) 가게 하다, 도착하게 하다 응용 -추상적 상황 II

The banks often **advance** money **to** farmers for seed and fertilizer.
  (운행은 종종 농민들에게 종자와 비료구입비를 미리 빌려준다.)
We **announced** his death **to** my friend.
  (우리는 그의 죽음을 나의 친구들에게 알렸다.)
The President **appointed** him **to** governor.
  (대통령은 그를 지사로 임명했다.)
The committee **affiliated** us **to** the society.
  (위원회는 우리를 그 회의에 가입시켰다.)
He **ascribes** his success **to** good luck.
  (그는 자기의 성공을 행운으로 돌린다.)
He **attributes** his success **to** hard work.
  (그는 자기의 성공은 노력한 탓이라 생각한다.)
They **imputed** the accident **to** the driver's carelessness.
  (그들은 사고를 운전사의 부주의로 돌렸다.)

He first **attached** himself **to** the Liberals.
(그는 먼저 자유당에 입당했다.)

Judas **betrayed** Jesus **to** his enemies.
(유다는 예수를 적에게 팔아 넘겼다.)

Commend your soul **to** God. (당신의 영혼을 하느님께 맡기세요.)

The politician **dedicated** his life **to** the service of his country.
(그 정치가는 그의 생애를 나라를 위해 봉사하는데 바쳤다.)

The firm **distributed** its profits **to** its workers.
(그 기업은 이익을 사원에게 나누어 주었다.)

The widow **left** all her money **to** charity.
(그 미망인은 돈 모두를 자선사업에 남기고 죽었다.)

The officer **was promoted to** captain.
(그 장교는 대위로 진급되었다.)

I **recommended** the young man **to** our firm.
(나는 그 젊은이들을 우리 회사에 추천했다.)

The fire **reduced** the city **to** ashes.
(화재로 그 도시는 잿더미로 변했다.)

I **restored** the employee **to** his old post.
(나는 그 종업원을 복귀시켰다.)

The judge **sentenced** the thief **to** six month's imprisonment.
(판사는 그 절도범에게 6개월의 금고형을 선고했다.)

I **treated** my friend **to** champagne.
(나는 친구들에게 샴페인을 대접했다.)

The army **abandoned** the town **to** the enemy.
(군대는 도시를 적에게 내주었다.)

The company **assigned** him **to** the post.
(회사는 그를 그 자리에 임명했다.)

4) 가게 하다, 도착하게 하다 응용 - 추상적 상황 III <재귀대명사>

Last night I **cried** myself **to** sleep.
(어젯밤 나는 울다가 잠이 들었다.)

He **abandoned** himself **to** despair. (그는 자포자기가 되었다.)
You **must accommodate** yourself **to** your new circumstances.
　　(당신은 새로운 환경에 적응해야 한다.)
He **addicted** himself **to** drinking after failing in his business.
　　(그는 사업에 실패한 후에 술로 세월을 보냈다.)
I **addressed** myself **to** a man who was at work.
　　(나는 작업 중인 어떤 사람에게 말을 걸었다.)
It is time we **addressed** ourselves **to** the business in hand.
　　(맡은 일에 전념해야 할 때다.)
If I go there alone, I may **expose** myself **to** danger.
　　(내가 그곳에 혼자 간다면 위험할 것이다.)
Let me **introduce** myself **to** you. (여러분들께 저를 소개하겠습니다.)
She **applied** herself **to** the study of math.
　　(그녀는 수학공부에 전념했다.)
I **could not bring** myself **to** tell a lie.
　　(나는 거짓말을 하고 싶지 않다.)
The teacher **devoted** himself **to** education.
　　(그 교사는 교육에 전념했다.)
He **engaged** himself **to** my cousin.
　　(그는 나의 사촌과 약혼했다.)
We had to **resign** ourselves **to** taking only one week vacation.
　　(우리는 단 일주일의 휴가로 참아야 했다.)
Why should I **trouble** myself **to** apologize?
　　(왜 제가 일부러 사과해야 합니까?)
I shell **limits** myself **to** three aspects of the subject.
　　(나는 그 문제를 세 가지 측면에 국한 시켰다.)

5) 본래 상태로, 제정신이 들게 하다, 의식을 차리게 하다
He **was brought to** //after being unconscious for a while.
　　(그는 한 동안 정신없다가 깨어났다.)
cf. compare A to B : A를 B에 비유하다

Some people have compared books to friends.
(책을 벗에 비유하는 사람도 있다.)

◈ 행동을 이동시키기

1권 <이제영어의의문이풀렸다>에서 이미 소개한 내용입니다. 그리고 앞선 분류에서도 많은 예문을 제시 했었습니다. 여기서는 '행동을 이동시키기'라는 주제하에 분류를 하려고 합니다.

a. Children should pay <u>attention</u> **to** <u>what their teacher says</u>.

(아이들은 그들의 선생님이 말하는 것에 주의해야 한다.)
= b. Children should **attend to** what their teacher says.
(기본1-A형식)

위 문장은 확장3-A형식의 문장입니다. 해석법에 따라 해석해 보면 '아이들은 주의(attention)를 선생님이 말하는 것(what their teacher says)으로 이동시켜야 한다.'가 됩니다. 주의를 이동시킨다는 말은 '주의(주목)한다'라고 해석되는 것을 쉽게 알 수 있습니다. 이 문장을 통해서 다음과 같이 정리할 수 있겠습니다.
<u>영어에서는 추상적인 것을 물건처럼 생각한다는 것입니다.</u> 이러한 표현이 예외적인 것이 아니라 광범위하게 사용되고 있습니다. <u>영어는 원리가 중요할 뿐 대상에 대한 제한은 없습니다.</u> 문장 생성의 원리만 맞는다면 그 대상이 사람인지 사물인지, 또는 물리적인 것인지 추상적인 것인지 가리지 않습니다. 여기서 말하는 문장 생성의 원리란 확장형식의 원리를 말합니다.

* **동사적의미를 나타내는 추상명사(동사형이 별도로 존재하는 추상명사)가 사용되는 확장형식의 경우 - 행동을 이동시키는 경우 - 에는 다른 전치사 및 전치사적 부사도 사용되지만 압도적으로 전치사 TO가 많이 사용됩니다.**

가) 확장1-A형식

1 기본 동사 COME/GO 표현

주어 + COME(GO) TO +추상명사

He came to an agreement. (그들은 의견일치에 이르렀다.)

The matter **came to** his notice. (그 문제가 그의 주목을 끌었다.)
I **came to** a startling realization. (나는 놀라운 사실을 깨닫게 되었다.)
Many different qualities **go to** the making of a great leader.
　　(많은 다양한 자질들이 합해져서 위대한 지도자를 만든다.)
The story **comes to** a tragic close. (그이야기는 비극으로 끝났다.)
The plot **came to** light. (음모가 드러났다.)

S(주어)	COME TO	an agreement.	(S가 합의에 도달하다.)
		someone's aid.	(S가 누구를 도와주다.)
		a boil.	(S가 끓기 시작하다.)
		a conclusion.	(S가 결론에 도달하다.)
		an end.	(S가 끝나다.)
		a halt/stop.	(S가 정지하다.)
		life.	(S가 활기를 띠게 되다.) etc.
S(주어)	GO TO	great pains.	(S가 무척 애를 쓰다.)
		extremes.	(S가 극단적인 행동/말을 하다.)
		great trouble.	(S가 무척 수고하다.) etc.

2 다른 동사 표현

A. 주어가 추상명사 쪽으로 이동하는 경우

① 전치사 TO

<u>He</u> jumped to <u>**conclusions**</u>. (그는 성급하게 결론을 내렸다.)

When He **gets to** grips with a problem, he doesn't leave it alone until he's found the solution. (그는 어떤 문제를 다루게 되면, 해결책을 찾을 때까지 그것을 가만히 버려두지 않는다.)

② 다른 전치사

People will always **be in** control of smart machine.
 (사람들은 항상 똑똑한 기계들을 통제할 것이다.)
He **flashed into** sight. (그는 눈에 확 띄었다.)
The company **fell under** the control of him.
 (그 회사는 그의 수중에 떨어졌다.)
He **has been on** the move three years. (그는 3년간 떠돌아 다녔다.)

B. 주어가 소유하고 있는 추상명사가 명사 쪽으로 이동하는 경우

<u>**His attention**</u> turned to <u>the pretty young lady.</u>

(그의 주의는 그 예쁜 젊은 여인에게 옮겨졌다.)

나) 확장3-A형식

1 기본 동사 BRING/PUT 표현

주어 + BRING + 명사 + TO + 추상명사
주어 + PUT + 명사 + TO + 추상명사

He **brought** the car to a stop. (그는 차를 멈췄다.)

(= He stopped the car.)

They **brought** the strike **to** an end.
(= They ended the strike. 그들은 파업을 멈췄다.)
Bring the water **to** a boil. (그 물을 끓이시오.)
The change in the law was slow in coming, and it took a disaster to **bring** it **to** pass. (그 법률의 개정은 서서히 이루어 졌다. 그런데 그것이 이루어지기 위해서는 하나의 재난이 필요했다.)
The prompt use of artificial respiration can often **bring to** life a victim of drowning. (신속하게 인공호흡을 이용함으로써 종종 물에 빠진 사람을 소생시킬 수 있다.)
Put the question **to** writing. (질문은 서면으로 부탁드립니다.)
He **put** an end **to** the debate. (그는 토론을 끝냈다.)

S(주어) BRING A TO attention. (S가 A를 차렷 자세를 취하게 하다.)
　　　　　　　　　　 an end. (S가 A를 끝내다.)
　　　　　　　　　　 a halt. (S가 A를 정지하게 하다.)
　　　　　　　　　　 contact. (S가 A를 접촉하게 하다.)
　　　　　　　　　　 existence.(S가 A를 생기게 하다.)
　　　　　　　　　　 the open. (S가 A를 공개하다.)
　　　　　　　　　　 power. (S가 A를 권력을 잡게 하다.) etc.
S(주어) PUT　A TO use. (S가 A를 이용하다.)
　　　　　　　　　 sleep. (S가 A를 재우다.)
　　　　　　　　　 press. (S가 A를 인쇄에 들어가게 하다.)
　　　　　　　　　 flight. (S가 A를 도망치게 하다.) etc.

2 다른 동사 표현

A. 명사를 추상명사 쪽으로 이동 시키는 경우

They eventually drove him **to his death.**

(그들은 결국 그를 죽음으로 몰아갔다.)

He **assigned** $100 **to** a use. (그는 100달러를 사용했다.)
He recovered Jane **to** life. (그는 제인을 소생시켰다.)
He exposed himself **to** misunderstanding. (그는 오해를 받았다.)
Witnessing this daily tragedy **moved** him **to** action.
 (이러한 일상의 비극을 목격하면서 그는 행동에 나서게 되었다.)
They **brought** the rebels **to** justice. (그들은 반도들을 응징했다.)
The terrible civil war **has thrown** this situation **into** question.
 (끔찍한 내전으로 이러한 상황이 의문시 되고 있다.)

B. 주어가 소유하고 있는 추상명사를 명사 쪽으로 이동시키는 경우

He gave **all his trust** to his followers.

(그는 전적으로 부하들을 신임 하였다.)

Nature **have given** birth **to** a new volcanic land.
 (자연은 새로운 화산섬을 만들어 내고 있다.)
He **gave** a survey **to** men from different cultures.
 (그는 다양한 문화에서 온 사람들을 조사했다.)
You will be able to **give** aid **to** people who have been hurt.
 (당신은 다친 사람들을 도울 수 있을 것이다.)
He **returned** a polite answer **to** the question.

(그는 질문에 공손히 답했다.)
He **extended** a warm welcome **to** her.
(그는 그녀를 따뜻하게 맞이했다.)

지금까지의 예문은, 모두 그런 것은 아니지만 대체로 **기본 형식을 확장형식으로 바꾸어 표현하고 있습니다.** 여기서 '모두 그런 것은 아니지만'이라고 하는 이유는 기본 형식에서 적당한 동사를 찾기 힘든 문장도 있기 때문입니다. 동사 표현이 존재하지 않기도 합니다. 그러나 항상 명사 표현은 존재합니다. 다시 말하면 **동사만으로는 표현하기 힘든 문장도 대부분 확장형식으로는 표현이 가능합니다.** 이런 편리함이 영어가 확장형식을 즐겨 사용하는 이유 중의 하나입니다.

(1-2) forth

전치사 TO는 보통 방향을 나타낸다고 말합니다. 그래서 보통 다음과 같이 '-쪽으로'라고 해석됩니다.

　　　　to school (학교로),　to me (나에게로) 등

전치사 TO는 방향을 나타내기는 하지만 막연한 방향입니다. 그래서 뒤에 어떠한 단어가 나오느냐에 의해 방향이 구체화됩니다. TO 뒤에 school이 위치하면 '학교 방향'을, TO 뒤에 me가 위치하면 '내 쪽'을 나타내게 됩니다.

그런데 영어에서는 전치사 TO처럼 방향을 나타내는 역할을 하면서 동시에 TO와는 다르게 구체적인 방향을 스스로 지니고 있는 단어들이 다수 존재합니다. 그래서 방향을 나타내기 위해서 뒤에 따로 별도의 단어가 필요 없습니다. 즉 단독으로 사용됩니다. 예를 들어 forward라는 단어를 보겠습니다. forward는 TO와 같은 전치사가 아닌 부사입니다. forward 뒤에 아무런 단어가 나오지 않습니다. 이미 구체적인 방향을 담고 있어서 방향을 구체화해 줄 단어가 필요 없기 때문입니다. <다른 측면으로 설명하면, to forward에서 to를 생략하고 forward만으로 표현한다고 생각해도 될 것 같습니다.>

모두 알고 있듯이 부사 forward는 '**앞**쪽으로'라는 의미를 가지고 있습니다. '앞'이라는 구체적인 방향을 스스로 이미 가지고 있습니다.

　　　　He is trying to move **forward.**

　　　　(그는 **앞으로** 움직이려고 시도하고 있다.)

이렇듯 구체적인 방향을 이미 부여받은 단어들이 다음과 같이 영어에는 많이 있습니다.

　　　　forward(앞으로), backward(뒤쪽으로), there(거기로), abroad(해외로), home(집으로), upstairs(2층으로) left(외쪽으로) etc

이러한 단어는 문장에서 다음과 같이 사 용됩니다.

He went **backward**.　（그는 뒤쪽으로 갔다.）
He went **there**.　　（그는 거기로 갔다.）
He went **abroad**.　（그는 해외로 갔다.）
He went **home**.　　（그는 집으로 갔다.）
He went **upstairs**.　（그는 이층으로 갔다.）
He went **left**.　　（그는 왼쪽으로 갔다.）

충분히 이해가 될 것으로 믿습니다. 그리고 왜 He went **to** home이 아니고 He went home으로 표현하는지에 대해서도 분명하게 느끼셨을 것으로 믿습니다. 이러한 성격을 갖는 단어들은 모든 전치사 및 전치사적 부사를 설명한 뒤에 이 책 마지막에 '**기타 전치사 및 전치사적 부사 정리**'를 통해서 제시하기로 하고 여기서는 그 중에서 **FORTH**에 대해서만 정리하려고 합니다.

부사 forth는 우리말로는 '앞쪽으로'라고 해석되고 영영사전에는 '**out, forward**'의 의미를 가지고 있다고 설명되어 있습니다. 이러한 것을 기본으로 예문을 살펴보도록 합니다.

(가) 확장1-A형식

주어(A) + 동사 + FORTH

주어(A)가 스스로 FORTH 쪽으로 이동하다.

1) 앞으로 나아가다

We all **set forth** on our journey in the highest spirits.
　（우리 모두는 최고의 기분으로 여행을 떠났다.）
Three brother **went forth**. （세 형제는 나아갔다.）

The sun **burst forth** in the clouds.
  (태양이 구름 속에서 갑자기 나타났다.)
The leaves have begun to **shoot forth.**
  (나뭇잎의 새싹이 돋기 시작했다.)
An order **went forth** that all prisoners should be killed.
  (모든 죄수들을 처형시키라는 명령이 하달되었다.)
Cheers **broke forth** from the crowd.
  (군중으로부터 환성이 터져 나왔다.)
The seats should be rearranged every time we **travel** back and **forth.** (매 왕복 시마다 좌석은 재조정되어야 한다.)
We spent the day **walking** back and **force** over the Golden Gate Bridge. (우리는 금문교 위를 왔다갔다 걸으면서 그날을 보냈다.)

(나) 확장 3-A형식

주어 + 동사 + 명사(A) + FORTH

주어가 A를 FORTH 쪽으로 이동 시키다.

1) 앞으로 나아가게하다
  The trees on the hills **were putting forth** new leaves.
    (산의 나무들은 새잎을 내고 있었다.)
  The sun **sends forth** light and heat. (태양은 빛과 열을 방사한다.)
  The diamond **gives forth** all colors of the rainbow.
    (다이아몬드는 오색찬란한 빛을 발산한다.)
  An owl **gave forth** a melancholy note.
    (한 올빼미가 우울한 소리를 발산하였다.)
  He **set forth** his reasons for what he had done.

(그는 그가 한 일의 이유를 설명했다.)
The theory **has been set forth** in his recent book.
(그 이론은 그의 최근 저서에 발표되어 있다.)
The novelist **put forth** his novel. (그 소설가는 소설을 출판하였다.)
His decision **called forth** many protests.
(그의 결정은 많은 항의를 불러 일으켰다.)
His remark **brought forth** a heated debate.
(그의 발언은 격렬한 논쟁을 일으켰다.)
I believe the ministry **put forth** every ounce of its energy to save him.
(나는 정부가 그의 구출을 위해 모든 노력을 기울였다고 생각한다.)
The rival lawmakers **put forth** different views.
(여야는 서로 다른 견해를 개진했다.)

(2) FOR... after

(2-1) FOR

(가) 확장1-A형식

주어(A) + 동사 + FOR + 명사(B)

주어(A)가 스스로 B 쪽으로 이동하다.

1) -을 향해서 가다<출발하다>
   Where are you **headed for**? (당신은 어느 방향으로 갑니까?)
   She **left for** New York last night. (그녀는 어젯밤 뉴욕으로 떠났다.)
   We **made for** a light we saw in the distance.
       (우리는 멀리 보이는 불빛을 향해서 나아갔다.)
   The doctor **has sailed for** New York.
       (그 박사는 뉴욕을 향해 배를 타고 출발했다.)
   They **started for** Washington. (그들은 워싱톤을 향해 떠났다.)
   He **left for** New York. (그는 뉴욕을 향해 떠났다.)
   He **left** New York **for** Seattle. (그는 뉴욕을 떠나 Seattle로 향했다.)

2) -을 향해서 가다<출발하다>- 추상적 상황
   Shall I **go for** a doctor. (의사를 불러 올까요?)
   I **am going for** the scholarship. (나는 장학금을 받으려고 노력한다.)
   His proposal **made for** world peace.
       (그의 제안은 세계평화에 기여했다.)

3) -을 향해서 가다<출발하다>- 추상적 상황 ⇨ 출마하다
   This year he means to **run for** the mayor of Seoul.

(올해 그는 서울 시장으로 출마할 작정이다.)
He **will stand for** parliament. (그는 국회의원에 출마할 것이다.)

4) 덤벼들다
The watch dog **went for** the thief.
(집지키는 개는 도둑에게 덤벼들었다.)
The dog **made for** me. (개가 나에게 덤벼들었다.)

5) 찾다, 구하다 (아직 찾은 것은 아닌 상황)
The police **searched for** the missing child.
(경찰은 행방불명된 아이를 찾고 있다.)
Everyone **seeks for** happiness. (모든 사람들이 행복을 추구 한다.)
I **felt for** the key in my pocket.
(나는 호주머니 속을 더듬어 열쇠를 찾았다.)
I am going to **look for** an apartment right now.
(나는 당장 아파트를 찾아볼 것이다.)
A stranger **inquired for** the manager.
(어떤 낯선 사람이 지배인을 면회하러 왔다.)
The young man **reached for** fame.
(그 젊은이는 명성을 얻으려고 애썼다.)

6) 찾다, 구하다 (아직 찾은 것은 아닌 상황) ⇨ 요구하다, 요청하다
The defense **moved for** a new trial. (피고 측은 재심을 요구했다.)
Some experts have **called for** a total ban.
(어떤 전문가들은 전면적인 금지를 요구했다.)
The beggar **begged for** money from people.
(거지는 사람들에게 돈을 구걸했다.)
The occasion **calls for** prompt action.
(신속한 행동이 필요한 때이다.)
He **pressed for** an inquiry into the question.
(그는 그 문제에 대한 조사를 긴급히 간청했다.)

The beggar **asked for** some food.
  (그 거지는 요청해서 음식을 좀 구했다. → 음식을 좀 구걸했다.)
We have been **crying for** a new leader.
  (우리는 새로운 지도자를 소리쳐 요구해 왔습니다.)
We **must advertise for** an assistant in the newspaper.
  (우리는 신문에 조수를 구하는 구인광고를 내야만 한다.)

7) 찾다, 구하다 (아직 찾은 것은 아닌 상황) ⇨ 갈망하다
The students are **longing for** the vacation.
  (학생들은 방학을 애타게 기다리고 있다.)
They are **thirsting for** eternal revenge.
  (그들은 끝임없는 복수에 목말라하고 있다.)
We **hunger for** your presence at the party.
  (파티에 당신이 참석해 주시기를 열망합니다.)
The child **starves for** mother's love.
  (그 아이는 어머니의 사랑에 굶주려 있다.)
She **wishes for** a new houses. (그녀는 새집을 원한다.)
The student **yearns for** the summer vacation.
  (그 학생은 여름 방학을 간절히 바란다.)
We **were aching for** home as soon as possible.
  (우리는 고향에 하루 빨리 가고 싶었다.)
The old man **pined for** his families.
  (그 노인은 가족을 몹시 그리워했다.)

8) 찬성하다, 지지하다, 옹호하다 (↔AGAINST 반대하다)
He **stands for** both freedom and justice.
  (그는 자유와 정의를 지지한다.)
The workers **decided for** the offer of increased pay.
  (근로자들은 봉급인상 제안에 입장표명으로 찬성했다.)
I **agree for** you. (나는 너에게 동의한다.)
Are you **for** the government or against?

(당신은 정부에 찬성하는가 아니면 반대하는가?)
Ten of us **were for** the decision.
(우리 10명은 그 결정을 받아 들였다.)
They **have balloted for** the new chairman.
(그들은 새 의장에게 투표를 했다.) * ballot : 투표
I **voted for** the candidate. (나는 그 후보자에게 찬성표를 던졌다.)

9) 나타내다, 상징하다

Pigeon **stands for** peace. (비둘기는 평화를 상징한다.)
Red **is for** danger. (빨간색은 위험을 나타낸다.)
The plus sign **is for** adding. (더하기 기호<+>는 더함을 나타낸다.)
What does MVP **stand for**? (MVP가 무슨 뜻이냐?)

10) 좋아하다

He used to **fall for** any girl he met.
(그는 만나는 여자 누구에게나 반했다.)
My wife and I **fell for** the young man as we saw him.
(아내와 나는 그 젊은이를 본 순간 매료되었다.)
Do you **care for** modern music? (너는 현대 음악을 좋아하느냐?)

전치사 FOR에 관해서 <확장3-A형식>으로 분류하여 정리할 내용은 없습니다. 다만 아래에 전치사 FOR가 사용된 숙어를 몇 가지 정리해 놓았습니다. 아래의 정리를 <확장3-A형식>으로 분류하지 않은 이유는 반복되는 일정한 형태를 유지하고 있기는 하지만 동사의 의미를 알아야 의미파악이 가능하기 때문에 구동사라고 분류하기 어렵다고 판단했기 때문입니다.

cf '동사 A FOR B' 형태

① **A를 B때문에 -하다**
   Thank you **for** your coming. (와 주서서 감사합니다.)
   She **scolded** him **for** his laziness. (그는 그가 게으르다고 야단쳤다.)
   The boss **will blame** you **for** neglecting your duty.
      (사장은 직무 태만이라고 너를 책할 것이다.)
   Mother always **censures** me **for** being idle.
      (어머니는 항상 내가 게으르다고 나무라신다.)
   The teacher **admonished** the boys **for** being lazy.
      (선생님은 학생들에게 태만하다고 훈계했다.)
   The priest **reproved** the people **for** not attending church services.
      (그 목사는 예배에 참석하지 않는다고 사람들을 꾸짖었다.)
   He **was punished for** his misdeed.
      (그는 나쁜 짓을 했다가 처벌되었다.)
   Please **excuse** me **for** coming late. (늦어서 미안합니다.)
   The child **teased** his mother **for** some cookies.
      (아이는 과자를 좀 달라고 졸랐다.)

② **A를 B로 바꾸다(교환)**
   I **changed** my car **for** a foreign car. (차를 외제로 바꿨다.)
   He **exchanged** the picture **for** the record.
      (그는 그림을 레코드와 교환했다.)
   We **substituted** notebook **for** paper.
      (우리는 종이를 노트 대용으로 썼다.)
   The boy **traded** his bicycle **for** the picture.
      (그 소년은 자전거를 그 그림과 바꾸었다.)
   He **sold** his house **for** $5.000. (그는 집을 5000달러에 팔았다.)

③ **A를 B로 간주하다**
   I **took** him **for** an athlete. (나는 그를 운동선수라고 착각했다.)

He **mistook** the windmills **for** giants.
　(그는 풍차를 거인으로 잘못 알았다.)

cf. 동사 A as B (A를 B로 동사하다)

Employees **rank** continuing education **as** important.
　(직원들은 지속적인 교육을 중요하게 평가 합니다.)
They **view** surging imports **as** a threat to American jobs.
　(그들은 밀려오는 수입품이 국내고용에 있어서 위협이라고 본다.)
He **explained** creativity **as** an attitude.
　(그는 창의성을 태도로 설명했다.)
He **defines** intelligence **as** the capacity to solve problems.
　(그는 지능을 문제를 해결하는 능력이라고 정의했다.)
Americans jokingly **refer to** this condition **as** spring fever.
　(미국인 들은 농담 삼아 이 상태를 봄의 열병이라고 한다.)
They will **use** them **as** pivots. (그들은 그것들을 주축으로 사용했다.)
Do you **identify** this body **as** that of your husband?
　(이 시체를 당신 남편의 시체라고 인정하십니까?)
He would not **receive** her **as** his son's wife.
　(그는 그녀를 며느리로 인정하려 하지 않았다.)

(2-2) AFTER

AFTER와 FOR를 같이 분류하고 있는 것에서 알 수 있듯이 이 둘은 비슷한 그림을 가지고 있습니다. **'go For X'**와 **'go After X'**를 비교해 보겠습니다. 'go For X'의 경우 앞에서 설명했듯이 'X를 목표로 하여 가는 경우'입니다. 이제 'go After X'의 경우는 For와 비슷하지만 더 강한 목적성이 있습니다. X를 목표로 향해 가는 것에서 더 나아가 X**뒤에** 달라붙어서 '졸졸(?)' 따라 다니는 행동입니다. 심지어 X의 행동을 따라 하기도 합니다. 거의 스토커 수준입니다. AFTER를 이해하는데 중요한 두 가지는 다음과 같습니다.

① 뒤에
② '졸졸(?)' 따라 다니다.

많은 책에서 **look for**는 '**찾다**'의 의미를 가지고 있고, **look after**는 '**돌보다**'의 의미를 가지고 있다고 숙어로 제시해 놓고 있습니다. 둘을 비교해 보면 제가 설명한 For와 After의 차이를 조금은 느낄 수 있을 것입니다. 그럼 이러한 AFTER의 그림을 머리에 넣고서 다음의 예문들을 보기 바랍니다.

(가) 확장1-A형식

주어(A) + 동사 + AFTER + 명사(B)

주어(A)가 스스로 B 쪽으로 이동하다.

1) 다음에 가다, 따라가다
　　A taxi **passed after** a bus. (택시가 버스에 뒤따라 지나갔다.)
　　B **comes after** A in the alphabet.
　　　(영어 알파벳에서 B는 A 뒤에 나온다.)
　　Lieutenants **rank after** captains. (중위는 대위 다음이다.)

* lieutenant : (육군) 중위, captain : (육군) 대위

We **tailed after** the procession. (우리는 그 행렬을 따라갔다.)

2) 다음에 가다 ⇨ 쫓다

The boy **chased after** the rabbit. (소년은 토끼를 추적했다.)
　　* chase : 뒤쫓다, 추적하다
The dog **went after** the thief. (그 개는 도둑을 뒤 쫓았다.)
The cop **ran after** him. (경찰은 그를 뒤 쫓아 뛰었다.)
The police **are after** the criminal.
　　(그 경찰은 범죄자를 뒤 쫓고 있다.)
Tom **took after** the man who had stolen his money.
　　(탐은 그의 돈을 훔친 남자를 추격했다.)

3) 다음에 가다 ⇨ 쫓다 - 추상적 상황

He **is going after** the May queen.
　　(그는 '5월의 여왕'으로 뽑힌 여자를 차지하려고 애쓰고 있다.)
What makes people **hunger after** money?
　　(무엇 때문에 사람들은 돈을 갈구할까?)
He **is** always **running after** a better job.
　　(그는 늘 더 나은 직장을 찾아 뛰고 있다.)
The miners **sought after** gold. (광부들은 금을 찾아다니고 있다.)
The researchers **are after** a cure for cancer.
　　(연구가들은 암 치료법을 찾고 있다.)
Just quit this job and **go after** a job you really want.
　　(그럼 그만두고 정말 하고 싶은 일을 찾아.)
Young schoolgirls **pine after** famous singers or actors.
　　(어린 여학생들은 유명 가수들이나 배우들을 따라 다니며 연모한다.)
　　* pine : 애타게 그리워하다, 갈망하다
She's the kind of person who always **run after** something ideal.
　　(그녀는 언제나 무언가 이상적인 것을 추구하는 그런 사람이다.)

4) 돌보다

Could you please **look after** my children while I go to the store?
(가게에 가는 동안 아이들을 좀 봐주시겠어요?)
During my absence, please **see after** my children.
(내가 없는 동안 나의 아기들을 보살펴 주시오.)

5) 모방하다, 닮다

Doesn't baby **take after** her mother?
(그 아이는 엄마를 닮지 않았니?)
This painting **is after** Rembrandt. (이 그림은 램브란트를 본 땄다.)
You **don't take after** your father. (너는 아버지를 닮지 않았구나?)

6) 안부를 묻다

When she drops on me, she always **asks after** my health.
(그녀는 나를 방문할 때면 항상 나의 건강을 묻는다.)
We **inquired after** the friend in hospital.
(우리는 입원 중인 친구의 안부를 물었다.)

cf. <전치사> 반복의 의미

hour after hour : 매시간   day after day : 매일
week after week : 매주   year after year : 매년
time after time : 매번   meeting after meeting : 모임마다

(나) 확장 3-A형식

주어 + 동사 + 명사(A) + AFTER + 명사(B)

주어가 A를 B쪽으로 이동 시키다.

1) 다음에 가게 하다
   Jane's name **was called after** three others.
   (Jane의 이름이 다른 세 사람 뒤에 불러졌다.)

2) 모방하게 하다
   They **named** the city **after** the ex-mayor.
   (그들은 전(前) 시장의 이름을 따서 그 도시를 명명했다.)
   He **was called after** his father.
   (그는 아버지의 이름을 따서 불려졌다.)
   He **called** his dog **after** a character in a movie.
   (그는 자기 개를 영화에 나오는 인물을 따라 불렀다.)

cf. <전치사>
   ① (시간상) -후에
   After careful consideration, I have decided to go by train.
   (신중히 생각을 한 다음, 나는 기차로 가기로 결심했다.)
   You must succeed **after** such efforts.
   (이렇게 노력을 했으니, 당신은 꼭 성공할 것이다.)
   After her rudeness to him, he never called her again. (그녀가 무례한 행동을 한 다음, 그는 그녀에게 다시 전화를 하지 않았다.)

   ② (순서상) - 뒤에
   After water, food is the most important need for human life.
   (물 다음으로 음식이 인간 생명에 가장 중요하다.)
   After Hardy, Dickens is her favorite author.
   (Hardy 다음으로 Dickens 가 그녀가 가장 좋아하는 작가이다.)

   ③ -에도 불구하고
   He was failed **after** his labor. (그의 노력에도 불구하고 실패했다.)
   After all the criticism of the house, he bought it.
   (그 집을 비판하는 모든 소리에도 불구하고, 그는 그 집을 샀다.)

(3) AGAINST

전치사 against의 의미를 파악하기 위해서 전치사 on과 비교해 보겠습니다. 두 전치사 모두 두 개체가 한 점에서 접촉하는 위치관계를 나타냅니다. 그러나 힘의 역학관계에서 차이가 납니다. **against는 두 힘이 부딪힐 경우 사용됩니다.** 부딪히는 두 개체가 모두 힘을 가지고 서로 버티고 있습니다. 반면에 on의 경우는 어느 한 쪽만이 일방적으로 힘을 발산하고 상대편은 수동적으로 그냥 존재할 뿐이거나, 아니면 양편 모두 힘을 빼고 있는 상황입니다. 그래서 against처럼 '충돌'이 발생하는 것이 아니라 한쪽이 일방적으로 당하거나 서로 '닿고' 있을 뿐입니다. **정리하면, 상대편의 힘의 저항이 존재할 경우에는 against, 그러지 않을 경우에는 on을 사용합니다.**
경우에 따라서는 on의 경우에는 한쪽이 다른 한쪽을 공격하려고 돌진하는 것이 아니라 오히려 반대로 다른 편에 기대어 의지하는 상황도 나타냅니다. 그래서 전치사 on의 경우에 'depend on'처럼 '의지하다'라는 의미로도 사용됩니다. 문장을 비교를 통해서 지금까지의 설명을 확인해 보도록 하겠습니다.

    a. The rain was beating **against** the window.
    b. The rain was beating **on** the leaves.

a문장에서 비와 창문은 서로 각자의 힘을 가지고 버티고 있습니다. 그래서 '비가 창문에 부딪히고 있습니다.'라고 해석됩니다. 반면에 b문장의 경우에, 나뭇잎은 아무런 저항 없이 비의 충격을 받는 개체로 풀이됩니다. '비가 나뭇잎들을 때리고 있습니다.'정도가 적당할 것 같습니다. 해석은 어찌되었든 간에 b문장의 경우 내리는 비에 아무런 저항 없이 이리 저리 움직이는 나뭇잎들의 역동이 머릿속에 그려지고 있다면 충분하겠습니다.

    c. Don't lean so heavily **against** me.
    d. Don't lean so heavily **on** me.

c문장은 '내게 그렇게 세게 기대지 마시오.'는 두 사람이 서로 힘을 맞서는 상황이고 b문장의 경우 '나에게 그렇게 지나치게 의지하지 마시오.'라고 해석됩

니다. 한쪽이 일방적으로 접촉하여 의지하는 상황입니다.

(가) 확장1-A형식

주어(A) + 동사 + AGAINST + 명사(B)

주어(A)가 스스로 B 쪽으로 이동하다.

1) -에 맞서다, 항의하다, 저항하다, 반대하다, 겨루다
(against + 움직이게 할 수 있는 것)

Are you for or **against** my opinion? (내 의견에 찬성인가, 반대인가?)
The leader **spoke against** violence.
  (그 지도자는 폭력에 반대하는 연설을 했다.)
He had to **race against** the time to finish the work before the dark. (일을 어둡기 전에 끝내기 위해서 시간과 다투어야 했다.)
He was imprisoned for **writing against** the government.
  (그는 글을 써서 정부에 맞서다 구속되었다.)
Jack **kicked against** our decision. (잭은 우리의 결정에 반대했다.)
He **contend against** his fate. (그는 그의 운명과 싸웠다.)
The workers **protested against** working longer hours.
  (노동자들은 장시간 근무에 항의했다.)
We all **sin against** God and His law.
  (우리는 죄를 지어 하느님과 하느님의 법에 맞선다.)
He **argued against** the passage of the bill.
  (그는 그 법안 통과에 반대했다.)
He **fight against** the strong for the weak.
  (그는 약자를 위하여 강자에 맞서서 싸운다.)
* She **turned against** her old friend. (그녀는 옛 친구를 냉대했다.)

2) 부딪히다, 기대다, 밀다 (against + 움직이게 할 수 없는 것)
　　Shield **clashed against** shield. (방패와 방패가 서로 부딪쳤다.)
　　Wave **were breaking against** the rock on a moonlit night.
　　　　(달 빛 비치는 밤에 파도가 바위에 부딪혀 부서지고 있었다.)
　　He **pressed against** her in the crowd.
　　　　(그는 군중 속에서 그녀를 밀쳤다.)
　　We **pushed against** the door, but it did not open.
　　　　(그는 문을 밀었으나, 그 문은 열리지 않았다.)
　　Don't **lean against** the wall. (벽에 기대지 마시오.)
　　The boat **was dashed against** rocks. (배가 바위에 충돌했다.)
　　A drunkard **ran against** a pole. (한 취객이 전봇대에 부딪쳤다.)

3) 거슬러 가다 (이동 동사 + against)
　　No ship could **sail against** the wind that moved her.
　　　　(어느 배도 그것을 움직이는 바람을 거슬러 항해 할 수 없다.)
　　They **were rowing against** the current.
　　　　(그들은 해류를 거슬러 배를 저어가고 있었다.)
　　The salmon **swam against** the current.
　　　　(그 연어는 물길을 거슬러 헤엄쳐 올라갔다.)
　　The result of the examination **went against** my expectation.
　　　　(시험 결과는 나의 예상과는 달랐다.)

cf.<전치사>
① **대항하다 → 대비하다**
　　We saved some money **against** our old age.
　　　　(우리는 노년을 대비해서 약간의 돈을 저축했다.)
　　We take vitamin as a protection **against** colds.
　　　　(우리는 감기 예방책으로 비타민을 먹는다.)
　　The villagers built a dam **against** the rising river.
　　　　(마을 사람들은 불어나는 강에 대비해서 둑을 쌓았다.)

② -을 배경으로 하여
　　The picture looks good **against** the light wall.
　　　(그 그림은 옅은 색의 벽에 대조되어 좋게 보인다.)
　　The red tie looks good **against** the blue shirt.
　　　(그 빨강 넥타이는 파랑 셔츠에 잘 맞는다.)
　　She didn't see the black car **against** the dark wall.
　　　(그녀는 어두운 벽을 배경으로 하고 있는 검정색의 차를 못 보았다.)
③ 비교 - 견주어보다
　　Our weather problems are minor when measured **against** London.
　　　(우리의 기후 문제는 런던과 비교하면 사소한 편이다.)
　　Economic benefits are not that important if weighed **against** the possible damage to the environment. (환경피해의 가능성과 견주어보면 경제적 이익은 그다지 중요하지 않다.)

(나) 확장 3-A형식

　　주어 + 동사 + 명사(A) + AGAINST + 명사(B)

　　주어가 A를 B쪽으로 이동 시키다.

1) 부딪히게 하다, 기대게 하다 (against + 움직이게 할 수 없는 것)
　　She **popped** the poster **against** the black board.
　　　(그녀는 벽보를 칠판에 기대어 세웠다.)
　　Rub your knife **against** that smooth rock and it will get sharp.
　　　(너의 칼을 미끄러운 돌에 문질러라 그러면 날이 설 것이다.)
　　She **rested** the rake **against** the wall.
　　　(그녀는 갈퀴를 벽에 기대어 세웠다. *rake: 갈퀴)
　　She **pressed** her hand **against** her forehead.

(그녀는 손을 이마에 가져다 대었다.)

2) 부딪히게 하다 ⇨ 대항하게하다
They **hold** the fort **against** the indians' attack.
(그들은 인디언들의 공격에 대항하여 요새를 지켰다.)

(4) BACK

BACK도 AGAINST처럼 TO와 FOR와는 다른 그림을 가지고 있습니다. AGAINST의 경우는 앞에서 설명했듯이 힘의 역학관계라는 측면에서 차이를 보여주었고, BACK의 경우는 **이동 방향에서 TO와 FOR와는 다른 그림**을 보여줍니다.

모두들 BACK을 '-뒤에'라고 기본적으로 알고 있을 것입니다. 그러나 이것만으로는 BACK의 의미를 파악하기에는 조금 부족한 듯합니다. **움직임(이동)을 나타내**는 BACK은 다음 두 가지 의미를 가지고 있습니다.

① - 뒤로
② (다시) 원래 위치로 (되)돌아가다. (A→B→A)

①번의 의미의 경우, 정확하게 말하면 TO와 FOR보다는 전치사적 부사 FORWARD(앞으로)가 더 반대되는 의미를 가지고 있습니다.

We went **forward** three miles. (우리는 3마일 앞으로 갔다.)

②번의 경우, 항상 뒤의 방향으로 가는 것이라고 단정할 수는 없습니다. 경우에 따라서는 원래 위치로 (되)돌아가는 행위의 방향이 앞으로 가는 것일 수도 있을 것입니다. 아무튼 BACk은 **A를 출발해서 최종적으로 다시 A로 오는 움직임(A→B→A)을 의미**합니다. 그리고 상황에 따라서 '다시'라는 의미를 추가할 수 있습니다.

(가) 확장1-A형식

주어(A) + 동사 + BACK + 명사(B)

주어(A)가 스스로 B 쪽으로 이동하다.

1) 뒤로 가다, 물러서다

Would you **step back** from the doorway, sir?
(문 앞에서 뒤로 한 걸음 물러나 주시겠습니까?)

We should **step back** and rethink about this problem.
(우리는 한 발짝 물러서서 이 문제에 대해 생각해야 합니다.)

Go back a few miles and you'll find a gas station.
(몇 마일 뒤로 가면 너는 주유소를 찾을 수 있을 겁니다.)

Mary always **holds back** when she goes to parties. (메리는 파티에 가면 나서지 않는다. - 계속해서 뒤에 있다) * hold : '계속'을 의미

The painting **dates back** to the 17th century.
(그림의 연대는 17세기로 거슬러 올라갑니다.)

To understand its origin we should **go back** 1000 years.
(그것의 기원을 알기 위해서는 1000년을 뒤로 가야 한다.)

The crowd **drew back** to let the firemen pass.
(군중들은 소방원들이 지나가도록 물러섰다.)

The policeman shouted, "**stand back**, please."
(경찰관이 "물러서시오"라고 소리쳤다.)

Don't **hang back** from asking a question. (질문하는 것으로부터 뒤로 물러서지 마세요. → 질문하기를 망설이지 마세요.)

2) (다시) (되)돌아 가다(오다)

She **went back** into the school to get lunch-box.
(그녀는 도시락 가방을 가지러 학교로 되돌아갔다.)

When did you **get back**? (언제 돌아왔습니까?)

He came to see us yesterday and **went back** home.
(그는 어제 우리를 보러 와서 다시 집으로 되돌아갔다.)

Now I **must get back** to work. (이제 다시 일하러 가야겠습니다.)

It started to rain, so I **turned back.**
(비가 오기 시작해서 나는 돌아갔다.)

When I threw the ball against the wall, it **bounced back.**
(벽에 공을 치자, 공이 튀어서 되돌아 왔다.)

Press the cake with your fingers and it **will spring back** if it is cooked properly. (손가락으로 케이크를 눌러 보십시오. 잘 구워졌다면 케이크가 원상태로 돌아갈 것입니다.)

Don't worry about John. He will **bounce back** from his defeat in no time.
(John에 대해서 걱정하지 마세요. 그는 패배에서 곧 회복할 겁니다.)

3) (다시) (되)돌아 가다(오다) ⇨ 회상

I don't want to **look back** on that experience.
(나는 그 경험을 되돌아보고 싶지 않다.)

I **look back** at the old days. (나는 옛날을 되돌아보았다.)

I let my thought **run back** over my childhood.
(나는 내 생각이 어린 시절로 되돌아가게 했다.)

(나) 확장 3-A형식

주어 + 동사 + 명사(A) + BACK + 명사(B)

주어가 A를 B쪽으로 이동 시키다.

1) 뒤로 가게하다

I **put** the minute hand **back** five minutes.
(나는 분침을 5분 뒤로 돌렸다.)

Set the glasses further **back**. (유리잔을 더 뒤에 놓아라.)

The accident **set back** our wedding date by a month.
(그 사고는 우리의 결혼 날짜를 1달 뒤로 미루게 했다.)

The little boy tried to run into the street, but his mother **pulled** him **back.**
(꼬마가 길로 뛰어가려고 했으나 엄마가 그를 뒤로 당겼다.)

Hold the children **back** from jumping into the street.
   (아이들이 도로에 뛰어들지 않도록 말리시오.)
The servant **led** the guests **back**.
   (그 하인은 손님들을 뒤로 안내했다.)

2) 뒤로 가게하다(=나오지 못하게 하다) ⇨ 제어하다, 억제하다
I could not **keep** my tears **back**. (나는 눈물을 참을 수 없었다.)
The policeman **kept** the crowds **back**.
   (경찰은 모여드는 군중들을 제지했다.)
I **will keep back** nothing from you.
   (나는 당신에게 아무것도 숨기지 않습니다.)
His poor education **is holding** him **back**.
   (그의 좋지 못한 교육이 그의 승진을 막고 있다.)
John was not able to **hold back** his anger.
   (Bob은 분노를 제어할 수가 없었다.)
You must **hold back** the information.
   (너는 그 정보를 비밀로 해야 한다.)
John **choked back** his anger. (John은 치솟는 화를 눌렀다.)
 * choke : 질식시키다, 숨 막히게 하다
The strike at the car factory **put back** production badly.
   (자동차 공장의 파업은 생산을 몹시 지체시켰다.)
All our efforts of reform **have been set back**.
   (우리들의 개혁에의 노력은 모두 좌절 되었다.)
John was about to tell the truth, but he **bit** his words **back**.
   (John은 사실을 막 말하려다가 참았다.) * bite : 물다
 * You should cut back on your drinking. (너는 술을 삼가야 한다.)

3) 물리치다
Our soldiers **rolled back** enemy soldiers.
   (우리 병사들은 적군을 물리쳤다.)
We attacked the enemy but **were beaten back**.

(우리는 적을 공격했으나, 반격을 받아서 오히려 격퇴 되었다.)

4) (다시) (되)돌아 가게 하다

He **threw** the ball **back** to the pitcher.
   (그는 투수에게 공을 던져 되돌려 주었다.)
Put the books **back** on the shelf when you have finished with them. (다 읽고 나면 책들을 서가에 갖다 놓아라.)
I **bought back** the house. (나는 그 집을 되 샀다.)
John **threw back** the question to Tom.
   (John은 Tom에게 질문을 되 던졌다.)
Ride your bike down the hill, and your brother will **push** it **back** up. (자전거를 타고 언덕을 내려가거라. 그러면 네 형이 자전거를 다시 언덕위로 밀어 줄 것이다.)
Would you **bring back** the check that I gave you?
   (내가 네게 준 수표를 도로 가져오겠니?)
I couldn't recognize the talker on my answering machine, so I had to **play** the tape **back.** (전화한 사람이 누구인지 알 수 없어서 응답기 tape를 다시 돌려야 했다.)
The change of air **brought** him **back** to health.
   (전지 요양으로 그는 건강을 회복했다.)
He **got** the money **back.** (그는 돈을 되찾았다.)

5) (다시) (되)돌아 가게 하다 ⇨ (되)갚다, 돌려주다

She burst into tears, promising to **give back** everything she had stolen from him. (그녀는 그에게 훔친 모든 것을 돌려주겠다고 약속하면서 울음을 터뜨렸다.)
I will **pay** you **back** as soon as I come back from the trip.
   (나는 여행에서 돌아오는 데로 너에게 빚을 갚겠다.)
Can you **pay** me the money **back** that I loaned you?
   (내가 빌려주었던 돈을 갚을 수 있겠니?)

6) (다시) (되)돌아 가게 하다 ⇨ (되)갚다, 돌려주다 ⇨ 복수하다

I **will pay** her **back** for what she said about me.
　　(나는 그녀가 나에 대해서 말한 것에 대해서 빚을 갚겠다.)
I **paid** him **back** the trick he played on me.
　　(나는 그가 나에게 골려준 것을 되갚았다.)
* I **will get back** at him. (나는 그에게 보복을 하겠다. -확장1-A형식)

7) (다시) (되)돌아 오게 하다

Shop keepers will not usually **take back** goods after they have been paid for.
　　(장사꾼들은 물건을 판 후에는 대개 되돌려 받으려하지 않을 것이다.)

8) (다시) (되)돌아 오게 하다 ⇨ 취소하다

He **took back** what he said. (그는 자기가 한 말을 다시 가져 왔다. →
　　그는 자기가 한 말을 취소했다.)

9) (다시) (되)돌아 가게 하다 ⇨ 회상

That old movie **carried** me **back** nearly 30 years.
　　(오래된 그 영화는 거의 30년 전으로 나를 데리고 갔다.)
I like to **call back** the memory of my sister.
　　(나는 나의 누이에 대한 기억을 회상하는 것을 좋아한다.)
The picture **brought back** a lot of memories to me.
　　(나는 그 그림을 보고 여러 추억들을 생각했다.)

10) 음식물을 꿀꺽 삼키다

I **can put back** more whiskey than anybody I know.
　　(나는 내가 아는 누구보다도 술을 많이 마실 수 있다.)
He **threw back** a couple of vodka. (그는 보드카 두 잔을 마셨다.)
They can't remember what was happening last night because they **knocked back** so many drinks. (그들은 술을 너무 많이 마셔서 어젯밤 무슨 일이 있었는지 기억하지 못한다.)

(B) BY, ALONG, ACROSS, THROUGH

여기서 소개할 전치사들의 그림을 이해하기 위해서는 앞에서 제시한 이동 동사와 사용되었을 때 보여 지는 의미가 많은 도움이 될 것입니다.

go by : -의 곁을 지나가다
go along : -을 따라 가다
go across : -을 건너다/가로질러가다
go through : -을 통과하다

(1) BY... ASIDE... beside

(1-1) BY

전치사 또는 전치사적 부사 BY가 이동 동사와 함께 사용되면 **'-의 곁을 지나가다'**의 그림을 가지고 있습니다. 이 의미는 2가지로 분리해 보면 다음과 같습니다.

① -의 곁(옆)에 ⇨ -의 영향권 내에
② 지나가다

이러한 그림을 바탕으로 BY의 예문들을 읽어 나가면서 의미를 파악해 보시기 바랍니다.

본격적으로 BY에 대한 구동사 예문을 보기 전에 **전치사 BY의 의미**를 확인해 보도록 하겠습니다. 앞에 제시한 BY의 의미는 <u>움직임의 그림</u>을 나타낼 때의 BY의 그림이고, 이번에는 동사와 관계없이 독립적으로 전치사로 사용된 경우의 의미를 몇 개만 확인하고자 합니다.

X by Y

'X by Y'가 의미하는 것은 일단 **'X가 Y의 옆에 위치'**한다는 것을 나타냅니다. 그런데 **'X가 Y의 옆에 위치'**한다는 것을 추상적으로 풀어보면 **X가 Y의 영향권 내에 위치하고 있음을 뜻합니다.** 그것은 반드시 물리적으로 beside처럼 X가 측면(side)에 위치하고 있어야 하는 것은 아니어도 의미도 됩니다. 앞이나 뒤에 위치하더라도 영향권 내에 위치하면 BY를 사용합니다.

① **물리적인 by의 의미 : - 곁(옆)에**
   There is a cherry tree **by** the gate. (문 옆에는 체리 나무가 있었다.)

② **추상적인 by의 의미 : X가 Y의 영향권 내에 위치하고 있음을 의미**
   He did his duty **by** his country. (그는 국가에 대한 의무를 이행했다.)
   He did his best **by** his family. (그는 가족에 대해서 최선을 다했다.)
   He didn't play **by** the rule. (그는 경기 수칙에 따라 경기하지 않았다.)

③ **시간 : -까지**
   I'll let you know **by** Monday. (월요일까지 알려드리겠습니다.)
   Can you finish the work **by** tomorrow?
       (내일까지 그 일을 끝낼 수 있니?)
   By the time you get there, it will be dark.
       (네가 거기 도착할 때면 어두울 것이다.)

④ **수단/방법**
   The train goes by electricity. (그 기차는 전기로 간다.)
   John pays his bills by check. (John은 수표로 청구서를 지불했다.)

⑤ **원인 - 결정적인 원인을 나타낸다.**
   cf. 거의 100% by의 목적어에 의해서 행위가 이루어진다. 반면에 with는 100%가 아닌 이유 다른 것과 동시에 행동에 관여 한다.
   He passed the exam **by** working hard.
       (그는 열심히 공부해서 시험에 합격했다.)
   The city was destroyed **by** fire. (화재로 도시가 파괴되었다.)

⑥ **수동의 by(행위자)**
   America was discovered **by** Columbus.

(미국은 콜럼브스에 의해서 발견되었다.)

⑦ **척도, 표준, 단위**
I am a lawyer **by** profession. (나의 직업은 변호사이다.)
She is kind **by** nature. (그녀는 천성이 친절하다.)
I know him **by** name. (나는 그의 이름을 알고 있다.)
Butter is sold **by** the pound. (버터는 파운드 단위로 팔린다.)
The cloth is sold **by** the yard. (그 천은 야드로 팔린다.)

⑧ **차이**
He escaped death **by** a hairbreadth.
 (그는 아슬아슬하게 죽음을 면하였다.)
This is longer than that **by** five feet.
 (이것은 저것보다 5피트 더 길다.)
He is my senior **by** four years. (그는 나보다 4살 더 나이가 많다.)

(가) 확장1-A형식

주어(A) + 동사 + BY + 명사(B)

주어(A)가 스스로 B 쪽으로 이동하다.

1) 지나가다
Let's me **get by.** (좀 지나가겠습니다.)
The thief tried to **get by** the guard.
 (그 도둑은 경비원에게 들키지 않고 지나가려 했다.)
Years **have gone by.** (몇 해가 지나갔다. → 몇 해가 흘렀다.)
An old woman of very decent appearance **passed by.**
 (대단한 신분의 한 노부인이 지나갔다.)
I **cannot pass by** the matter without making a protest.
 (나는 그 문제를 항의하지 않고 간과할 수 없다.)

The ship **sailed by** an iceberg. (그 배는 빙하를 항해해 지나갔다.)
What a crowd! Can you **push by**?
　　(굉장한 인파군! 밀치고 지나갈 수 있겠니?)

2) 지나가다 ⇨ 잠깐 들르다

I will **call by** with your CD this afternoon.
　　(너의 CD를 갖고 오후에 들르겠다.)
Why don't you **drop by** and have a drink.
　　(잠깐 들러서 한 잔하지 않겠니?)
I've got to **stop by** the bank to get some money out.
　　(은행에 잠깐 들러서 돈을 인출해야 해.)
My friend **came by** just as we were talking about him.
　　(우리가 그의 이야기를 막 하고 있을 때, 내 친구가 왔다.)

3) - 곁에 있다

Could you please come and **sit by** me?
　　(와서 내 곁에 앉으시겠습니까?)
I **stood by** the window and watched the procession.
　　(나는 창문 옆에 서서 행렬을 보았다.) * procession : 행렬
He revealed the secret her when nobody **was by.**
　　(곁에 아무도 없을 때 그는 그녀에게 비밀을 털어 놓았다.)
He was sent to prison, but his wife **stuck by** him.
　　(그는 감옥에 보내졌지만 그의 부인은 그를 떠나지 않았다.)
I **swear by** the Bible that I didn't steal it.
　　(저는 제가 그것을 훔치지 않았다는 것을 성경을 두고 맹세합니다.)
An ambulance **was standing by.** (구급차가 대기하고 있었다.)

3) - 곁에 있다 ⇨ -에 따라 행동 하다

He live by the Bible.
　　(그는 성경의 **영향권 내**에서 산다. → 그는 성경에 따라 산다.)

Do you always **stick by** your promise?
(너는 언제나 너의 약속을 지키느냐?)
If you join the club, you **must abide by** its rules.
(네가 그 클럽에 들어가면, 너는 클럽의 규칙에 따라야 한다.)
I **will go by** reason. (나는 이성에 따라서 행동하겠다.)
He **will stand by** his promise. (그는 그의 약속을 지킬 것이다.)

4) - 곁에 있다 ⇨ 지지, 충성의 의미

X가 Y의 영향권 내에 위치하고 있는 상황을 X 스스로 자발적으로 결정하였고, 그리고 계속해서 떠나지 않고 Y의 곁에 머무르는 경우 지지, 충성의 의미를 가지게 됩니다.

I **will stand by** you.
(내가 너의 곁에 있겠다. → 너를 돕겠다, 지지하겠다.)
Time has changed but he **sticks by** his old style.
(시대가 변했지만 그는 여전히 옛 방식을 고수한다.)
I **swear by** lots of exercise and healthy eating to live a healthy life. (나는 많은 운동과 좋은 음식이 건강한 삶을 사는 방법이라고 굳게 믿는다.)
When three boys attacked Tom, Bill **stood by** him.
(세 소년이 Tom에게 덤볐을 때 Bill이 그의 편을 들었다.)

5) 얻다

Jobs were hard to **come by.** (일자리를 얻기를 어려웠다.)

(나) 확장 3-A형식

주어 + 동사 + 명사(A) + BY + 명사(B)

주어가 A를 B쪽으로 이동 시키다.

1) 따로 떼어놓다, 비축하다

We have put money by. (우리는 돈을 따로 떼어 두었다.)

I **put by** a few dollars to buy his music album.
(나는 그의 음반을 사기 위해서 몇 달러를 따로 떼어 두었다.)

He had some money **laid by** for his old age.
(그는 노년을 대비해서 비축해둔 약간의 돈을 가지고 있다.)

He **put** $1.000 **by** for summer vacation.
(그는 여름휴가를 위하여 1000불을 떼어 놓았다.)

You have to put by money for your future life.
(미래를 위해서 저축해야 한다.)

(1-2) ASIDE

ASIDE는 SIDE(옆)라는 단어를 포함하고 있는데서 알 수 있듯이 기본적으로 '-의 옆'을 의미합니다. **앞에서 보았던 전치사 BY와 비슷하다고 말할 수 있습니다.** 하지만 aside의 경우 전치사로는 사용되지 않습니다. 그리고 구동사를 형성해서 나타내는 의미도 by와는 차이가 있습니다. 물론 다음과 같이 같은 의미를 표현할 수 있습니다.

   She **laid aside** some cake for him.
      (그녀는 그를 위하여 케이크를 좀 **떼어 놓았다**.)
   I **put by** a few dollars to buy his music album.
      (나는 그의 음반을 사기 위해서 몇 달러를 따로 **떼어 두었다**.)

예문을 보도록 하겠습니다. 의미가 별로 많지 않기 때문에 직접 예문을 통해서 충분히 알 수 있을 것입니다. by의 내용과 꼭 한번 비교해 보시기 바랍니다.

(가) 확장1-A형식

   주어(A) + 동사 + ASIDE

   주어(A)가 스스로 ASIDE 쪽으로 이동하다.

1) 양보하다, 피하다, 비켜서다
   Please **step aside**. (옆으로 비켜주세요.)
   The chairman **stepped aside** for his son.
      (회장은 아들을 위해서 2선으로 물러섰다.)
   He **stepped aside** to give way to me.
      (그는 나에게 길을 터주기 위해서 옆으로 비켰다.)

We **stood aside** to let him pass by.
　(우리는 그가 지나갈 수 있도록 비켜섰다.)
He **turned aside** to wipe his nose.
　(그는 코를 훔치기 위해서 <몸을>옆으로 돌렸다.)

(나) 확장 3-A형식

　　　주어 + 동사 + 명사(A) + ASIDE

주어가 A를 ASIDE 쪽으로 이동 시키다.

1) (옆으로) 치우다
　Put your work **aside** and enjoy the sunshine.
　　(일을 치워놓고 햇빛을 즐겨라.)
　He **put aside** the comic book. (그는 만화책을 옆으로 밀어놓았다.)
　The doctor **pulled aside** the curtain and examined the patient.
　　(의사는 커튼을 옆으로 치고 환자를 진찰했다.)

2) (옆으로) 치우다 ⇨ 중요하게 생각하지 않다, 무시하다, 경시하다
　Put your care **aside.** (걱정일랑 말게.)
　Government **put** the people's protest **aside.**
　　(정부는 국민들의 항의를 무시하였다.)
　They **set** all her offers **aside.** (그들은 그녀의 제안을 모두 무시했다.)
　He **brushed aside** all objections. (그는 모든 반대를 무시했다.)
　He **cast** his wife **aside** and ran off.
　　(그는 그의 부인을 내 던지고 도망갔다.)
　This issue **was pushed aside** and forgotten.
　　(이 문제는 무시되었고 잊혀졌다.)

3) (옆으로) 치우다 ⇨ (지금 당장 쓰지 않고) 떼어 놓다/ 예비하다

I **set aside** enough money for a TV.
(나는 TV 한 대를 살 충분한 돈을 떼어 놓았다.)
He **left aside** some candies for the kids.
(그는 아이들을 위해서 캔디를 좀 남겨 두었다.)
He **laid aside** much money for her old age.
(그녀는 노후를 대비해 많은 돈을 저축하였다.)
You'd better **put** this **aside** for future use.
(이것을 나중에 쓰기 위해서 따로 놔두는 것이 좋겠다.)

cf. Common sense **aside,** the most important asset in business is a sense of humor.
(상식 말고도 사업에 있어서 가장 중요한 자산은 유머 감각이다.)
All joking **aside,** I do need a vacation.
(농담은 집어치우고<진실을 말한다면>, 나에게는 휴가가 필요하다.)

4) (옆으로) 치우다 ⇨ 중지하다

He **put** the work **aside** and watched television.
(나는 일을 중지하고 TV를 보았다.)

5) (옆으로) 치우다 ⇨ 피하다

She **turned** the embarrassing questions **aside**.
(그녀는 당황스러운 질문들을 피했다.)

6) 누그러뜨리다

That **will turn aside** his temper.
(그것으로 그의 신경질이 가라앉을 것이다.)

(1-3) beside

besides는 besides와 의미의 차이를 가지지 않고 사용되었던 적도 있었으나, 점차 의미가 분화되어

beside는 주로 전치사로 '**-옆에**'의 의미로 사용되며
besides는 주로 부사로서 '**게다가, -외에**'의 의미로 사용되고 있습니다.

잠시 **besides**의 의미를 살펴보도록 하겠습니다.

We have to study English **besides** Korean.
(우리는 국어 **외에** 영어를 공부해야 한다.)

위 예문과 같이 '-외에'의 의미로 사용된 besides와 상대되는 단어가 except입니다. 다음 문장과 위 문장을 비교해 보시기 바랍니다.

We have to study English **except** Korean.
(우리는 국어를 **제외하고** 영어를 공부해야 한다.)

다음은 besides가 '게다가'의 의미로 사용된 경우입니다.

It is too late; **besides,** you are tired.
(시간도 늦고 게다가 너는 지쳤어.)

이제 **beside**의 예문을 보도록 하겠습니다. beside가 물리적 위치만을 표현할 경우 다음과 같이 by나 next to로 바꾸어 쓸 수 있습니다.

Sit down **beside** me. = Sit down **next to** me.
Sit down **by** me. (내 옆에 앉아라.)

(가) 확장1-A형식

주어(A) + 동사 + BESIDE + 명사(B)

주어(A)가 스스로 B 쪽으로 이동하다.

1) - 옆에

Who's the blonde **sitting beside** him?
(그의 곁에 앉아 있는 그 금발의 여자는 누구냐?)

2) 벗어나 있다

This discussion **is beside** the point. (이 토론은 요점을 벗어났다.)
Your calculation **is beside** the mark. (네 추측은 빗나갔다.)

cf. <관용적 표현>

① **beside oneself** : 제 정신을 잃고, 흥분하여
  He was **beside himself** with joy. (그는 즐거워 어쩔 줄 몰랐다.)
  He is fairly **beside himself** with anger.
      (그는 화가 나서 정말로 제정신이 아니다.)

② **set beside** : 비교하다, 필적하다 ← 옆에 위치하다
  There's no one to **set beside** him as a teacher.
      (선생으로 그와 필적할 사람은 아무도 없다. ← 그 옆에 있을 사람)

(2) ALONG

ALONG은 어떤 대상의 궤적이나 방향, 자취를 따라서 움직이는 그림을 가지고 있습니다. 예문을 통해서 바로 뒤에 나올 ACROSS와 비교해 보도록 하겠습니다.

    a. He walked **along** the road. (그는 길을 **따라** 걸었다.)
    b. He walked **across** the road.
       (그는 그 길을 걸어서 **가로 질러 건넜다**.)

a문장의 경우 길의 궤적을 따라 걸어가는 그림이고(→), 반면에 b문장은 길을 횡단하는 그림(↑ or ↓)입니다. 두 전치사의 이동 방향이 서로 교차하고 있습니다.
또 다른 측면에서 살펴보겠습니다. across의 경우는 길의 궤적과 어긋나는 이동이고, along의 경우는 길의 궤적과 같은 이동을 보여주고 있습니다. <u>길의 궤적에 순응(?)하고 있다고 생각됩니다.</u> 많은 분들이 알고 있는 **'get along with(-와 잘 지내다)'**를 생각해 보면 순응(?)하는 along의 그림을 반영하고 있다고 생각 됩니다.

    Do you **get along with** your girl all right?
      (애인과 잘 지내고 있는가?)
    I don't **get along with** him. (그와 잘 지내지 못하겠다.)

지금까지 제시한 설명을 바탕으로 예문을 보겠습니다.

(가) 확장1-A형식

주어(A) + 동사 + ALONG + 명사(B)

주어(A)가 스스로 B 쪽으로 이동하다

구동사 분류 및 정리

1) -을 따라가다

The boat **was drifting along** the river.
(배가 강을 따라서 표류해 가고 있다.)
They **passed along** the street. (그들은 그 거리를 지나갔다.)

2) -을 따라가다 ⇨ 지내다

How **are** you **getting along**? (당신은 어떻게 지내고 있습니까?)
I**'m get along** well. (나는 잘 지내고 있다.)
Many people **can get along** on that salary.
(그 봉급이면 살아갈 수 있는 사람들이 많다.)

3) -을 따라가다 ⇨ 전진(진척, 개선, 진보)하다

The company **is coming along** very well.
(회사는 매우 잘 되어가고 있습니다.)
How **is** your work **coming along**?
(여러분의 작업은 어떻게 진행되고 있습니까?)
Things **were moving along** smoothly. (일이 순조롭게 진행되고 있다.)
How **are** you **getting along** with your English?
(너의 영어 공부는 잘 되어가고 있니?)

4) 함께 가다 (동행/동반/협력)

He's asked if I want to **go along**, help out.
(같이 가서 도와줄 수 있냐고 묻더군요.)
Thanks for **coming along**. (동행해 주셔서 감사합니다.)
Do you want to **come along**? (너 같이 가고 싶니?)
Do you mind if I **tag along**. (내가 <꼬리표처럼> 따라가도 괜찮겠니?)
  * tag : 꼬리표

* **along with**

Do you want to **come along with** me? (나와 **동행**할래요?)
I refuse to **play along with** this ridiculous plan.

(이렇게 어리석은 계획에는 **협력하지** 않겠다.)
I am willing to **go along with** John. (기꺼이 John을 **따르겠다**.)

5) 함께 가다 (동행/동반/협력) ⇨ 사이가 좋다
She **can't get along** with her father-in-law.
  (그녀는 시아버지와 사이가 좋지 않다.)

6) 출발하다
I'm afraid I **must be getting along**. (이제 그만 가야할 것 같아.)
It's getting late. We **must be pushing along** now.
  (늦어지고 있어. 이제는 가야겠어.)

(나) 확장 3-A형식

주어 + 동사 + 명사(A) + ALONG + 명사(B)

주어가 A를 B쪽으로 이동 시키다.

1) 따라가게 하다
He **flowed** some varnish **along** the road.
  (그는 길을 따라 니스를 흘렸다.)
They **put** nets **along** the side of the ship.
  (그들은 뱃전에 그물을 쳤다.)

2) 함께 가게 하다, 가지고 가다 (동행/동반/협력)
He **brought** his book **along** with him. (그는 그의 책을 가지고 왔다.)
I asked him to **take** me **along** to the party.
  (나는 그에게 파티에 데려가 달라고 부탁했다.)
When going on a picnic, it's best to **bring along** cold drinks.
  (소풍을 갈 때, 시원한 음료수를 가지고 가는 것이 가장 좋다.)

(3) ACROSS

ACROSS가 이동 동사와 함께 사용되면 **'-을 건너가다/가로질러가다'**라고 해석 됩니다. ACROSS를 이해하는데 큰 도움이 될 것입니다.

예문을 제시하기 전에 잠시 OVER와의 차이점을 말씀드리겠습니다. OVER도 이동 동사와 함께 사용되면 '-을 건너다'로 해석됩니다. 그러나 우리말 해석이 비슷할 뿐 이 둘은 다른 그림을 보여줍니다. 길을 건너는 상황을 예로 설명해 보겠습니다.

ACROSS는 건너는 개체가 **길의 지면에 접촉하면서 건너가는 경우**이고, **OVER**는 길의 지면을 접촉하지 않고 지면에서 위로 조금 떨어져서 길을 건너가는 경우입니다.

이러한 그림을 기본으로 아래 예문을 확인해 보시기 바랍니다.

(가) 확장1-A형식

주어(A) + 동사 + ACROSS + 명사(B)

주어(A)가 스스로 B 쪽으로 이동하다.

1) 건너다
He **got across** the ocean. (그는 바다를 횡단했다.)
The truck **cut across** our car. (그 트럭은 우리차를 가로질러 갔다.)
The bridge had been destroyed, so we could not **get across.**
    (다리가 파괴되어서 우리는 건널 수 없었다.)
When the pipe burst, water **poured across** the street. (파이프가 터져서 물이 거리를 가로질러 쏟아졌다.) * pour : 붓다, 쏟다
He lost control of the bike and it **skidded across** the road.

(자전거의 중심을 잡지 못해 그의 자전거가 미끄러져 도로를 가로 질러 갔다.) * skid : (브레이크를 건 채)미끄러지다

The drunken man **crawled across** the road.
(술 취한 남자는 길을 가로질러 기어갔다. *crawl: 기다)
Don't cut across the street. (길을 횡단하지 말라.)

* **BE ACROSS** (- 건너편에 있다)
The house **is across** the street. (그 길은 길 건너편에 있다.)
France **lies across** the channel. (프랑스는 그 해협 건너편에 있다.)

2) **전달되다(의사소통)** - come across/go across
She **wasn't coming across** as the simpleton I had expected her to be. (그녀는 내가 예상했던 것과 같이 바보로는 보이지 않았다.)
    * simpleton : 바보, 얼간이
That was the impression that **was coming across.**
    (그것이 전달되는 인상이었다.)
Did your speech **go across** to the crowd all right?
    (당신의 연설이 군중들에게 잘 전달되었나?)
Your argument **came across** well.
    (당신의 논지는 상대방에게 잘 전달되었다.)

3) **우연히 만나다/우연히 발견하다** - across + 사람, 사물
I **came across** John yesterday. (나는 어제 우연히 John을 만났다.)
I **ran across** an old photograph of yours.
    (나는 우연히 당신의 오래된 사진을 발견했다.)
Sometimes we have to **come across** difficulties on our way to success.
    (때때로 우리는 성공으로 가는 길에서 어려움에 직면하게 된다.)
I **stumbled across** this old photograph in the back of the drawer.
    (나는 우연히 서랍 뒤에서 이 오래된 사진을 발견했다.)
    * stumble : 비틀거리다 * stumble across : 우연히 발견하다

(나) 확장 3-A형식

주어 + 동사 + 명사(A) + ACROSS + 명사(B)

주어가 A를 B쪽으로 이동 시키다.

1) 건너가게 하다
I **helped** her **across** the river.
(나는 그녀를 도와서 강을 건너게 했다.)
He **jumped** the horse **across** a ditch.
(그는 말에게 도랑을 건너게 했다.)
He **drew** a curtain **across** a window. (그는 창문의 커튼을 쳤다.)

2) 가로지르게 하다
He **drew** a straight line **across** the page.
(그는 그 페이지에 직선을 가로 그었다.)
The middle of the bed has broken, and I am going to **put** some pieces of wood **across**(the bed) (침대 가운데가 부서져서 나는 나무 조각 몇 개를 침대에 가로질러 대려고 한다.)
He **laid** two stick **across** each other.
(그는 두 개의 막대기를 열십자로 교차시켜 놓았다.)
He **threw** a bag **across** his shoulder. (그는 백을 어깨에 메었다.)

3) 전달하다 (의사소통)
I managed to **get** my arguments **across.**
(나는 내 논지를 상대방에게 겨우 전달했다.)
It was difficult to **get across** the basic idea.
(기본 생각을 전달하기가 어려웠다.)
He **put** the idea **across.** (그는 그 생각을 상대방에게 전달했다.)
I tried to **put across** my point of view.
(나는 나의 견해를 전달하고자 했다.)

He **could not get** his joke **across** to his students.
(그는 농담을 학생들에게 이해시키지 못했다.)

(4) THROUGH

Through가 가지고 있는 그림은 어떤 개체가 다른 개체의 내부(또는 중앙)를 통해서 한쪽으로 들어갔다 반대쪽으로 나오는 것입니다. 단순히 들어가기만 했다면 전치사 IN의 그림이 됩니다. 이에 반해서 Through는 들어갔다 나오는 모든 과정을 포함하는 것입니다. 그래서 Through에는 '**처음부터 끝까지의 의미**'가 포함되어 있습니다. 예를 들어 We walk **through** the night 에서 **through** the night는 '밤새도록'이라고 해석됩니다. 그리고 '**처음부터 끝까지의 의미**'로부터 '**철저하게**'의 의미로 확장되게 됩니다. 다음 문장이 '**철저하게**'의 의미를 가지는 경우입니다.

You have to think it **through** before giving them your answer.
(그들에게 답을 주기 전에 그 문제를 **철저하게** 생각해 보아야 한다.)

아무튼 기본적으로, Through가 이동 동사와 함께 사용되면 '-을 통과하다'라고 해석 됩니다. '통과하다'가 Through가 가지고 있는 대표적인 의미라는 것을 염두에 두고 다음 예문들을 보시기 바랍니다.

(가) 확장1-A형식

주어(A) + 동사 + THROUGH + 명사(B)

주어(A)가 스스로 B 쪽으로 이동하다.

1) 통과하다
   I **pass through** the crowd without obstruction.
      (그는 방해 없이 군중을 통과했다.)
   A pestilence **spread through** the land. (역병이 온 나라에 들었다.)
   Sand **was slipping through** my fingers.
      (모래가 나의 손가락 사이로 빠져나가고 있었다.)

The tank **crashed through** the jungle.
(탱크가 요란한 소리를 내며 밀림을 뚫고 돌진했다.)

2) 통과하다 ⇨ 여기 저기, 이리 저리 (공간) 다니다
I traveled **through** Europe. (나는 유럽 각지를 여행했다.)
The monkeys swung **through** his branches of the trees. (원숭이들은 나뭇가지 사이사이를 이리 저리 뛰며 왔다 갔다 하고 있었다.)
His relatives **are scattered through** the world.
(그의 친척들은 지구 곳곳에 흩어져 있다.)

3) 통과하다 ⇨ 겪다, 경험하다
People **go through** many awful situation in their lifetimes.
(사람들은 일생에서 여러 가지 끔찍한 상황을 겪는다.)
The people **went through** a lot of hardships during the war.
(전쟁 중에 국민들은 많은 고난을 겪었다.)
I **have passed through** many troubles.
(나는 많은 어려움을 겪어왔다.)

4) 통과하다 ⇨ 견디다, 극복하다, 벗어나다, 탈출하다, 합격하다
Our soldiers succeeded in **breaking through** the blockade.
(우리 군은 그 봉쇄망을 돌파하는데 성공했다.) * blockade : 봉쇄
Can you these plant **get through** wild winter?
(이 식물들이 추운 겨울을 날 수 있을까?)
The hunter tried to **blunder through** his difficulties.
(사냥꾼은 곤경을 타개하려고 애썼다.) * blunder : 큰 실수
I **came** successfully **through** the ordeal.
(나는 그 시련을 성공적으로 이겨냈다.) * ordeal : 시련, 고난
He failed the first time but **got through** the second.
(그는 1차에 떨어졌으나 2차에 합격했다.)

5) 통과하다 ➡ 검토하다, 조사하다, 살펴보다

Can you **run through** the plan again.
(계획을 급하게 다시 검토해 줄래요?)
Why **are** you **going through** my drawers?
(왜 내 서랍을 뒤지고 있는 거야?)
He **searched through** his paper. (그는 서류를 뒤지면서 찾았다.)
She began **leafing through** the brochure, trying to find a nice vacation spot. (그녀는 근사한 휴양지를 찾으려고 안내책자를 쭉 넘기기 시작했다.) * leaf : 잎이 나다, 책장을 대충 넘기다
The committee **went through** every paper on the problem.
(위원회는 그 문제에 관한 서류를 일일이 다 조사하였다.)
He **looks through** several newspapers before breakfast.
(그는 아침 식사 전에 여러 개의 신문을 살펴본다.)
I **waded through** a stack of mail.
(나는 산더미 같은 우편물들을 간신히 다 훑어 보았다.)
 * wade : 건너다, wade through :간신히 통과하다
He is able to **see through** a person.
(그는 사람의 됨됨이를 꿰뚫어 볼 줄 안다.)

6) 통과하다 ➡ 실패로 끝나다

His big scheme seems to **have dropped through**.
(그의 큰 계획은 수포로 돌아간 것 같다.)
The scheme **fell through.** (계획은 실패했다.)

cf. BE THROUGH WITH - 을 끝내다

When **will** you **be through with** your work?
(당신의 일은 언제 끝납니까?)
I**'m through with** Andy. (Andy와의 관계를 끝냈다.)
He **is through with** alcohol. (그는 술을 끊었다.)

cf. <전치사>
① **처음부터 끝까지 : -중 내내, -동안 줄곧(시간)**

He will stay here **through** the summer.
(그는 여름 내내 이곳에 있을 것이다.)
The children are too young to sit **through** a long concert. (어린이들은 너무 어려서 긴 콘서트를 끝까지 앉아서 관람할 수 없다.)
It rained **through** the night. (밤새 비가 내렸다.)
We had lovely weather all the winter **through**.
(겨울 내내 날씨가 좋았다. - 부사)

② **수단 (-을 통해서)**

He presented his idea **through** statistics.
(그는 통계로 자신의 생각을 제시했다.)
He got the job **through** a newspaper advertisements.
(그는 신문 광고를 통해서 그 일을 얻었다.)

③ **이유**

He succeeded chiefly **through** my help.
(그는 주로 나의 도움 때문에 성공했다.)

(나) 확장 3-A형식

주어 + 동사 + 명사(A) + THROUGH + 명사(B)

주어가 A를 B쪽으로 이동 시키다.

1) 통과하게 하다

We **voted through** the bill yesterday.
(우리는 어제 그 법안을 투표로 통과시켰다.)
He **pushed** himself **through** the crowd.

(그는 군중 사이로 밀고 나갔다.)
He **led** water **through** the pipe. (그는 파이프에 물이 통하게 했다.)

2) 통과하게 하다 ⇨ 극복하게 하다, 성취하게 하다

Nancy's sense of humor helped **carry** mother **through** these difficult years. (Nancy의 유머를 아는 마음이 어머니가 이러한 어려운 세월을 지내오는데 힘이 되었다.)

Our program has **been put through** successfully.
(우리의 계획은 성공적으로 달성되었다.)

The doctor **pulled** me **through**. (그 의사는 나를 회복시켜 주었다.)

3) 강조 : 철저하게, 완전히, 끝까지

Please **read** this **through** and let me know what you think.
(이걸 **끝까지** 읽어보시고 당신 생각이 어떤지 알려 주세요.)

He **was soaked through** by the rain.
(그는 그 비 때문에 **흠뻑** 젖었다.)

Please **hear** me **through**.
(제발 제가 말하는 것을 **처음부터 끝까지** 들어 주십시오.)

Carry your plan **through**. (너의 계획을 **완수**하여라.)

* **다음을 비교 해 보시기 바랍니다.**

He read the book **through**. (그는 그 책을 다 읽었다. - 부사)
He read **through** the book. (그는 그 책을 읽어 들어갔다. - 전치사)

The arrow pierced the target **through**.
(화살이 표적을 **완전히** 뚫고 지나갔다.)
The arrow pierced **through** the target. (화살이 표적을 뚫었다.)

cf. THROUGH가 사용된 전화 표현
- 전화가 연결 되는 개념에 through가 사용 됩니다.

<확장1-A형식>

A call **came through** asking for help. (도움을 청하는 전화가 왔다.)
I **couldn't get through** because the line was busy.
　(통화중이어서 통화<연결>를 못 했어.)
I tried to phone you, but I **couldn't get through.**
　(나는 너에게 전화하려고 했으나 연결이 되지 않았다.)
I **will phone through** later this morning.
　(오늘 오전 늦게 전화를 해야겠다.)

<확장3-A형식>

He **put** me **through** to a wrong number.
　(그는 나를 틀린 번호에 연결해 주었다.)
Please **put** me **through** to the manager.
　(지배인에게 전화를 걸어 주십시오.)

(C) UP ↔ DOWN

영어에는 'UP & DOWN'이라는 표현이 있습니다. 모 가수의 노래 제목이었기도 합니다. 이 말은 흥망성쇠(興亡盛衰)라는 말입니다. 간단히 '올라갈 때와 내려갈 때' 또는 '좋을 때와 나쁠 때'를 의미한다고 봐도 되겠습니다. 이 표현에 전치사적 부사 UP과 DOWN의 기본 개념이 담겨져 있습니다.

<u>cf. up and down은 '여기저기로'라는 의미로 사용되기도 합니다.</u>
I kept myself warm by walking **up and down**.
(나는 **여기저기** 걸음으로써 내 몸을 따뜻하게 했다.)

(1) UP

전치사적 부사 UP은 가장 의미를 설명하는데 어려운 것 중 하나입니다. 그만큼 간단하지 않습니다. 왜 그러한 의미를 표현하는데 UP이 사용되는지 분류하기가 난감한 것이 남아 있다는 것을 미리 말씀 드립니다. 저의 능력 부족이라고 고백하지 않을 수 없습니다. 그렇다 하더라도 시중의 다른 어떤 책 보다 아래의 설명이 유익할 것으로 확신합니다. UP을 설명함에 있어서도 중요한 것은 해석된 의미가 아니라 UP이 가지고 있는 그림입니다.

UP의 기본적인 의미는 '낮은 곳에서 높은 곳으로 이동'하는 것입니다. 여기에서 다양한 의미가 파생됩니다. '작은 것에서 큰 것으로(크기, 부피)' '적은 것에서 많은 것으로(수량)' '안 좋은 상태에서 더 좋은 상태(물건의 상태, 기분 등)'로 이동하는 경우 등에도 UP을 사용하게 됩니다.
'낮은 곳에서 높은 곳으로 이동'으로부터 조금은 구별되는 의미가 파생되기도 합니다. 산을 오르는 상황으로 설명해 보겠습니다. 보통 산의 정상부분은 산의 중심에 있게 됩니다. 그렇다면 산 아래 어느 지점으로부터 올라가더라도 산을 오르게 되면 외곽으로부터 중심부로 점점 접근해가게 됩니다. 한마디로 표현하면 **'중심으로의 접근'**이라고 할 수 있습니다. 이런 모습으로부터 **'어떤 공간을 점점 꽉 채워나가는 상황'**을 표현할 경우에도 UP이 사용된다는 것을 이해할 수 있기를 바랍니다. 부피가 증가(팽창)하는 것도 충분히 연상될 수 있을 듯합니다.
'낮은 곳에서 높은 곳으로 이동'과 **'중심으로의 접근'** 모두를 적용할 수 있는 상황이 어떤 물건을 아래에서 위로 쌓아올리는 경우입니다. 물건을 점점 쌓아 올림에 따라서 수직적인 높이도 점점 높아져가는 동시에 공간도 점점 더 차지하게 되는 것입니다.(투명한 원뿔에 물이 차 올라가는 모습을 상상해 보시기 바랍니다.) 그래서 쌓아 올리는 경우를 표현할 때에도 UP이 사용됩니다.

UP이 가지고 있는 두 번째 그림을 설명하겠습니다. 바닥에 누어있던 긴 막대를 바닥과 수직인 상태로 세우는 상황을 머릿속에 그려보시기 바랍니다. 막대와 바닥과의 각도가 0도에서 90도까지 **아주 서서히** 증가하는 그림입니다. 시계에서 초침이 9시로 부터 12시를 향하여 가는 그림입니다. 특이한 것은 **이 초침은 12시에 이르면 정지하게 되어 있습니다.** 이러한 그림을 갖는 UP으로부터 '일어서다, 정지하다, 서다' 등의 의미가 추출 됩니다.

UP이 가지고 있는 마지막 시각적(visual) 모습을 설명하겠습니다. **여러분께서는 형태를 파악할 수 없을 정도로 먼 곳에서 달려오는 어떤 물체를 머릿속에 그려주시기 바랍니다. 시간이 지남에 따라 그 물체는 내게로 점점 더 다가오게 되고 그 물체의 윤곽이 확실해 지기 시작합니다.** 이러한 모습이 UP이 가지고 있는 또 다른 모습입니다. 여기에서 '다가 오(가)다, 나타나다, 발생하다, 생기다' 등 많은 다양한 의미가 파생됩니다.

UP의 그림
- 낮은 곳에서 높은 곳으로 이동
- 중심으로의 접근 - 어떤 공간을 점점 꽉 채워나가는 상황
- 누워있던 막대가 서서히 일어서 똑바로 서는 그림
- 멀리서 점점 더 다가오면서 윤곽이 뚜렷해지는 모습

(가) 확장1-A형식

주어(A) + 동사 + UP

주어(A)가 스스로 UP쪽으로 이동하다.

● 낮은 곳에서 높은 곳으로 이동

1) 올라가다

He **went up** the stairs and disappeared.
(그는 계단위로 올라갔고 그리고 실망했다.)
The cable car **goes up** to the top.
(그 케이블카는 꼭대기까지 올라간다.)
Smoke **was rolling up** from the burning oil bank. (불타는 유조선에서 연기가 마치 구르듯이 뭉게뭉게 올라가고 있었다.)
They **sped up** the road. (그들은 속도를 내어 도로를 올라갔다.)
The hill was so steep that the old car has difficulty **getting up**.
(그 언덕은 너무 가파르기 때문에 그 낡은 차는 위로 올라가는데 어려움을 겪었다.)
The path **winds up** the hillside.
(그 길은 언덕위로 구불구불 기어오른다.)

2) 올라가다 응용-추상적 상황

The boy **must grown up** to be a warrior.
(이 애는 커서 전사가 될 것임에 틀림없다.)
His little girl **shot up** last year.
(그의 어린 딸이 지난해 갑자기 컸다.)

* be up

The boy **is up** in the tree. (아이는 나무 위에 올라가 있다.)
He **is well up** in English literature. (그녀는 영문학에 밝다.)
Our football team **is** two goals **up**.
(우리 축구팀이 2점 리드하고 있다. - 부사)

3) 올라가다 ⇨ 증가하다(수치의 증가)

The temperature **is going up**. (온도가 올라가고 있다.)
The price of eggs **is going up**. (계란 값이 오르고 있다.)

The rise in the cost of living **has been speeding up** in recent years. (생활비의 증가 속도가 최근 들어서 높아지고 있다.)
The prices of commodities **is running up** these days.
   (요즘 물가가 오르고 있다.)
The price of green vegetables **jumped up**. (야채 값이 급등하였다.)
The sick room **has warmed up**. (그 병실이 따뜻해 졌다.)
Speak up; I can't hear you.
   (크게 말하세요. 당신 말소리가 안 들립니다.)

4) 올라가다 ⇨ 증가하다(수치의 증가) ⇨ 향상, 개선, 활발

Trade **has been picking up** again since the winter.
   (겨울 이후로 다시 교역이 활발해지고 있다.)
Things **are looking up** now that we've got that new contract.
   (이제 우리가 새로운 계약을 맺었기 때문에 상황이 좋아지고 있다.)
Their spirits **went up**. (그들은 기세가 올랐다.)
The team **is up** for the game.
   (시합을 앞두고 그 팀은 기세가 등등하다.)
The couple **made up** after the quarrel.
   (그 부부는 다툰 후에 화해했다.)
It **cleared up** soon after the storm. (폭풍우 후에 곧 날이 개었다.)

5) 올라가다 ⇨ 부피의 증가 ⇨ 폭발하다

The bridge went up with a roar when the mine exploded.
   (지뢰가 폭발하자 그 다리는 요란한 소리를 내며 폭파되었다.)

6) 올라가다 ⇨ 부피의 증가 ⇨ 폭발하다 ⇨ 화내다

She **fires up** at the least things. (그녀는 사소한 일에도 발끈한다.)
My mother **blew up** when I get home after curfew.
   (내가 귀가 시간이 지나서 돌아오자 무척 화를 내셨다.)
   * curfew : 저녁 종, 야간단속 개시시간, (미군)귀영시간

7) 들뜸/혼란/소동 등 어지럽고 혼란스러운 상태

If the children start **acting up** tonight, you can put them to bed early. (만약 아이들이 소란을 떨면 그들을 일찍 재워라.)

There's obviously something wrong with my car. It keeps **acting up.** (차에 틀림없이 문제가 있는 것 같아. 계속 고장이야.)

● **중심으로의 접근 - 어떤 공간을 점점 꽉 채워나가는 상황**

8) 쌓이다

The snow is **pilling up** on the road. (도로에 눈이 잔뜩 쌓이고 있다.)

9) 끝 / 완성

한계에 다다름을 뜻하는 UP. - 물 컵에 물이 점점 차오르는 그림을 떠올려 보시기 바랍니다. 어떤 활동을 완전히 마치거나 완성할 때 사용 됩니다.

* 강조의 의미로도 파악할 수 있는 경우도 있습니다.

    a. Time is **up**. (시간이 다 되었다.)
    b. Time is **over**. (시간이 넘었다.)

위 두 표현은 비슷한 내용이지만 다릅니다. UP과 OVER의 차이가 해석의 차이를 유발합니다. 욕조에 물을 받는다고 할 때 물이 점점 차올라 옵니다. 이 경우 물이 UP하고 있다고 표현 할 수 있습니다. 그리고 시간이 더 흐르면 급기야 물이 욕조에서 넘쳐흐르게 됩니다. 이 경우에는 물이 OVER한다고 표현 할 수 있습니다. 이제 학생들이 1시간 동안 시험을 보는 상황을 설정해 보겠습니다. 앞의 상황에서 욕조를 정해진 1시간이라고 한다면, a문장은 정해진 1시간에 거의 다다름을 의미하고, b문장은 1시간이 초과되었음을 의미합니다. 지금까지의 설명에서 UP에 끝/완성의 의미가 있다는 것을 이해할 수 있을 겁니다.

You need to stop and take a break. Otherwise, you might **end up** in the hospital. (그만하고 쉬어야 해. 그렇지 않으면 결국 병원 신세를 져야 할 거야.)

What time did the party **break up** last night?
(파티가 어젯밤 몇 시에 끝났지?)

School **will break up** next Saturday.
(다음토요일에 학교가 방학에 들어간다.)

John and Nancy **broke up** last month.
(John과 Nancy는 지난달에 헤어졌다.)

● 누워있던 막대가 서서히 일어서 똑바로 서는 그림

10) 일어서다

Stand up when the judge enters the court.
(판사가 법정에 들어오면 일어서라.)

They **got up** from the sofa when I entered the room.
(내가 방에 들어갔을 때, 그들은 소파에서 일어났다.)

He **leaped up** when the door bell rang, hoping that it was Rose
(초인종이 울리자 로즈이기를 바라는 마음으로
그는 자리에서 벌떡 일어났다.)

The boy **shot up** out of the chair as soon as he heard the door bell ring.
(그 소년은 벨이 울리자 의자에서 총알처럼 잽싸게 일어났다.)

11) 일어서다 ⇨ (몸을 일으켜) 세우다

I **got up** early this morning. (나는 오늘 아침에 일찍 일어났다.)

He **sat up** in his bed. (그는 잠자리에서 윗몸을 일으켜 앉았다.)

Don't bend over the table. **Sit up** straight.
(식탁에서 엎드리지 말고 똑바로 앉아라.)

The troops **drew up** in the parade-ground.
(군대는 연병장에 정열을 했다.)
The soldiers quickly **lined up.** (군인들은 신속하게 정렬했다.)

12) 일어서다 ⇨ 자지 않고 있다

My mother **stayed up** waiting for me until I got back.
(나의 어머니는 내가 돌아올 때까지 자지 않고 깨어 있었다.)
We **sat up** until 11 p.m. watching television.
(우리는 TV를 보면서 밤 11시까지 자지 않았다.)

13) 서다 ⇨ 정지하다

The car **pulled up.** (그 차가 멈추었다.)
The rain **let up** about seven. (7시 경에 비는 그쳤다.)
The car **draw up** at the rear gate. (차는 뒷문 있는데서 멎었다.)
I'm just looking around, waiting for the rain to **let up** a bit.
(나는 비가 조금 그치기를 기다리며 주위를 둘러보고 있다.)

14) 서다 ⇨ 설치되다

How many new houses **have gone up** this year?
(금년에는 새집이 몇 채 건설되었습니까?)
Everything **is shaping up** well. (만사가 잘 진전되고 있다.)

● 멀리서 점점 더 다가오면서 윤각이 뚜렷해지는 모습

15) 다가오다(접근)

He **came** straight **up** to me. (그는 나에게 똑바로 다가왔다.)
She **came up** to him and planted a big kiss on his lips.
(그녀는 그에게 다가가서 그의 입술에 강렬한 키스를 하였다.)
The cat **crept up** on the mouse.
(그 고양이는 살금살금 기어서 쥐에게 다가갔다.)

Darkness **was creeping up** on his cabin.
(어둠이 살며시 그의 오두막집에 다가오고 있었다.)

* up with : -와 함께 (올라)가다
  keep up with : 뒤떨어지지 않고 계속해서 함께 (올라)가다
  Even a professional politicians have to **keep up with** the changes in the public opinion.
  (직업 정치인도 여론의 변화에 뒤지지 않도록 노력해야 한다.)

* up to : -까지 (올라)가다
  match up to : -에 맞다, 일치하다
  She didn't measure **up to** the teacher's high standards.
  (그녀는 선생님의 높은 기대에 부응하게 살지 못했다.)
  He didn't live **up to** his father's expectations.
  (그는 그의 아버지의 기대에 부응하게 살지 못했다.)

16) 나타나다

She **turned up** late for the party. (그녀는 파티에 늦게 도착했다.)
Mary didn't **show up** at the party. (Mary는 파티에 나타나지 않았다.)
Suddenly, an old castle **loomed up** out of the darkness.
(갑자기 어둠사이로 성이 불쑥 나타났다.)
  *loom : 어렴풋이 나타나다, 불쑥 나타나다
The proposal **came up** last week. (그 제안은 지난주에 나왔다.)
The problem has **brought up** during the conversation.
(대화중에 그 문제가 나왔다.)
Why didn't you **show up** for work yesterday?
(어제 왜 직장에 안 나타났지?)
New nations **are springing up**. (신생국들이 생겨나고 있다.)
A bird **sprang up** out of the branches.
(새 한 마리가 나뭇가지에서 갑자기 튀어 나왔다.)
I sowed some beans 20 days ago but they haven't **come up** yet.

(20일 전에 콩을 좀 심었는데 아직 나오지 않았다.)
Weeds **were springing up** everywhere.
(여기저기 잡초가 돋아나고 있었다.)

17) 발생하다

What**'s up**? (무슨 일인가? 어찌된 일인가?)
Some difficulties **have** just **popped up**.
(약간의 어려움이 갑자기 발생했다.)
At night a strong wind **sprang up**.
(밤에 마치 용수철이 튀듯이 갑자기 강풍이 불었다.)
Is anything **up**? (무슨 일이 있는가?)
I'll attend the meeting unless something important **comes up**.
(어떤 중요한 일이 발생하지 않는 한 나는 모임에 참석할 것이다.)
Many difficulties **have started up**. (많은 난관이 생겼다.)

(나) 확장 3-A형식

주어 + 동사 + 명사(A) + UP

주어가 A를 UP쪽으로 이동 시키다.

● 낮은 곳에서 높은 곳으로 이동

1) 올리다, 올라가게 하다

Put up your hand when you want to ask me a question.
(내게 질문하고 싶을 때는 손을 들어라.)
The bus stopped to **take up** passengers.
(버스가 승객을 태우려고 멈췄다.)

A sponge **takes up** water. (스폰지가 물을 흡수한다.)

If everybody pushes, we**'ll get** the car **up** the road. (모든 사람들이 민다면 우리는 그 차를 길 위로 올릴 수 있을 것입니다.)

Jack up the car and then change the tire. (자동차 잭으로 차를 들어 올린 다음에 타이어를 바꿔라.) * jack : 자동차 잭

He tried to **kick up** the ball.
(그는 공을 높이 차 올리려고 애를 썼다.)

They **dug** the tree **up** by the roots.
(그들은 그 나무를 뿌리째 파 올렸다.)

The man **levered up** the sting with a stick. (그 남자는 막대기를 지레로 사용하여 그 돌을 들어 올렸다.) * lever : 지레

You'll have to **root up** the whole bush. (너는 관목들을 모두 뿌리째 뽑아 버려야 한다.) * root : 뿌리   bush : 관목, 떨기나무

He **pulled up** the weeds from his vegetable garden.
(나는 채소밭에서 잡초를 뽑았다.)

Can you **hold** your trophy **up** so that we can see it?
(우리가 볼 수 있도록 트로피를 높이 들어 주실래요?)

Mary **held up** a beautiful scarf. (메리는 예쁜 스카프를 들어 올렸다.)

cf PICK UP (찍어서 들어 올리다. → 줍다, 집다, 손에 넣다 등)

The man bent down to **pick** it **up.**
(그 남자는 허리를 구부려서 그것을 집어 올렸다.)

My car is in the shop right now. Can I get you to come and **pick** me **up**? (내 차가 지금 가게에 있어서 그러는데 와서 나를 태우고 갈수 있겠습니까?)

You can **pick up** the pictures tomorrow morning.
(사진은 내일 아침에 찾아갈 수 있습니다.)

I **pick up** a rare book in a small bookstore.
(나는 작은 서점에서 귀한 책을 우연히 입수했다.)

2) 올리다, 올라가게 하다 응용 - 추상적 상황

위로 올라가면 크기, 양, 정도, 강도 따위가 증가한다. 부피의 팽창이나 확대에도 UP이 사용 됩니다. 상태가 개선되는 경우에도 사용됩니다. - 부피의 팽창이나 확대의 경우는 뒤에 다시 나옵니다.

The idea of equal education was to **level up** the general standard.
 (평등 교육의 이념은 전반적인 수준을 높이자는 것이다.)
The president agreed to **jack up** the wage.
 (사장은 임금을 인상하는데 동의했다.)
I can't believe how much they**'re jacked** the price **up**!
 (값을 얼마나 올렸는지 믿을 수 없다!)
He **stepped up** his study of English. (그의 영어 공부가 향상되었다.)
She **was brought up** in the rich family. (그녀는 부잣집에서 자랐다.)
Turn up the radio. (라디오의 볼륨을 높여라.)
Blow the fire up. (불길을 세게 해라.)
You'll have to **quicken(speed) up** the rate of you work.
 (너는 작업 속도를 높여야 한다.)
We have to **build up** our military forces.
 (우리는 군사력을 강화해야 한다.)
Please **clean up** your room. (방 좀 청소해 주십시오.)
Speak **up**! (더 크게 말해!)

 *mark up (값을 올리다 - 값을 더 올려 표시하다)
  move up (승진시키다, 승진하다)
  warm up (더 따뜻하게 하다.)

3) 올리다, 올라가게 하다 ⇨ 기분을 올라가게 하다/활기차게 하다

A holiday **will pep** you **up**.
 (휴가는 원기를 북돋워 줄 것이다.) * pep : 원기, 활기, 정력
This medicine **will set** you **up** before long.
 (이 약이 머지않아 당신을 회복시킬 것이다.)

Rock musician **can** really **work** an audience **up**. (록 뮤지션들은 정말로 청중들을 흥분의 도가니로 몰아넣을 수 있었다.)

Somebody need to **jazz up** this party before we all fall asleep. (모두 졸기 전에 이 파티를 활기차게 만들어야 해.)

One should never exercise before **warming up**. (준비운동 없이 운동을 해서는 안 된다.)

Kate obviously wants something from the boss. She's been **buttering** him **up** all week. (Kate는 명백하게 사장으로부터 원한다. 그녀는 일주일 내내 그에게 아첨하고 있다.)

Cheer (yourself) **up**! There will be other chances. (힘 내! 다른 기회가 있을 거야.)

Brace (yourself) **up**! You will pass the examination next time. (기운 내라! 다음에는 시험에 합격할 것이다.)
* brace : 버팀대로 바치다

Shake yourself **up**! (기운을 내!)

4) 올리다, 올라가게 하다 응용 - 섞다, 뒤죽박죽으로 만들다

Don't jumble up the things in the drawer. (서랍 속에 있는 물건들을 뒤죽박죽으로 해놓지 말아라.) * jumble : 뒤범벅을 만들다

The late arrival of the plane **messed up** all our plans. (비행기의 연착으로 계획이 엉망이 되었다.)

Shake up a bottle of medicine before taking. (약을 먹기 전에 약병을 흔들어 주세요.)

4) 올리다, 올라가게 하다 응용 - 섞다, 뒤죽박죽으로 만들다
⇨ 들뜸/혼란/소동 등 어지럽고 혼란스러운 상태

When I visited her in the hospital, she **was** so **doped up** that she didn't even recognize me. (그녀는 약에 심하게 취해서 나를 알아보지 못했다.) * dope : (속어)마약, 흥분제

I didn't get the assignment done because I didn't know how your directions **mixed** me **up**. (어떻게 해야 할지 몰라서 주어진 일을

끝내지 못했다. 네가 준 지침들이 혼란스러웠다.)
I **get** really **burned up** when people cut me off on the freeway.
(고속도로에서 사람들이 앞을 가로 막고 있을 때 정말 화가 난다.)

5) 올라가게 하다 ⇨ 부피의 증가
Can you **blow** these balloons **up**? (풍선 좀 불어 줄래?)

6) 올라가게 하다 ⇨ 부피의 증가 ⇨ 폭발 시키다
The soldiers **blew up** the bridge with dynamite.
(군인들이 다이너마이트로 다리를 폭발시켰다.)

7) 올라가게 하다 ⇨ 부피의 증가 ⇨ 폭발 시키다 ⇨ 파괴하다
The police **broke up** the crowd. (경찰은 군중을 해산시켰다.)

8) 올리다, 올라가게 하다 ⇨ 지지하다, 받치다, 유지하다
They **are backed up** by substantial numbers of tanks.
(그들은 상당한 수의 탱크의 지원을 받고 있다.)
They **backed** him **up** financially. (그들은 그를 경제적으로 원조했다.)
He must **keep up** a large household.
(그는 큰살림을 유지해야만 한다.)
They **will keep up** the last attack.
(그들은 마지막 공격을 계속할 것이다.)

9) 올리다, 올라가게 하다 ⇨ 토하다
He **threw up** his breakfast. (그는 아침밥을 토했다.)
I'm afraid I'm going to **throw up.** (나는 토할까 걱정이 된다.)

10) 걸다
He **hung up** his coat on a hook. (그는 옷걸이에 상의를 걸었다.)
Put up this pictures on the wall. (이 그림을 벽에 걸어 주십시오.)

The peace talks **were hung up.**
(평화회담은 개최되지 않고 <벽에> 걸렸다. → **연기되었다**.)
It's time to hang up the phone now. (전화를 끊어야 될 시간이다.)
* hang up : 수화기를 전화기에 걸다 → 수화기를 놓다
    → 전화를 끊다

● **중심으로의 접근 – 어떤 공간을 점점 꽉 채워나가는 상황**

11) 쌓다
* 높이가 증가하는 그림이 그려질 것입니다. 그래서 '**높은 곳에서 낮은 곳으로 이동**'으로 분류할 수도 있지만 '**밀도가 높아지는 그림**'도 보이기 때문에 '**어떤 공간을 점점 꽉 채워나가는 상황**'으로 분류 했습니다.

Bring more bricks to **build** the wall **up**.
(벽을 더 높이 쌓게 벽돌을 더 가져와라.)
Please help to **stack up** the plates at the end of the meal.
(식사 후 접시를 쌓아 올리는 것을 좀 도와주세요.)
The child **piled up** the books until they fell over.
(그 아이는 무너질 때까지 책을 쌓아 올렸다.)
He **built** this business **up** through hard work.
(그는 열심히 일을 해서 사업을 쌓아 올렸다.)

12) 모으다, 저장하다
Go outside and **bag up** the leaves.
(밖으로 나가서 나뭇잎을 자루에 모아라.)
We must **store up** fuel for the winter.
(우리는 겨울을 대비해서 연료를 저장해야 한다.)
I **have laid up** a lot of material for future use.
(나는 이다음에 사용하려고 재료를 많이 모으고 있습니다.)
He **saved up** money to buy a car.

(그는 차를 사기 위해서 돈을 모았다.)
Ants **lay up** food in summer against winter.
(개미는 여름에 겨울에 대비하녀 먹을 것을 모은다.)
Add these figures **up** and you will get 250.
(이 수치들을 모드 합하면 250이 될 것이다.)
She **summed up** bills at the store.
(그녀는 가게에서 산 물건의 계산서를 합계했다.)
The judge **summed up** the whole story to the jury.
(판사는 배심원들에게 전체 이야기를 요약해서 말 해 주었다.)

13) 모으다 ⇨ 묶다 /꾸리다, 싸다

Can you **bundle up** the newspapers and throw them out.
(신문을 다발로 묶어서 내다 버릴래?)
Please **tie** the dog **up** now. (개를 단단히 묶어 놓으세요.)
She **made up** the package neatly. (그녀는 꼼꼼히 짐을 쌌다.)
Would you **wrap** this **up** for me.
(나를 위해서 이것을 싸주시겠습니까?)
It's time to **wrap up** this work. (이일을 싸야 할 시간이다. → 비유적 표현: 이일을 끝내야 할 시간이다.)
Don't forget to **button up** your shirt.
(셔츠 단추를 채우는 것을 잊지 마세요.)
The student boarder suddenly **packed up** and left at dawn.
(그 하숙생은 새벽에 급히 짐을 꾸리어 떠났다.)

cf. 어떤 물체를 가운데를 중심으로 모으게 되면 간격이 서로 붙게 된다. 이럴 경우 중간에 있는 공간은 점점 더 채워지게 됩니다. 이러한 그림에서 <u>다음과 같은</u> 여러 가지 표현이 가능합니다.

14) 채워 넣다/공간을 차지하다 ⇨ 막다, 억누르다, 잠그다

We **blocked up** the entrance to the cave with big rocks.

(우리는 동굴 입구를 큰 바위로 막아버렸다.)
Don't **bottle up** your anger. (노여움을 억누르지 말라.)
Lock up the jewel box before going out.
　　(나가기 전에 보석 상자를 단단히 잠거라.)
He **was shut up** in prison for ten years.
　　(그는 10년간 감옥에 갇혀 있었다.)
Shut up and give me a chance to say something. (말을 멈추고
　나에게도 말할 기회를 주시오,) * shut up = shut your mouth up

15) 채워 넣다/공간을 차지하다 : 보충하다
cf. Take Up
'<u>take up</u>' 이라는 표현이 있습니다. fill과 같은 뜻을 가지고 있어서 '차지하다, 채우다'라는 의미를 표현할 때 사용됩니다. **take와 같은 기본 동사는 아무런 의미가 없기 때문에** 결국 UP에 '차지하다, 채우다'라는 의미가 있다는 결론을 내릴 수 있습니다.

This table **takes up** too much space.
　　(이 테이블은 자리를 너무 차지한다.)
We must **beef up** our team by increasing its members.
　　(인원수를 늘려 우리 팀을 보강해야 한다.)

The aunt hoped to **make up for** her late arrival by bringing a fabulous gift. (숙모는 멋진 선물을 가지고 옴으로써 늦게 도착한 것을
　　만회하고 싶어 했다.)
　　* fabulous : 믿어지지 않는, 굉장한, 멋진
　　* make up for A : A를 위해서 채워 넣다 → A를 보상하다

16) 채워 넣다/공간을 차지하다 ⇨ 다듬다, 손질하다, 준비하다
cf. 여기서 UP을 '개선하다(←위로 올라가게 하다)' 정도의 의미에서 파생된 것으로 파악하는 것도 가능하겠지만 위에서 제시한 것처럼 'take up'이라는 표현에 충실해서 '채워 넣다'로 파악하였습니다.

You need to **touch up** this paper before sending it out.
　　(너는 이 논문을 내보내기 전에 손질해야 할 필요가 있어.)
She **tidied** herself **up** before landing.
　　(그녀는 착륙 전에 얼굴을 단장했다.) * tidy : 말쑥한, 단정한
We **must fix up** our house. (우리는 집을 수리해야 한다.)
A beautician **touched up** her face. (미용사가 그녀의 화장을 고쳤다.)
He **got** himself **up** as a woman. (그는 여자로 분장했다.)
Let me **tidy up** a bit before you let our guest in.
　　(손님이 오시기 전에 몸단장 좀 할게요.)
The house needs to **be done up.** (이 집은 수리를 해야 한다.)
She **dressed up** only when guests are coming.
　　(그녀는 손님들이 올 때만 정장을 한다./ 잘 차려 입는다.)
The girl **is** busily **making up.** (소녀는 화장에 여념이 없다.)
I **brushed up** (on) my German before I went to Germany.
　　(나는 독일에 가기 전에 독일어를 다시 공부했다.)
Can you help me **do up** my hair? (머리 손질하는 것 좀 도와줄래?)

17) 모으다 ⇨ 바짝 조이다/꽉 채워져 있다
* 강조의 의미로 볼 수도 있습니다.

Can you **hurry** things **up** a bit? (일을 좀 서두를 수 없니?)
The roads **are** all **jammed up.** (도로가 온통 **꽉** 막혀 있다.)
He **fastened up** the box. (그는 상자를 단단히 봉했다.)
We **wound up** the party with a song.
　　(우리는 노래를 불러 파티를 끝냈다.)
It's really cold today. Be sure to **wrap up.**
　　(매우 춥다. **단단히** 걸치고 나가라.)

18) 강조 - 전부, 완전히
Natural resources **are being used up** at an alarming rate.
　　(천연 자원이 **놀라울 정도**로 고갈되고 있다.)

He **was** pretty **used up** by walking.
　　(그는 걸었기 때문에 **완전히** 녹초가 되었다.)
He **paid** his debt **up**. (그는 그의 빚을 **전액** 다 변제했다.)
I have to **pay up** my membership dues within a month.
　　(1개월 이내에 회비를 **전액** 납입해야 한다.)
The politician **pointed up** his remarks with apt illustrations.
　　(그 정치가는 적절한 예를 들어 그의 주장을 강조했다.)
Shut up everybody! (모두 조용히 하세요!)
Listen up! (경청하세요!)
He **was** badly **beaten up** in a back alley.
　　(그는 뒷골목에서 **호되게** 얻어맞았다.)
Russia is trying to **buy up** all the available tin.
　　(러시아는 구입할 수 있는 모든 주석을 **매점**하려 한다.)
The long drought **dried up** all the wells.
　　(오랜 가뭄으로 모든 물이 말랐다.)
The boy **ate up** the food as soon as it was served.
　　(그 소년은 음식이 나오자마자 **다** 먹어 버렸다.)
Fill up the tank. (휘발유를 가득 채워 주세요.)
We **finished up** everything on the table.
　　(상에 차린 것을 **깨끗이** 먹어 치웠다.)
The cheapest articles **were** quickly **snapped up**.
　　(제일 싼 물건들이 순식간에 팔렸다.)
He **tore up** the letter angrily and threw it into the waste can.
　　(그는 화를 내면서 편지를 발기발기 찢어 휴지통에 집어넣었다.)

● 누워있던 막대기가 서서히 일어서 똑바로 서는 그림

19) 세우다.
　　He **lined** the children **up** in two rows.
　　(그는 아이들을 두 줄로 세웠다.)

20) 세우다 ⇨ 정지시키다

He **reined up** his horse. (그는 고삐로 말을 세웠다.) *rein : 고삐
I had to run to **catch** him **up**.
   (나는 그를 잡기 위해서<세우기 위해서> 뛰어야 했다.)
The driver **pulled up**(his car) when he came to the traffic lights.
   (운전자는 신호등에 이르자 차를 세웠다.)
The travellers **were held up** by bandits.
   (여행자들은 노상강도에게 정지당했다.)
The bus **was held up** by fog. (버스는 안개 때문에 지연되었다.)
He **was pulled up** by the chairman.
   (그는 의장으로부터 발언을 제지당했다.)

21) 몸을 세우게 하다 ⇨ 자지 않게 하다

The child's coughing **keep** me **up** all night.
   (아이가 기침을 해서 온밤을 뜬눈으로 지새웠다.)

22) 세우다 ⇨ 설치하다/ 생기게 하다

They **are putting up** a new factory.
   (그들은 새로운 공장을 세우고 있다.)
They **opened up** a new shop on Sunset street.
   (그들은 Sunset 거리에 새로운 가게를 열었다.)
They **put up** a garage for their car.
   (그들은 그들의 차를 위해서 차고를 설치했다.)
He **set up** a jungle gym for the children.
   (그는 아이들을 위해서 철골놀이기구를 설치했다.)
I wonder what **has set up** this irritation in my throat.
   (왜 목구멍에 이 통증이 생기는지 모르겠다.)
   * irritation : 짜증나게 함; 염증, 통증
All at once he **set up** a yell. (갑자기 그는 고함을 쳤다.)

23) 세우다 ⇨ 설치하다 ⇨ 만들다

We need to **set up** a schedule before we decide what supplied to buy. (어떤 물품을 살지 결정하기 전에 계획을 세워야 한다.)

Did you **think up** this idea all by yourself?
(그 아이디어를 완전히 혼자 생각해 냈니?)

The story the child **made up** was untrue.
(그 어린이가 꾸며낸 이야기는 사실이 아니었다.)

The tea **is made up** from mixture of several different types.
(이 차는 여러 가지 다른 것들을 혼합해서 만들어 진다.)

Please **draw up** a contract now. (계약서를 지금 작성해 주십시오.)

The lawyer **drew up** my father's will.
(그 변호사는 아버지의 유언장을 작성했다.)

They **fixed up** the date for the party. (그들은 파티 일정을 정했다.)

The architect **worked up** the plans for the new building.
(그 건축가는 신축 건물 설계 도안을 만들어 냈다.)

24) 세우다 ⇨ 설치하다 ⇨ 시작하다

It's good that you have decided to **take up** golf.
(골프를 시작하기 했다니 잘됐군.)

We are going to **take up** our lesson where we left off yesterday.
(수업은 어제 배웠던 곳 다음부터 시작하겠습니다.)

I **took up** running. (나는 달리기 시작했다.)

● **멀리서 점점 더 다가오면서 윤각이 뚜렷해지는 모습**

25) 나타나게 하다 ⇨ 제기하다

 * '위로 올리다(올라가게) 하다'로 파악하는 것도 가능

I don't know why he **brought up** the topic.
(나는 왜 그가 그 주제를 꺼냈는지 모르겠다.)

I'll have to **take** this problem **up** with my boss.
(이 문제를 상사와 상의해야 되겠습니다.)

They **brought up** the matter for discussion.
(그들은 토론을 위해서 그 문제를 들고 나왔다.)

His speech **will work up** a rebellion.
(그의 연설은 폭동을 야기할 것이다.)

26) 나타나게 하다 ⇨ 찾다, 조사하다

He **looked** the word **up** in the dictionary.
(그는 사전에서 그 단어를 찾아 봤다.)

The police **are checking up** the information.
(경찰에서 그 정보를 조사하고 있다.)

27) 전화 하다

* call up : 전화로 불러내다/불러 세우다

I **called** him **up** and asked hid schedule.
(나는 그에게 전화를 걸어 그의 일정을 물어보았다.)

Did anyone **ring** me **up** while I was out?
(외출 중에 내게 전화한 사람은 없었습니까?)

● 기타

28) 굴복하다, 포기하다

You'd better **give up** smoking. (담배를 끊으세요.)

He has **been given up** by the doctor.
(그는 의사에게서 가망이 없다고 버림받았다. - 치료를 중단했다.)

I **passed up** a great chances to take an exotic trip with my girl friend.
(여자 친구와 근사한 여행을 떠날 수 있는 기회를 포기 했다.)

(2) DOWN

DOWN의 기본적인 의미는 높은 곳에서 낮은 곳으로 이동하는 것입니다. 여기에서 다양한 의미가 파생됩니다. '큰 것에서 작은 것으로(크기)' '많은 것에서 적은 것으로(수량)' '좋은 상태에서 안 좋은 상태(물건의 상태, 기분 등)' 등으로 이동하는 경우 등에도 DOWN을 사용하게 됩니다.

(가) 확장1-A형식

주어(A) + 동사 + DOWN

주어(A)가 스스로 DOWN쪽으로 이동하다.

1) 내려가다
A green serpent **slided down.** (파란 뱀이 미끄러지듯이 내려왔다.)
The leaves were **falling down** like a cascade.
　(나뭇잎들이 마치 폭포처럼 떨어지고 있었다.)
A path **wound down** the valley.
　(길 하나가 계곡 아래로 구불구불 내려갔다.)
We had to **drill down** 200feet // to find water.
　(우리는 물을 찾아 200feet를 뚫고 내려가야만 했다.)

2) 길을 따라 내려가다
반드시 위치적으로 높은데서 낮은 곳으로 이동하지 않아도 됨 / 높낮이가 없을 경우에 주어가 화자에게 다가오는 경우일 때는 UP을 사용하고 반대의 경우는 DOWN을 사용합니다. 그 외에도 세심한 차이가 있습니다. COME / GO , BRING / TAKE 의 관계와 UP / DOWN의 관계가 비슷하다고 생각해 주십시오.

He called out, **running down** the aisles.
   (그는 통로를 뛰어 다니면서 소리 질렀다.)
The boy **ran down //** to see the procession.
   (그 소년은 행렬을 보기위해서 뛰어 <내려>갔다.)
We **drove down** to the hotel. (우리는 차를 몰고 호텔로 갔다.)

3) 내려가다 ⇨ 가격이 내리다
The price of apples has **gone down**. (사과 값이 내렸다.)
The price of eggs **is down** from last week.
   (달걀 값이 지난주부터 내렸다.)
Milk has **come down** this year. (우유 값이 올해 내렸다.)

4) 쓰러지다 / 넘어지다
The chimney pot **blew down**. (굴뚝이 바람에 쓰러졌다.)
He **fell down** and hurt his leg. (그는 넘어져서 다리를 다쳤다.)

5) 쓰러지다 / 넘어지다 ⇨ 실패하다
She **fell down** in the oral exam. (그녀는 구두시험에서 떨어졌다.)

6) 무너지다, 붕괴하다
The house **burned down** last night. (그 집은 지난밤에 다 타버렸다.)

7) 물러서다
Tom has never been one to **back down** from confrontation.
   (Tom은 대결에서 지금까지 물러서 본적이 없는 사람이었다.)
   *confrontation : 대결, 대항
The president symbolically **step down.**
   (회장은 상징적으로 자리에서 물러났다.)

8) 구부리다
She unhesitatingly **bent down**.
   (그녀는 지체하지 않고 허리를 구부렸다.)

He **bent down** and kissed the baby.
(그는 허리를 밑으로 굽혀 아기에게 키스했다.)

9) 앉다

I **sat down** with a book. (나는 책을 들고 앉았다.)
All the people **dropped down** on their knees as the king passed by. (왕이 지나갈 때 모든 사람들이 무릎을 꿇었다.)
The wounded man was **lying down** on the battle field.
(부상당한 사람들이 전쟁터에 누워 있다.)
The children **hunkered down** in the yard, playing a game.
(그 아이들은 뜰에 쭈그리고 앉아서 게임을 하고 있었다.)
*hunker : 쭈그리다

10) 고장 나다

Our car **broke down** and had to be towed to a garage.
(우리들의 차가 고장이 나서 그것을 차고로 끌고 가야만 했다.)
cf. 컴퓨터가 DOWN되었다는 표현을 우리는 흔하게 사용하고 있습니다.

11) 줄어들다, 약해지다

Their services have **slowed down**. (그들의 서비스는 늦어졌다.)
The battery has **run down**. (전지의 약이 떨어졌다.)
Over the years, her voice has **toned down** quite
(여러 해 동안 그녀의 목소리는 약해졌다.)
You've **slimmed down** such a lot since we last met.
(지난번 만난 후로 너는 많이 날씬해 졌구나.)

12) 기운이 없다

You **look down** today. (너는 오늘 기운이 없어 보인다.)
I'm **coming down** with a cold. (감기 기운이 있어요.)

13) 줄어들다, 약해지다 ⇨ 누그러지다

Her passion for me has **cooled down**.

(나에 대한 그녀의 열정은 식었다.)

The applause **died down** as the star left the stage.
(배우가 무대를 떠나자, 박수갈채가 잠잠해 졌다.)

The country **quieted down** after the political disturbances.
(그 나라는 정치적 소란이 있은 후 조용해 졌다.)

The floods are **going down** now. (홍수가 약해지고 있다.)

14) 안정되다 / 정하다

They are unable to **calm down**. (그들은 진정할 수가 없었다.)

When I **settle down,** I shall invited you to our house.
(거처가 정해지면, 자네를 우리 집에 초대 하겠네.)

The new teaching staff is **shaking down** nicely.
(새 교수진은 잘 적응해 나가고 있다. - 안정 되어 가고 있다.)

Everything has **smoothed down**. (모든 것이 순조로이 되었다.)

15) 전해 내려가다

The story has **come down** to us from the past.
(그 이야기는 옛날부터 전해 내려오고 있다.)

(나) 확장 3-A형식

주어 + 동사 + 명사(A) + DOWN

주어가 A를 DOWN쪽으로 이동시키다.

1) 내려가게 하다

The gorilla set the boy **down**. (고릴라는 그 소년을 내려놓았다.)

He **wound down** the car window. (그는 차의 창문을 감아 내렸다.)
She **jumped** a baby **up** and **down** //on her knees.
   (그녀는 아이를 무릎위에서 둥개둥개 어르었다.)
He **hurled down** the rope //from the top of the roof. (그는 줄을 세게 던져서 지붕 아래로 내려가게 했다.) *hurl : 집어 던지다

2) 내려가게 하다 ⇨ 전하다, 물려주다
My grandmother **handed down** this ring to me.
   (할머니가 이 반지를 나에게 물려주었다.)

3) 아래로 깔다
We shall have to **lay down** a new floor in the upstairs room.
   (우리는 위층 바닥을 새로 깔아야한다.)
Why don't we **put** carpets **down** in the bedroom?
   (바닥에 carpet를 까는 게 어때?)

4) 아래로 깔다 ⇨ 기록하다
He **writes down** thoughts. (그는 생각들을 기록한다.)
As he spoke, reporters **took down** his words in shorthand.
   (그가 말할 때, 기자들은 그의 말을 속기로 받아썼다.)
The policeman **jotted down** my address.
   (그 경찰관이 나의 주소를 적었다.)
Put down the things you need on the pad.
   (종이 철에 당신이 필요한 것을 적어 놓으세요.)
I have **set down** everything that happened as I remember it.
   (나는 기억나는 대로 일어난 모든 것을 적어 두었다.)
The teacher **marked** him **down** as absent.
   (선생님은 그를 결석한 것으로 기록했다.)

5) 고정시키다 / 정하다

The manufactures have **laid down** these prices.
(생산자들이 이 가격을 정했다.)

We **tied** him **down** so that he cannot get away.
(우리는 도망가지 못하도록 그를 끈으로 묶어 놓았다.)

It is difficult to **nail down** the exact meaning of this verb.
(이 동사의 정확한 의미를 못 박아 고정하기 힘들다.)

I **pinned** the sign-up sheet **down** on the board.
(나는 신청서를 공고 판에 붙였다.)

6) 쓰러지게 하다

The boxer **knocked** his opponent **down**.
(그 권투선수는 상대방을 때려 눕혔다.)

The wind **brought down** several trees.
(바람으로 몇 그루의 나무가 넘어졌다.)

The gale **blew down** many trees my garden.
(강풍이 정원의 많은 나무를 넘어뜨렸다.) *gale : 강풍

Why has he **cut down** the apple tree?
(왜 그는 사과나무를 베었을까?)

Try to **push** the opponent **down** and get the ball from him.
(상대편 선수를 밀어뜨리고 공을 뺏도록 해라.)

7) 쓰러지게 하다 ⇨ 죽이다

Tom **brought down** a deer with his first shot.
(Tom은 첫발로 사슴을 죽였다.)

8) 패배시키다 / 억압하다

The FBI has been trying to **bring** the gangster family **down**.
(미 연방 수사국은 그 폭력조직을 무너뜨리려 하고 있다.)

They **put down** the uprising. (그들은 난을 진압했다.)

He intended to **hunt down** the rebels.

(그들은 반도들을 치려고 의도했다.)
Man always try to **keep** woman **down**.
(남자들은 언제나 여자들을 억누르려고 한다.)

9) 무너지게 하다 / 파괴하다

Vitamin E is able to **break down** chemicals that damage brain cells. (Vitamin E는 뇌세포에 해를 주는 화학 물질을 분해한다.)

They **pulled down** the old houses and built modern dwellings.
(그들은 헌 집을 허물고 현대식 주택을 지었다.)

They **tore down** the old building. (그들은 낡은 건물을 헐었다.)

She wouldn't let him in and he threaten to **smash** the door **down**.
(그녀가 그를 들어오지 못하게 하자 그는 문을 부수겠다고 위협했다.)

10) 기선을 제압하다 / 통제하다 / 거절하다

They managed to **stare** him **down**.
(그들은 그를 노려보아 기를 죽였다.)

We must **hold** price **down**. (우리는 가격을 통제해야 한다.)

He **kept down** the base emotion. (그는 그 비열한 감정을 억눌렀다.)

He **turned down** my request for a salary increase.
(그는 나의 봉급 인상 요구를 거절했다.)

Congress **voted down** the plan to increase taxes.
(의회는 조세 인상안을 부결시켰다.)

11) 부드럽게 하다 / 안정시키다

You should better **tone down** some of the offensive statement.
(몇 몇 공격적인 분장을 부드럽게 고치는 것이 좋겠다.)

You need to **smooth down** your hair. It's standing on end.
(머리를 가라 앉혀야겠다. 머리가 뻗쳤다.)

He tried to **cool** himself **down** by praying.
(그는 기도해서 자신을 진정시키려 했다.)

12) 실망시키다 / 우울하게 하다

By quitting school, he **let** his parents **down**.
(그는 학교를 그만두어 부모를 실망시켰다.)
Nothing will **bring** me **down** today. I'm in a really good mood.
(오늘은 어떤 것도 나를 우울하게 하지 못 할 거야,
정말 기분이 좋거든.)

13) 꾸짖다 / 헐뜯다, 비방하다

He **call** his son **down**. (그는 그의 아들을 꾸짖었다.)
He is constantly **running down** his boss.
(그는 항상 사장을 헐뜯는다.)

14) 고장 나게 하다

An attack of fever soon **pulls** you **down**.
(열 때문에 몸이 쇠약해 질 것이다.)
Some of the students **let down** the teacher's tires.
(몇 명의 학생들이 선생님 차의 타이어를 펑크 내었다.)

15) 구부리게 하다

Bend the end of the wire **down**. (철사의 끝을 아래로 구부려라.)
His head sank **down**. (그는 고개를 푹 숙였다.)

16) 제거하다

She **dusted** her son **down**.
(그녀는 자기 아들의 몸에 묻은 먼지를 제거했다.)
Don't forget to **wash** the table **down** before you close up for evening. (저녁에 문 닫기 전에 테이블 닦는 것을 잊지 마세요.)
She **brushed down** her skirt before she got into the room.
(그녀는 방에 들어가기 전에 솔로 그녀의 스커트의 먼지를 제거한다.)

17) 음식물을 넘기다 - 먹다

As the medicine was bitter, she could not **get** it **down.**
(그 약은 써서 그녀는 그것을 삼킬 수가 없었다.)
Don't chew them; **swallow** them **down**! (그것을 씹지 말고 삼켜라!)
The boy **wolfed down** the whole cake.
(그 소년은 전체 케익을 늑대처럼 게걸스럽게 먹어 치웠다.)

18) 줄이다

The company must **cut** the budget **down** next year.
(그 회사는 내년에 예산을 줄여야만 한다.)
The problem could **slow down** the development.
(그 문제가 발전의 속도를 줄일 수 있다.)
The new policy will **bring down** the price.
(그 새로운 정책이 물가를 내릴 것이다.)
Boil down this into syrup. (이것을 줄여서 시럽으로 만드세요.)
We must **keep down** expenses. (우리는 경비를 줄려야 한다.)

19) 하던 일을 중단시키다 (← 하던 일을 내려놓다.)

They have **shut down** their factory.
(그들은 자기들의 공장을 폐쇄했다.)
The students **coughed** the speaker **down.**
(그 학생들은 기침을 해서 연사를 중단 시켰다.)
The teacher **frowned** the child **down** when he kept repeating his request. (아이가 계속해서 조르자 선생님은 얼굴을 찡그려서 그 아이의 요구를 중단 시켰다.) * frown : 눈살을 찌푸리다

(D) ON ↔ OFF/ AWAY 그리고 AT

우리는 전등 스위치와 전자제품에서 ON/OFF라고 표시되어 있는 것을 흔히 보게 됩니다. 이렇듯 많은 경우에 **ON과 OFF는 반대의 개념**을 가지고 있습니다. ON은 '접촉'의 의미를 가지고 있습니다. 단순히 두 개체가 위치상 붙어 있다는 것만 표현하려면 전치사 ON을 사용합니다. 이 때 두 개체사이에는 특별한 힘이 작용하지 않습니다. 상하의 개념도 없습니다. 보통 '위에'라고 해석 되지만 반드시 위에 위치할 필요도 없습니다.

A fly is **on** the ceiling. (파리가 천장에 붙어 있습니다.)

위 문장을 보면 파리가 천정의 밑에 위치한다는 것은 상식적으로 알 수 있습니다. 이렇듯 위치는 상관하지 않고 접촉하고 있으면 전치사 ON을 사용합니다.
이러한 ON과 반대되는 개념이 OFF입니다. 보통 '분리, 이탈, 제거'의 개념을 가지고 있습니다. 현 위치에서 분리된다는 의미로 '떠나다'라는 의미도 가지고 있습니다.
먼저 왜 '켜다/끄다'가 ON/OFF인지 설명 드리겠습니다. 전기의 원리에서 두 개의 전선이 붙으면(ON) 불이 켜지고 떨어지면(OFF) 불이 꺼지기 때문입니다. 그래서 ON에는 '켜다'의 의미가 OFF에는 '끄다'의 의미가 있습니다. 이처럼 전부 그런 것은 아니지만 많은 경우 OFF대신에 ON을 집어넣으면 뜻이 반대가 됩니다. 예를 하나 더 들면 ON은 '옷을 입다'라는 의미를 가지고 있습니다. 그래서 'PUT ON=옷을 입다'라고 숙어로 많이 외웠습니다. 기본 동사 PUT은 아무런 의미가 습니다. 그러므로 ON 자체가 '옷을 입다'라는 의미를 가지고 있다고 볼 수 있습니다.(옷을 몸에 접촉<ON>하다) 반대 의미인 '옷을 벗다'는 'PUT OFF'라고 모두 알고 있을 겁니다. 더 이상 설명이 없더라도 ON의 반대는 OFF입니다.

(1) ON

전치사는 기본적으로 두 개체의 위치 관계를 나타냅니다. 전치사 ON도 다음과 같은 관계를 보여줍니다.

X on Y

위 표현은 X와 Y가 서로 접촉하고 있는 정(靜)적인 관계를 나타내 주고 있습니다. 그런데 우리가 이 책에서 다루고 있는 **구동사는 동(動)적인 모습과 관련이 있습니다.** 그래서 'X on Y'가 가지고 있는 동(動)적인 모습은 어떠한 것인지를 설명하려고 합니다. 즉 A와 B가 현재 접촉하고 있는데, **이에 앞서 A와 B의 어떠한 움직임에 의해서 접촉하게 되었는지를 설명하려는 것입니다.** 이로부터 앞으로 열거할 대부분의 ON의 의미가 나오게 됩니다.

접촉하게 되는 움직임의 과정을 설명하기에 앞서 움직임의 방향과 움직이는 주체에 대해서 살펴보도록 하겠습니다. OFF나 FROM과 같이 X와 Y가 분리하게 되는 경우가 아니면 전치사 WITH를 제외한 대부분의 전치사는 아래 화살표처럼 Y는 움직이지 않고 X가 이동함으로써 접촉하게 됩니다. ON을 예로 들어 표시하면 다음과 같습니다.

X   ON   Y

뒤에 다시 설명하겠지만 전치사 WITH의 경우는 각 개체의 움직임은 다음과 같이 표시 됩니다.

a: A   WITH   B
→ (+) ←
b: A   WITH   B

a의 화살표가 의미하는 것은 A, B 둘 모두 동시에 움직여서 접촉하게 되는

것을 의미합니다. 그리고 b의 화살표가 의미하는 것은 A는 움직이지 않고 B가 움직여서 접촉하게 되는 것을 의미합니다.

이제 서로 분리되어 존재하던 두 개체가 접촉(ON)하게 되기까지 그 사이에 발생하게 되는 움직임의 양상에 대해서 설명하도록 하겠습니다. **도미노를 연상해 주십시오.** 수직으로 서 있는 조각을 밀게 되면 쓰러지면서, 다음 조각을 밀게 되는 연쇄 반응이 일어나게 됩니다. 여기서 이제 두 조각만 있다고 가정해보겠습니다. 그리고 넘어지는 조각에 닿게 되는 조각이 도미노와는 달리 고정되어 있다고 생각해 보겠습니다. 그리고 아울러 넘어지는 속도가 매우 천천히 진행된다고 생각해 보시기 바랍니다. 5분정도 걸린다고 생각하면 될 것 같습니다. 그러면 그 5분 동안 조각은 **계속해서 천천히 움직임을 유지하면서 기울어지게 됩니다.** 넘어지는 조각은 점점 더 서있는 조각에 다가가게 되고, 그리고 다 기울어져서 다른 조각에 접촉하게 되면 비스듬하게 **기대게 됩니다.** 이러한 그림이 전치사 ON이 가지고 있는 의미의 근간이 됩니다. 지금까지의 그림을 두 가지로 구분해 보겠습니다.

   ① **기울다 - 기대다 - 의지하다**
   ② **계속 움직이다**

이제 이를 바탕으로 분류에 필요한 전치사 ON이 가지는 의미의 근간이 되는 그림을 정리하도록 하겠습니다.

  A: 접촉
  B: 접촉 - 켜져 있다, 작동하다
  C: 기울다 - 기대다 - 의지하다
 cf. A가 B에 기대게 되면 2가지 상황이 유추됩니다.
  첫째, A가 B에 영향을 미치고 있다고 볼 수도 있고,
   둘째, A의 영향이 부정적인 것이라면 A는 B에 부담이 된다고 볼 수도 있을 것입니다. 그래서 **'영향'** 또는 **'부담'**의 상황을 표현할 경우도 전치사 ON을 사용합니다.
  D: 계속 움직이다

(가) 확장1-A형식

주어(A) + 동사 + ON + 명사(B)

주어(A)가 스스로 B 쪽으로 이동하다.

● 접촉

1) 접촉(연결)

Their marriage **went on** the rocks.
(그들의 결혼 생활은 위기에 처했다.)

Suddenly he **jammed on** the brakes and I almost fell off my seat.
(그는 갑자기 브레이크를 세게 밟았고 나는 거의 좌석에서 떨어질 뻔 했다.)

The nation **may be on** the edge of renewed civil war.
(그 나라는 내전이 재연될 상황에 놓여있다.)

The child **hung on** to her mother's hand as they crossed the street. (그 아니는 거리를 건널 때 어머니의 손을 꼭 붙잡았다.)

I **took on** additional duties when the foreman left for a vacation.
(나는 감독이 휴가를 떠났을 때 부가 임무를 떠맡았다.)
   * foreman : 공장장, 감독

They **are taking on** many new workers at the factory.
(저 공장에서는 많은 새 공원을 고용하고 있다.)

The clouds **are taking on** the glow of the evening sky.
(구름이 저녁 하늘의 광채를 띠고 있다.)

Germany **borders on** France. (독일은 프랑스와 인접해 있다.)

A small lake **verges on** my property.
(작은 호수가 내 소유지에 인접해 있다.) * verge : 가장자리, 모서리

Being a foreigner, he **did not catch on** the joke.
(외국인이라서, 그는 그 농담을 알아듣지 못했다.)

The holiday **falls on** Sunday. (그 휴일은 일요일과 겹친다.)
Fortune **has not** always **smiles upon** me.
　(행운은 언제나 내 편이 되어 주지 않는다.)
Be on guard against pickpockets.
　(소매치기를 조심해.) *pickpocket : 소매치기

Don't **lie on** your back before the old.
　(나이 드신 분 앞에서 벌렁 눕지 말라.)
* **lie on** one's face : 엎드리다
　lie on one's side : 옆으로 눕다

2) 접촉(연결) ⇨ 시작

He **embarked on** an enterprise in show business.
　(그는 흥행계에서 사업을 시작하였다.) * embark : 배를 타다
We **entered on** a new business. (우리는 새 사업에 착수했다.)
They **embarked on** a worldwide trip to celebrate their thirtieth wedding anniversary.
　(그들은 결혼 30주년을 축하하는 세계일주 여행을 시작했다.)
He **ventured on** an Arctic expedition. (그는 북극탐험을 감행했다.)

4) 접촉(연결) ⇨ 관련

The paper **bears on** the subject. (그 논문은 그 주제와 관련이 있다.)
These matters **bear on** the social welfare.
　(이 문제들은 사회복지와 관계가 있다.)

5) 접촉(연결) ⇨ 전화

Please **call on** me later. (나중에 전화 주십시오.)
Mr. Chan **is on** the phone and he wants to talk to you.
　(Chan씨에게 전화 왔습니다. 통화를 원하는데요.)
Hold on a moment. (끊지 말고 잠깐만 기다리세요.)

6) 접촉(연결) ⇨ 타다

Angela just **got on** the plane a few minutes ago.
(Angela는 몇 분 전에 그 비행기를 탔다.)
The bus arrived and we **got on**.(버스가 도착했고 우리는 탔다.)
His girlfriend **was on** the plane that crashed.
(그의 여자 친구는 그 추락한 비행기에 타고 있었다.)
cf. 탈것에 타는 것을 표현할 경우 대부분 전치사 ON을 사용합니다.
그러나 자동차만은 IN을 사용합니다.
get **on** the plane/ the train/ the bus
get **in** a car

7) 접촉(연결) ⇨ 종사하고 있다, 일하고 있다 (BE ON)

I **was on** the computer. (나는 컴퓨터를 하고 있었어.)
I**'ve been on** the phone with her.
(나는 지금까지 그녀와 통화중이었다.)
I**'m on** a diet. (나는 다이어트 중이야.)
She**'s on** antibiotics. (그녀는 항생제를 복용하고 있다.)
　　＊ antibiotic : 항생물질
He **is on** holiday. (그는 휴가 중이다.)
He **is on** the jury. (그는 배심원 중의 한사람이다.)
His paintings **are on** display in New York.
(그의 그림은 뉴욕에서 전시되고 있다.)
The number of burglaries in the area seems to **be on** the increase. (지역의 강도 수가 계속 증가하고 있는 것 같다.)
　　＊ burglary : 강도

＊ I have a pile of work to do. I**'ve been sitting on** it for over a week. (나는 해야 할 일이 쌓여있다. 일주일이상 붙잡고 있어.)

8) 접촉(연결) ⇨ 걸리다

I **stumbled on** John, who was sleeping on the floor.

(나는 바닥에 자고 있던 John에 걸려 넘어졌다.)
My coat **caught on** a nail. (나의 코트가 못에 걸렸다.)

9) 접촉(연결) ⇨ 충돌 ⇨ 갑자기(우연히) 만나다, 생각나다

I **chanced on** the first edition there.
(나는 거기서 우연히 초판본을 발견했다.)
He **hit on** a great idea to save his company.
(그는 그의 회사를 구할 굉장한 아이디어가 생각났다.)
He **struck on** the plan to solve the problem.
(그는 그 문제를 해결할 계획이 떠올랐다.)
He **stumbled on** the brilliant idea by accident.
(그는 우연히 멋진 생각이 떠올랐다.) * stumble : 비틀거리다
I **blundered upon** the solution to the mystery.
(나는 우연히 그 수수께끼를 푸는 열쇠를 알게 되었다.)
* blunder : 큰 실수

10) 접촉(연결) ⇨ 충돌 ⇨ 공격

The dog suddenly **turned on** the owner.
(그 개는 갑자기 주인에게 덤벼들었다.)
The smallest mistake will have my boss **jumping on** me.
(작은 실수라도 사장은 너를 매우 야단칠 것이다.)
The cat **pounced on** a mouse. (그 고양이는 쥐에게 갑자기 달려들었다.) * pounce : 갑자기 달려들다
Older siblings have a tendency to **pick on** their younger ones.
(오래된 형제는 어린 형제를 괴롭히는 경향이 있다.)
* sibling : 형제, 자매
U.S air **raided on** Hanoi without announcement.
(미 공군은 성명없이 Hanoi를 공격했다.) * raid : 기습, 공습, 침입
The sea **encroached on** the lands. (바닷물이 내륙을 침식했다.)
* encroach : 침략하다, 침입하다, 빼앗다
The sea **is gaining on** the land along the coast year after year.

(바다는 해가 갈수록 해안 둘레의 육지를 침식하고 있다.)
We were ordered to **advance on** the enemy's position under cover of darkness.
(우리는 어둠을 틈타 적진으로 진격하라는 명령을 받았다.)
The robbers hid in the bushes and **fell on** him.
(숲속에 숨어있던 도적들이 그에게 덤벼들었다.)

11) 시중들다

The waiter who just **waited on** me was so rude.
(나를 시중들었던 웨이터는 매우 무례했다.)
The nurse **tended on** the patient. (간호원이 그 환자를 돌보았다.)
Dr. Kim will **serve on** the scholarship committee. (김 박사는 장학위원회에서 봉사하게 될 것이다. → 장학위원회의 일원이 될 것이다.)
* serve on : -의 일원이 되다, -에서 봉사하다

12) 초점, 집중

If you don't **concentrate** more **on** your work you'll be dismissed.
(네가 너의 일에 좀 더 집중을 하지 않으면, 너는 해고당할 것이다.)
The angler **centered on** the float.
(그 낚시꾼은 찌에 온 신경을 집중했다.)
His gaze **fell on** the girl who had bright, golden hair. (그는 밝은 금발 머리카락을 가진 소녀를 응시했다.) * gaze : 응시/응시하다
His eyes **fixed on** a hole in the ceiling.
(그의 눈은 천정에 있는 구멍에 고정되어 있었다.)
Her eyes **rested on** me. (그녀의 시선은 내게 멈췄다.)

13) 초점, 집중 ⇨ 선택

He **decided on** the blue shirt. (그는 파란 색 셔츠로 결정했다.)
They **fixed on** a little hut. (그들은 자그마한 오두막집으로 결정했다.)
She **has not fixed on** the date of her wedding.
(그녀는 결혼 날짜를 정하지 못했다.)

We **determined on** going at once. (우리는 당장 가기로 결정했다.)
I **figure on** marrying her next month.
(나는 다음 달에 그녀와 결혼할 작정이다.)
Which of the recordings have you **settled on**?
(어떤 음반으로 정하였습니까?)

14) 초점, 집중 ⇨ 심사숙고 하다

Let me **chew on** the problem for a few days.
(2, 3일간 그 문제를 생각해 보마.)
The guard **dwells** too much **on** his past.
(그 경비원은 자신의 과거를 너무 깊이 생각한다.)
He **meditated on** the meaning of life.
(그는 일생의 의미에 대해서 깊이 생각해 보았다.)
Reflect on what I have said to you.
(내가 말한 것을 잘 생각해 보아라.)
I would like to **sleep on** it.
(그 일에 대해서 하룻밤 자면서 곰곰이 생각해 보려고 합니다.)

15) 초점, 집중 ⇨ 자세히 설명하다

The Prime Minister **dwelt on** the financial crisis.
(총리는 재정적 위기에 대해 자세히 설명했다.)
I need not **enlarge on** this matter.
(이일에 대해서 상술할 필요는 없다.)

● 접촉 - 켜져 있다, 작동하고 있다

16) 접촉 - 켜져 있다, 작동하고 있다

His favorite TV program **comes on** at nine o'clock on saturdays.
(그가 가장 좋아하는 TV프로는 매주9시에 방영된다.)

17) 접촉 - 켜져 있다, 작동하고 있다 - 응용

He **lay on**. (그는 잠깨어 누워 있었다.)
　　cf. He lay on the bed. (그는 침대 위에 누워 있었다.)
What'**s going on** there? (무슨 일이 일어났습니까?)
The novel **is catching on** well all over the world.
　　(그 소설은 세계에서 크게 인기를 얻고 있다.)
It **rained on** and off all day. (온종일 비가 오락가락 했다.)
How **are** you **getting on**? (하시는 일은 잘 됩니까?)
The game **is on** now. (그 게임은 지금 진행되고 있다.)

18) 접촉 - 켜져 있다, 작동하고 있다 ⇨ 성공하다

You have to push yourself to **get on** in the business world.
　　(사업에서 성공하기 위해서 너는 계속해서 스스로를 다그쳐야 한다.)
Of course he'll **get on**. He knows all the official ropes. (물론 그는 출세할 것이다. 그는 공무원으로서의 모든 요령을 알고 있다.)

● 기울다 - 기대다 - 의지하다

19) 기대다, 의지하다, 믿다, 달려있다

It **is on** you. (그것은 너에게 달려 있다.)
Now I really need somebody to **lean on**.
　　(지금 나는 정말로 기댈 사람이 필요하다.)
Her success will **depend on** her effort.
　　(그녀의 성공은 노력 여하에 달렸다.)
You **are depending on** your brother too much.
　　(너는 너의 형에게 너무 의지하고 있다.)
His life **hangs on** the judge's decision.
　　(그의 생명은 판사의 결정에 달려있다.)
All our hopes **hinged on** the firm's success. (우리의 모든 희망은 회사의 성공에 달려 있다.) * hinge : 경첩, 중심점

He **count on** others. (그는 남에게 의지한다.)

Don't **count on** going abroad this summer, we may not have enough money. (이번 여름에 해외로 가는 것을 기대하지 말라. 우리는 돈이 부족하다.)

I **am banking on** your help. (자네 도움이 필요하네.)

I **rest on** your promise. (나는 너의 약속을 믿는다.)

Success **attends on** hard work.
 (성공은 열심히 일 하는 데에 달려있다.)

The chance **rides on** his approval. (승산은 그의 승인에 달려있다.)

Don't **draw on** other's help. (다른 사람들의 도움을 기대하지 마라.)

Don't **lean on** others. (남에게 의지하지 마라.)

We can't calculate on having fine weather for the sports meeting.
 (운동회에 쾌청한 날씨를 기대할 수 없다.)

I **reckon on** your help. (자네의 도움을 믿네.)

Don't **rely on** me for any help.
 (나에게서 어떠한 도움도 기대하지 마라.)

Don't **gamble on** getting the job. (그 직장을 얻을 수 있을 거라 확신하지 마.) * gamble : 노름을 하다, 도박을 하다

In an emergency we always **fall back on** our savings.
 (비상시에 우리는 언제나 저축에 의존한다.)

20) 기대다, 의지하다, 믿다, 달려있다 ⇨ -을 먹고 살다, -에 의지해 살다

The koreans **live** largely **on** rice.
 (한국 사람들은 주로 쌀을 주식으로 한다.)

John's pet snakes **feed on** gold fish.
 (John의 애완 뱀은 금붕어를 먹고 산다.)

21) 부담이 되다

This **is on** me. (이 계산은 내가 치르지.)

The packed ice **bore** down **on** the ship.
 (차곡차곡 쌓인 얼음이 배에 압력을 가하였다.)

The rise in the cost of living **bears** hard **on** old people.
(생활비 상승은 노인들에게 부담이 된다.)
The famine **bore** heavily **on** the farmers.
(기근이 농민들을 몹시 괴롭혔다.) * famine : 기근, 기아

22) 영향을 주다, 효과가 있다

The sunbeam **acts on** the skin. (일광은 피부에 영향을 준다.)
This medicine **acts on** the heart disease.
(이 약은 심장병에 잘 듣는다.)
Kindness often **react on** the kind.
(친절은 그것을 베푼 사람에게 돌아오는 일이 종종 있다.
　　　← 친절은 그것을 베푼 사람에게 영향을 미친다.)
The strain **will tell on** you. (무리하면 몸에 해롭다.)
The pill **worked on** me quickly.
(이 알약은 나에게 빠른 효험이 있었다.)

23) 근거/기반

The committee **acted upon** the suggestions the experts made.
(그 위원회는 전문가들이 만든 제안에 따라 행동했다.)

● 계속 움직이다

24) 계속의 ON

* 접촉의 의미에 계속의 의미가 더해져 있는 것으로 생각해 주십시오.
아울러 계속의 의미에는 필연적으로 '**반복**'의 의미도 함께 존재합니다.
그리고 참고로 계속의 의미와 어울리는 기본 동사는 **keep, hold, stay**

He **went on** talking about it.
(그것에 대해서 그는 계속해서 이야기하였다.)
And there seemed to be all sorts of exciting thing **going on**.

구동사 분류 및 정리

(거기에는 모든 종류의 흥미로운 것들이 계속 되는 것처럼 보였다.)
Your parents will be sad if you **go on** like that. (만약 네가 계속해서 이처럼 나간다면, 너의 부모님들께서 매우 슬퍼하실 거야.)
Tom **held on** his studies until he graduated from college.
(Tom은 대학을 졸업할 때까지 계속 공부했다.)
They **kept on** making noises. (그들은 계속해서 소란을 피웠다.)
I've decided to **keep on** working for another 5 years.
(나는 5년간 더 계속해서 일하려고 한다.)
You need to **keep on** him to get his work done.
(너는 계속해서 그가 그의 일을 하도록 하게 해야 한다.)
The meeting was so boring, it **dragged on** for three hours.
(그 모임은 3시간이나 질질 끌어서 매우 지루했다.)
  * drag : 질질 끌다
The lecture **ran on** for an extra two hours.
(그 강의는 2시간을 초과해서 계속 되었다.)
How can they **carry on** conversation in such a noisy room?
(이러한 시끄러운 방에서 어떻게 대화를 계속할 수 있겠니?)
We decided to **carry on** in spite of the weather.
(날씨에 관계없이 계속하기로 했다.)
If you **carry on** smoking like that, you're going to have a big problem. (만약 네가 이와 같이 계속해서 담배를 핀다면 큰 문제를 가지게 될 거야.)
He would do something for a year and then **move on** to something else. (그는 일 년간 뭔가 해보고, 그 다음 그 밖의 다른 일을 계속 하려고 했다.)
She **is** always **harping on** her misfortunes.
(그녀는 늘 불우한 처지를 되풀이하여 말한다.) * harp : (음악) 하프
He **insisted on** the necessity of changing this law.
(그는 이 법률을 바꿀 필요가 있다고 주장했다.)
I **prevailed on** him to stay with us overnight.
(나는 그에게 우리와 함께 하룻밤을 묵자고 설득했다.)

* He kept moaning **on and on.** (그는 계속해서 끙끙 거렸다.)
    * moan : 끙끙 거리다, 불평을 하다

25) 점점 다가가다
The truth **dawned on** him. (그 진실은 그에게 점점 분명해 졌다.)
The pirate ship **gained on** us.
 (해적선은 우리에게 점점 다가오고 있다.)
The final day **was drawing on**. (최후의 날이 임박했다.)

(나) 확장 3-A형식

주어 + 동사 + 명사(A) + ON + 명사(B)

주어가 A를 B쪽으로 이동 시키다.

● 접촉

1) 접촉 시키다
New taxes **were imposed on** wines and spirits.
 (주류에 새로운 세금이 부과되었다.)
Don't build your hope **on** his empty words.
 (그의 공허한 말에 희망을 두지 말라.)
The child **fastened** its eyes **on** me. (그 아이는 나를 유심히 보았다.)
One of the things the student **impressed on** me was to ask questions all of the time. (나에게 인상을 깊었단 것은 학생들이 줄곧 질문을 했다는 것이다.)
The artist **bestowed** many favors **on** me.
 (그 화가는 나에게 많은 호의를 베풀었다.)

The gambler has **bet** 100 dollars **on** my horse.
 (그 도박사는 나의 말에 100달러를 걸었다.)
Standing in the rain **brought on** a bad cold to him.
 (비를 맞고 서 있어서 그는 독감에 걸렸다.)

2) 착용하다

Don't come in! I **have** nothing **on**!
 (들어 오지마라! 아무것도 입지 않았어!)
He **put** his coat **on** hurriedly. (그는 그의 코트를 서둘러 입었다.)
Get your coat **on.** (코트를 입어라.)

cf. 반대로 사람이 옷 속에 들어갈 때는 IN을 사용합니다.
 He was dressed **in** black.
 (그는 검정색 옷을 입고 있다. → 상복을 입고 있다.)

She **has** a ring **on** her finger. (그녀는 손가락에 반지를 끼고 있다.)
You may **keep** your hat **on.** (모자를 계속 쓰고 있어도 됩니다.)
She **pulled** her gloves **on.** (그녀는 장갑을 당겨 꼈다.)
He **put on** glasses and began to read the newspaper.
 (그는 안경을 끼고 신문을 읽기 시작했다.)
Don't put on too much makeup. (화장을 너무 많이 하지 마라.)
I **tried on** several hats. (모자를 여러 개 써 보았다.)
She **is putting on** weight. (몸무게가 늘고 있다.)

3) -인체 하다

It is not easy to **put on** an air of innocence.
 (순진한 척하기는 어렵다.)
The old man **put on** a very knowing expression.
 (그 노인은 아주 잘 아는 듯한 표정을 지었다.)

4) 켜다

Can you please **turn** the heater **on**? (히터를 켜주시겠습니까?)
You **left** your light **on** (너는 전등을 켠 채로 떠났다.)
Can you **switch on** the lamp for a minute?
   (램프를 잠깐 동안 켜주시겠습니까?)
He punched in his ID and **logged on**.
   (그는 그의 ID를 입력하고 로긴<log on = log in>했다.)

5) 켜다 - 응용

Michael Jackson **turn** me **on**. (Michael Jackson은 나를 흥분 시킨다.)
We can't occupy the new house until gas and water **are laid on**.
   (가스와 수도가 놓일 때까지 새 집을 사용할 수 없다.)
The actors **put on** their first show in the town hall.
   (배우들이 그들의 첫 공연을 마을 공회당에서 갖는다.)
He knew the news but he didn't **let on**.
   (그는 그 소식을 알고 있었으나 누설하지 않았다.)
Promise you won't **tell on** mine.
   (내일을 고자질 하지 않겠다고 약속해라.)

6) 초점, 집중

Focus your mind **on** the matter. (그 문제에 정신을 집중해라.)

● *기울다 - 기대다 - 의지하다*

7) 근거, 기반

Direct taxes **is** usually **based on** income.
   (직접세는 보통 수입에 근거한다.)

8) 영향을 미치다 / 부담을 주다
* A가 다른 B에 기대게 되면 A는 B에 부담이나 영향을 주게 됩니다.

Don't put pressure **on** others. (다른 사람들에게 압력을 가하지 마라.)

cf. '동사 A ON B' 형의 숙어
We **avenged** his father's death **on** the murders.
(젊은이는 그의 아버지를 죽인자에게 원수를 갚았다.)
I **congratulated** my friend **on** his marriage.
(내 친구의 결혼을 축하했다.)

이제 영어의 의문이 풀렸다2

(2) OFF

OFF가 가지는 의미는 크게 2가지로 구분할 수 있습니다.
여러분은 나뭇가지에 앉아있는 새 한 마리를 머리에 떠올려 주시기 바랍니다.
지금 새는 나뭇가지에 ON(접촉)되어 있는 상태입니다. 이 때 갑자기 어린 아이가 새쪽으로 돌을 던지게 되면 어떤 일이 벌어질까요? 이 때 발생하는 새의 반응에 OFF의 모습이 담겨져 있습니다.
새는 나뭇가지로부터 이탈하여 다른 안전한 곳을 향하여 갈 것입니다. 이와 같은 새의 반응을 2가지 동작으로 구분해 보겠습니다.
먼저 나뭇가지로부터 이탈하는 것이 하나의 동작이고,
두 번째로 다른 안전한 곳을 향해서 떠나는 동작입니다.
이 두 가지 동작으로부터 다음과 같은 OFF의 의미가 파생 됩니다.

● 이 탈/분리/단절
● 떠나다

(가) 확장1-A형식

주어(A) + 동사 + OFF

주어(A)가 스스로 OFF 쪽으로 이동하다.

● *이 탈/ 분 리/ 단 절*

1) 이탈/분리/단절
The train **ran off** the track. (열차가 탈선했다.)
Joy's hat **blew off** her head while she was walking down the street in a windy day. (바람 부는 날에 시내를 걸어 내려가고 있었을 때, Joy의 모자는 머리에서 벗겨졌다.)

Clear off! Please stop bothering me! (좀 떨어져! 그만 좀 귀찮게 해!)
The plane just **took off.** (비행기가 방금 이륙했다.)
The tile **has come off** the bathroom.
　　(타일 하나가 욕실 벽에서 떨어졌다.)
The wallpaper **is peeling off.** (벽지가 벗겨져 떨어지고 있다.)
The picture **fell off** the wall and was broken.
　　(그림이 벽에서 떨어져 부서졌다.)
One of your buttons **has come off.** (단추 하나가 빠져 있어.)
The policeman told the boys to **keep off** the grass.
　　(경관은 소년들에게 잔디밭에 가까이 가지 말라고 말했다.)
The winning team **ran off** the field before the crowd ran on.
　　(승리한 팀은 군중들이 몰려오기 전에 운동장을 빠져 나갔다.)
The paint **will wash off** when it rains.
　　(비가 오면, 그 페인트는 씻겨 나갈 것이다.)

2) 이탈/분리/단절 - 응용

The responsibility **is off** my shoulder. (부담이 없어졌다.)
The administration was searching for a way to **get off** the hook.
　　(그 행정부는 어려움에서 벗어날 수 있는 방안을 찾고 있었다.)
　　* off the hook : 궁지(책임)를 벗어나
The parade **was off** because of rain.
　　(행진은 비 때문에 중지 되었다.)
I **must ring off** now. (이만 전화를 끊어야겠습니다.)
He **left off** work at five o'clock. (그는 5시에 일을 마쳤다.)
We **get off** duty at 5 pm. (우리는 오후 5시에 일이 끝난다.)
It is time to **knock off** for tea. (차를 마시기 위해 쉴 시간이다.)
What time do you **get off**(work)? (너는 몇 시에 퇴근하니?)
It is time to **leave off** work. (일을 끝마칠 시간이다.)
The union leaders decided to **walk off** the job.
　　(노조 지도자들은 파업하기로 결정했다.)

3) 이탈/분리/단절 ⇨ 내리다

I have to **get off** at the next stop.
(나는 다음 정거장에서 내려야 한다.)
Where should I **get off** the bus? (어디서 버스에서 내려야 합니까?)
She **stamped off** the bus. (그녀는 발을 쿵쿵거리면서 버스에서 내렸다.) * stamp : 짓밟다, 발을 구르다

4) 이탈/분리/단절 ⇨ 꺼지다

The heater suddenly **went off**. (갑자기 히터가 꺼졌다.)
The television **has gone off**. (텔레비젼이 꺼졌다.)
I**'m off** today. (나는 오늘 휴무다.)

5) 이탈/분리/단절 ⇨ 꺼지다 ⇨ 죽다

The leaves of this plant **are dying off**.
(나뭇잎들이 하나 둘씩 죽어가고 있다.)

6) 이탈/분리/단절 ⇨ 사이가 나빠지다, 헤어지다

Has Grace **gone off** that red-haired boy?
(Grace는 그 빨강머리 소년을 이제 좋아하지 않니?)
It seems that man is more skilled at **breaking off** relationships than woman.
(남자들이 여자들보다 관계를 끊는데 있어서 더 능숙한 것 같다.)
I**'m off** with her now. (이제 그녀와 끝장이다.)

7) 이탈/분리/단절 ⇨ 정상이나 표준상태에서 벗어나는 것

Be careful with milk because if you leave it out for long it **will go off**. (우유는 조심해. 왜냐하면 밖에 오랫동안 내버려두면 우유는 상할 것이기 때문이다.)
The guy **is** a little **off**. So just ignore what he says.
(그 사람 머리가 좀 이상해. 그러니 무시해)
I **feel** a bit **off**. (몸 상태가 조금 이상하다.)

8) 자다/졸다

He **nodded off** in front of the TV.
　　(그는 TV 앞에서 꾸벅꾸벅 졸았다.) * nod : 끄덕이다
The movie was so boring that many people started to **doze off** in the middle of it. (그 영화는 매우 지루해서 많은 사람들이 중간에 졸았다.) * doze : 꾸벅꾸벅 졸다
She **dropped off** as soon as she was given a sedative. (그녀는 진정제를 먹자 곧 잠이 들었다.) * sedative : 가라앉히는/ 진정제

● 떠나다

9) 떠나다

We **must getting off** now. (우리 이제 떠나야겠습니다.)
As soon as he heard the news, he **sped off.**
　　(그는 그 소식을 듣자마자 재빨리 떠났다.)
I tried to speak to him but he **made off** in a hurry.
　　(나는 그에게 말을 하려고 했지만 그는 서둘러서 떠났다.)
He turned and **walked off** without another word.
　　(그는 돌아서서 다른 말없이 걸어서 떠났다.)
He **marched off** with one thousand men.
　　(그는 일천군사를 이끌고 나갔다.)
She closed the door and **drove off.**
　　(그녀는 문을 닫고 차를 몰고 떠났다.)
The messenger boy **ran off** with the money.
　　(심부름꾼 소년이 돈을 가지고 달아났다.)
The cashier **made off** with all the money in the safe.
　　(출납계원이 금고 속에 있는 모든 돈을 갖고 도망을 쳤다.)
He **went off** on a trip without notifying anyone.
　　(그는 누구에게도 알리지 않고 여행을 떠났다.)
He's just **popped off** to buy something.

(그는 방금 무엇인가를 사러 나갔다.)
She got angry and just **took off** without saying goodbye.
　　(그녀는 화가 나서 방금 인사도 없이 떠났다.)
They **set off** for a picnic early in the morning.
　　(그들은 아침 일찍 소풍을 떠났다.)
It's time we **get off** to school. (학교에 갈 시간이다.)
He picked up his hat and **hurried off**.
　　　(그는 그의 모자를 집어 들고 서둘러서 떠났다.)

10) 떠나다 - 응용
At the end of this scene, the murder **goes off**.
　　(이 장면이 끝나면 살인자는 퇴장할 거야.)
The gun **went off** by accident. (총이 우연히 발사되었다.)
Just then, the alarm **went off**. (바로 그때 경보기가 울렸다.)
I went to bed early enough but for some reason I couldn't **go off**.
　　(나는 충분히 일찍 잠자리에 들었지만 어떤 이유로 잠들지 못했다.)
His sense of humor **rubbed off** on(to) his son.
　　(그의 유머 감각은 아들에게 옮겨졌다.)

11) 점점 사라지다
The day **passed off** in peace. (그 날은 평온한 가운데 지나갔다.)
　* pass off : 점점 사라지다
The novelty will soon **wear off**. (신기함은 곧 사라질 것이다.)
The letters on the gravestones have **wore off**.
　　(묘석의 글자는 지워져 있었다.) * wear off : 점점 사라지다

12) 점점 사라지다 ⇨ 감소하다/ 완화되다
Consumption of electricity **has fallen off** from last month's figure.
　　(전력 소비량이 지난달의 수치보다 떨어졌다.)
Radio audiences **have fallen off** since the spread of television.
　　(TV가 보급된 이래 라디오 청취율이 떨어졌다.)

His customers **dropped off.** (그의 고객이 줄어들었다.)
The situation **has eased off** at last. (마침내 사태가 완화되었다.)

13) 성공하다

The attempt **did not come off** as well as we had hoped.
(시도는 우리가 희망한 것처럼 성공하지 못했다.)
The wedding **went off** as planned.
(그 결혼은 계획대로 잘 진행되었다.)
How did your performance **pass off**?
(당신의 공연은 어떻게 성공했습니까?)
The conference **went off** well. (회의가 잘 진행되었다.)
I hope that by the time l retire I'll have enough money to **live off.**
(은퇴할 때 쯤 나는 살아갈 충분한 돈을 가지게 되기를 희망한다.)

14) 시작하다

What time does the concert **kick off**? (그 공연은 언제 시작하니?)

(나) 확장 3-A형식

주어 + 동사 + 명사(A) + OFF

주어가 A를 OFF 쪽으로 이동 시키다.

● 이 탈/ 분 리/ 단 절

1) 이탈/분리/단절

He had to **scrape** the old paint **off** the walls before applying the new paint. (그는 새 페인트를 칠하기 전에 낡은 페인트를 벽에서

벗겨내야 했다.)
Don't **break off** the branch. (가지를 꺾지 마시오.)
She kindly **knocked** the snow **off** the shoulder of my coat.
(그녀는 친절하게 내 코트의 어깨에서 눈을 두드려 털어 주었다.)
She **cleared off** the table. (그녀는 식탁을 깨끗이 치웠다.)
He **cut** the wire **off.** (그는 줄을 잘랐다.)
The whole town **was cut off** by the flood.
(전체 마을은 홍수로 인해서 고립되었다.)
Our electricity supply **has been cut off.**
(우리의 전력 공급이 중단되었다.)
Keep your dog **off** me! (당신의 개를 나에게서 멀리 하시오.)
Keep off the grass. (= **Keep** yourself **off** the grass.)
(잔디밭에 들어가지 마시오.)
Keep your hands **off**. (손으로 만지지 마시오,)
Hold your dog **off!** (너의 개를 가까이 못 오게 해라!)
Check each one **off** when you've completed it.
(다 마친 건 하나씩 표시를 해서 분리해 주세요.)
She **cut off** a slice of turkey and passed it to him.
(그녀는 칠면조 고기 한 조각을 잘라 그에게 주었다.)

2) 이탈/분리/단절 - 응용

Those two countries **have broken off** relations with each other.
(그 두 나라는 서로의 관계를 단절했다.)
Criminals **are** usually **cut off** from their families.
(범죄자들은 보통 가족에게서 의절 당한다.)
How did you **keep** your husband **off** alcohol all last year? (어떻게 남편이 작년 내내 술을 한 방울도 입에 대지 못하게 하셨어요?)
The man **has sworn off** alcohol forever.
(그 남자는 영원히 술을 끊겠다고 맹세했다.) * swear : 맹세하다
John's mother **let** her **off** cleaning the room last night.
(John의 어머니는 어제 밤 방을 치우지 않아도 된다고 말했다.)

You should eats lots of fruit and vegetable to **ward off** colds.
  (감기를 피하기 위해서 많은 과일과 야채를 먹어야 한다.)
  * ward off : 피하다, 물리치다
She **put** him **off** guard. (그녀는 그의 경계심을 풀어주었다.)

3) 이탈/분리/단절 ⇨ 제거하다

Work off your excess weight by swimming.
  (수영으로 군살을 빼시오.)
You must **put off** your doubts and fears.
  (의심과 두려움을 버려야 한다.)
The workers of the factory **have been laid off** on account of depression. (공장 노동자들은 불경기로 인해 해고당했다.)
The miners **were paid off** and the mine was closed.
  (광부들은 봉급을 받고 해고 되었고, 광산은 폐쇄되었다.)
He **turned** the servant **off** for misconduct.
  (그는 하인을 불량행위로 해고했다.)
I **sleep off** my headache. (나는 잠을 자서 두통이 나았다.)
You **must shake off** such a bad habit.
  (너는 그러한 악습을 떼어 버려야 한다.)
The thief ran fast and soon **shook off** his pursuers.
  (그 도둑은 잽싸게 달아나 곧 뒤쫓는 사람들을 따돌렸다.)
It's not easy to **shake off** bad habits.
  (나쁜 습관을 떨쳐버리는 것은 쉽지 않다.)
We **cross** his name **off**(the list).
  (우리는 그의 이름을 명단에서 지웠다.)
Please **wipe** that silly grin **off** your face.
  (제발 얼굴에서 바보 같은 웃음 좀 지워버려.)
This piece of bread **will stave off** hunger for a moment.
  (이 빵조각은 잠시 동안 배고픔을 없애 줄 것이다.)
  * stave off : 피하다, 미루다, 내쫓다
The frost **killed off** most of the insect pests.

(서리 때문에 대부분의 해충이 전멸했다.)

4) 이탈/분리/단절 ⇨ 제거 ⇨ 돈을 갚다

I need to **pay off** some loans. (나는 빌린 돈을 청산해야 한다.)

I **have cleared off** the money I borrowed from my friend.
(내 친구에게 빌린 돈을 다 갚았다.)

Once we **have paid off** the store, we shall owe money to no one.
(우리가 그 상점에 빚을 전부 갚으면,
아무에게도 돈을 빚지지 않을 것이다.)

5) 이탈/분리/단절 ⇨ 차단하다, 막다

The students **blocked** the halfway **off** with chairs.
(학생들은 의자로 복도를 막았다.)

We are going to **partition off** this office.
(우리는 이 사무실을 칸막이 할 것이다.)

We need to **close** these streets **off** so that we can fix the pipe problem. (우리는 파이프 문제를 해결하기 위해서 우리는 거리를 차단할 필요가 있다.)

The police **blocked** the roads **off** to the public in order to search for the criminal. (경찰은 범죄자를 찾기 위해서 길을 차단했다.)

She **curtained off** the room to give her guest some privacy.
(그녀는 손님들에게 개인적인 시간을 주기위해서
커튼으로 방을 차단했다.)

I think we **should screen off** part of that room and make it into two rooms.
(나는 그 방을 칸막이해서 방을 두 개로 만들어야 할 것 같아.)

They **headed off** the movement toward nomination of entirely new candidate.
(그들은 전혀 새로운 후보자를 지명하려는 움직임을 막았다.)

구동사 분류 및 정리

6) 이탈/분리/단절 ⇨ 벗다

Get your wet clothes **off**. (젖은 옷을 벗어라.)

He **took** his shoes **off** his feet. (그는 그의 발에서 신발을 벗었다.)

It's always polite to **take** your hat **off** when entering someone else's home. (다른 사람의 집에 들어갈 때 모자를 벗는 것은 항상 예의 있는 행동 이다.)

He **lifted off** his hat. (그는 그의 모자를 들어서 벗었다.)

The wind blew my hat **off** (my head).
   (바람 때문에 모자가 날라 갔다.)

The farmer **pulled off** the muddy boots.
   (농부는 진흙투성이의 장화를 힘들게 벗었다.)

7) 이탈/분리/단절 ⇨ 내리게 하다

Would you please **put** me **off** at the rail way station?
   (기차역에서 나를 내려 주시겠습니까?)

I told the driver to **let** me **off** at Fifth Street.
   (나는 5번가에 내려달라고 말했다.)

8) 이탈/분리/단절 ⇨ 끄다

Let's **turn off** the TV. (TV를 끄자.)

Please **put off** all the lights as you leave the room.
   (방을 나갈 때는 모든 불을 꺼주십시오.)

Please **turn** the air conditioner **off**. (에어컨을 꺼주십시오.)

Please **shut off** that terrible loud music!
   (저 지겨운 큰 음악 소리를 꺼 주십시오!)

Please **switch off** the light. (불을 끄시오.)

9) 이탈/분리/단절 ⇨ 정상이나 표준상태에서 벗어나게 하다

He did not eat the cheese because the smell **put** him **off**. (그는 치즈를 먹지 않는다. 왜냐하면 냄새가 그를 불쾌하게 하기 때문이다.)

Rude drivers who give people the finger really **tick** me **off**.

(사람들에게 욕하는 무례한 운전자들은 나를 정말로 화나게 한다.)
* tick off <미. 속어> 화나게 하다

10) 이탈/분리/단절 ⇨ 연기하다, 취소하다, 지연시키다

Tonight's concert **will be put off** till next week.
  (오늘밤의 공연은 다음 주로 연기 되었다.)

The game **was rained off** yesterday.
  (그 게임은 비로 어제 연기되었다.)

The opening game **was snowed off.**
  (개막식은 눈 때문에 취소되었다.)

Classes **were called off** today. (수업은 오늘 취소되었다.)

I keep asking for an appointment, but he keeps **putting me off.**
  (계속 만날 약속을 청하지만, 그 사람은 계속 미루고 있다.)

I had promised to go, but had to **cry off** at the last moment.
  (나는 갈 약속을 했으나 마지막 순간에 가서 취소해야 했다.)

We must **hold off** the enemy's attack.
  (우리는 적의 공격을 지연시켜야 한다.)

11) 분리/제거/단절 ⇨ 감소시키다

We **take** twenty percent **off**. (20% 할인하여 드립니다.)

Will you **knock off** 10 dollars from the price?
  (가격을 10달러 깎아 주겠습니까?)

They **laid off** 100 people this year alone.
  (그들은 올해에만 100명을 감축했다.)

12) 분리/제거/단절 ⇨ 끝내다

I **finished off** today's work. (나는 오늘 일은 끝냈다.)

He **brought off** the difficult job quite easily.
  (그는 꽤 어려운 일을 쉽게 끝냈다.)

He **tossed off** his homework in less than an hour.
  (그는 그의 숙제를 1시간도 채 못 되어 빨리 해치웠다.)

13) 분리/제거/단절 ⇨ 끝내다 ⇨ 성공시키다

I **brought off** the project because he helped me.
　　(나는 그가 도왔기 때문에 그 계획을 완수할 수 있었다.)
Jim's plan seemed hopeless but he **brought** it **off.**
　　(Jim의 계획은 가망 없게 보였지만 그는 이것을 성공시켰다.)
It was a daring attempt but he **carried** it **off.**
　　(이것은 대담한 시도였지만 그는 이것을 성공시켰다.)
He **pulled off** a good speculation. (그는 투기에서 성공했다.)

14) 뜯어먹고 살다, -으로 살다

You **can't live off** your parents your whole life.
　　(평생 부모님한테 의지하면 안 된다.)
He **sponges off** his sister. (그는 그녀의 누이에게 의지하면서 산다.)

15) 매수하다

The politicians **bought off** some people.
　　(그 정치인은 사람들을 매수했다.)
Don't try to **buy** me **off**. (나를 매수하려 하지 마라.)

● 떠나게 하다

16) 떠나게 하다

We **set** him **off** to a music camp. (우리는 그를 음악 캠프에 보냈다.)
My dad tried to **marry** me **off** to a local doctor when I was 20 years old.
　　(나의 아버지는 내가 20살 때 나를 지방 의사와 결혼시키려 했다.)
I **sent** all the letters **off** this morning.
　　(나는 모든 편지를 오늘 아침에 발송했다.)
He **was let off** with a fine. (그는 벌금을 물고 풀려났다.)

17) 떠나게 하다 - 응용

Sing a song to **drive off** those feelings of sadness.
(이러한 슬픈 감정을 날려 보내려면 노래를 불러라.)
I have to **walk off** this ache in my knee.
(나는 걸어서 무릎의 통증을 날려버려야 한다.)
I hope you **will sleep off** your bad temper.
(한숨 자면서 화난 마음을 풀어버리면 좋은데)
He was caught cheating buy tried to **laugh** it **off.**
(그는 시험 부정행위를 하다 붙잡혔지만, 웃어넘기려 했다.)
It takes me a long time in the morning to **shrug off** sleep.
(아침에 잠을 떨쳐 버리는데 꽤 시간이 걸렸다.)
* shrug off : 떨쳐버리다
Who **let off** that gun? (누가 그 총을 쏘았는가?)
Run off the water from a tank. (물탱크의 물을 쏟아 버렸다.)

18) 떠나게 하다 ⇨ 싸워 물리치다

We **cleared** them **off** fast. (우리는 그들을 빨리 쫓아버렸다.)
He **fought off** the gang of toughs.
(그는 폭력단의 일당을 싸워 물리쳤다.)
How **can** we **keep** the wolves **off**?
(어떻게 늑대를 물리칠 수 있을까요?)
It is my duty to **fend off** a thief. (도둑을 막는 일이 나의 임무이다.)
* fend : 저항하다, 다가서지 못하게 하다
We have to **hold off** the enemy's attack.
(우리는 적의 공격을 물리쳐야 한다.)
The boxer **polished off** the opponent in the third round.
(그 권투 선수는 3회전에 상대방을 해치웠다.)

19) 떠나게 하다 ⇨ 시작하게하다

The Smith situation **spark off** a lot of controversy.
(스미스 사건은 많은 논쟁에 불을 당겼다.)

She **led off** the meeting with a brief talk on the history of the company.
(그녀는 회사 연혁에 대한 간략한 말로 회의를 시작했다.)
The arrest of the men's leader **touched off** a riot.
(그들의 지도자를 체포한 것이 폭동을 유발시켰다.)

20) 떠나게 하다 ⇨ 과시/ 돋보임

The blue suit really **sets off** your eye color.
(파란 옷이 너의 눈동자 색을 돋보이게 한다.)
She likes to **show off** her figure by walking around in tight clothes. (그녀는 타이트한 옷을 입고 걸으면서 외모를 자랑해 보이고 싶어 한다.)
The host **showed off** his rare stamps to all his guests.
(주인은 모든 손님들에게 희귀한 우표를 자랑스럽게 보여주었다.)
cf. He's such **a show-off.** (그는 무척 뻐기는 사람이야.)

21) 떠나게 하다 ⇨ 거절/무시

He **brushed off** my advice. (그는 나의 충고를 무시해 버렸다.)
He **shrugged off** the accident.
(그는 사고를 아무렇지 않다는 듯이 넘겨버렸다.)
I guess my relationship with my girlfriend is over because she keep **blowing** me **off.** (나는 그녀와의 관계가 끝났다고 생각한다. 왜냐하면 그녀가 계속해서 나를 무시하기 때문이다.)

22) 떠나게 하다 ⇨ 방출

The kettle **was letting off** a shrill whistle. (주전자에서 날카로운 소리가 새어나오고 있었다.) * shrill : 날카로운
Cheap oil **gives off** unpleasant smell. (싼 기름은 악취를 발한다.)
Rotten eggs **give off** a bad smell. (썩은 계란은 악취를 발한다.)
His breath **smells off** garlic. (그의 입에서 마늘 냄새가 난다.)

23) 떠나게 하다 ⇨ 폭발시키다.

He **set off** the dynamite. (그는 다이너마이트를 폭발시켰다.)
Terrorists **set off** bombs in the subway.
(테러리스트들이 지하철에서 폭탄을 폭발시켰다.)

(3) AWAY

AWAY는 항상 부사로만 사용됩니다. 전치사로는 사용되지 않습니다. 즉 AWAY 바로 뒤에는 명사가 나오지 않습니다.

FOR → TO → IN(INTO) → **A** → OUT → OFF → * **AWAY**

A라는 장소에 **들어가고 나가는 상황**을 표시할 경우 위와 같은 전치사 혹은 전치사적 부사가 사용됩니다.
먼저 왼쪽의 **for/to/in(into)**을 설명하도록 하겠습니다. 앞에서 설명한 것처럼 for는 A를 향해서(목표) 가는 것을, to는 실제로 A에 도착하게 됨을 나타냅니다. 그리고 in(into)은 도착한 장소 내부로 들어가는 것을 의미 합니다.
이제 오른쪽의 **out/off/away**를 설명하도록 하겠습니다.

어떤 장소의 내부에서 외부로 나가는 행동은 out입니다. 그리고 그 장소를 떠나 다른 곳으로 가는 것은 off, 더 나아가 눈에서 보이지 않는 곳으로 더 멀리 사라져 가는 것은 away입니다.

* **AWAY FROM**
AWAY와 AWAY FROM의 관계는 OUT과 OUT OF의 관계와 같습니다. OUT과 OUT OF의 관계는 이미 1권에서 설명 했었고, 뒤에 다시 OUT을 설명할 때 설명하도록 하겠습니다.
'**멀리 사라지다**'는 **AWAY**입니다. 그런데
'**-으로부터 사라지다**'는 **AWAY FROM**입니다.

The prisoners broke away. (죄수들은 도망쳤다.)
The prisoners broke away **from the guards.**
　(죄수들은 **간수들로부터** 도망쳤다.)

(가) 확장1-A형식

주어(A) + 동사 + AWAY

주어(A)가 스스로 AWAY 쪽으로 이동하다.

1) 떠나다

He couldn't **get away from** the office at five.
(그는 다섯 시에 사무실을 나갈 수 없었다.)

The boy **ran away** and went to sea.
(그 소년은 가출하여 선원이 되었다.)

I saw him **steal away from** the room.
(나는 그가 몰래 방에서 나가는 것을 보았다.)

The lady **slipped away** without being seen.
(그 부인은 들키지 않고 살짝 가버렸다.)

At the age of 17, she **broke away from** her family and moved to Seoul. (17세에 그녀는 가족과 떨어져 서울로 옮겨왔다.)

They **moved away from** this town when I was only a child.
(내가 아이였을 때, 그들은 이 마을에서 이사하여 떠났다.)

Go away and leave me alone. (가버려. 혼자 내버려 둬.)

Stay away from me. (나에게 가까이 오지마라.)

2) 떠나다 - 응용

When he looked her in the eyes, she blushed and **looked away.**
(그가 그녀의 눈동자를 쳐다보자 그녀는 얼굴을 붉히며
눈길을 돌렸다.) * blush : 얼굴을 붉히다

Charitable organizations make it policy not to **turn away** for help.
(자선 기관은 도움을 거절하지 않는 것을 방침으로 하고 있다.)

The balcony **broke away from** the wall of the house.
(발코니가 그의 집의 벽에서 무너져 내렸다.)

He wanted to **get away from** her boring chattering.
(그는 그녀의 지루한 수다로부터 벗어나고 싶었다.)

He **will not back away from** his promise. (그는 그의 약속으로부터 물러서지 않을 것이다. → 그는 그의 약속을 꼭 지킬 것이다.)

She **cannot but shrink away from** any physical contact.
(그녀는 어떠한 육체적 접촉에도 몸을 움츠리지 않을 수가 없었다.)

She began **staying away** two or three nights a week.
(그녀는 일주일에 2,3일씩 외박하기 시작했다.)

The clouds **rolled away** as the sun rose.
(해가 떠오르자 구름이 걷혔다.)

The water **had** all **boiled away.** (이 모두 끓어서 증발해 버렸다.)

3) 떠나다 ⇨ 도망치다

One of the prisoners **got away**. (죄수들 중 한 명이 도망쳤다.)

A pick pocket **went away** with my wallet.
(소매치기가 나의 지갑을 갖고 도망쳤다.)

His prisoner **broke away from** his guards.
(그 죄수는 간수에게서 도망쳤다.)

The soldiers threw down their arms and **ran away.**
(군인들은 무기를 버리고 도망쳤다.)

Both the brothers **made away** at the sight of the police dog.
(경찰견을 보자 두 형제는 달아났다.)

The prisoner succeeded in **stealing away** under the cover of night.
(그 죄수는 야음을 타서 탈출에 성공했다.)

4) 떠나다 ⇨ 출발하다

The race horses **got away** at once from the gate.
(경주마들은 게이트에서 일제히 출발했다.)

I **must dash away** now, I'm already late for school.
(나는 빨리 떠나야 한다. 이미 학교에 늦었다.)

5) 떠나다 ⇨ 서서히 없어지다(점진적 소멸)

The sound of the drums gradually **died away.**
(북소리가 점점 멀어졌다.)

The letters on the gravestones have **wore away** with time.
(묘석의 글자들이 세월과 함께 닳아 없어졌다.)

cf. The letters on the gravestones have **wore off.**
(묘석의 글자는 지워져 있었다.) * wear off : 점점 사라지다

We watched the sun **fade away** into the night.
(우리들은 태양이 어둠 속으로 사라져가는 것을 보았다.)

She **pined away** every night, thinking of her lost love.
(헤어진 사랑을 생각하면서, 그녀는 매일 밤 야위어 갔다.)
* pine : 애타게 그리워하다, 갈망하다

The custom is now beginning to **pass away.**
(그 습관은 현재 사라지기 시작하고 있다.)

6) 죽다

His father **passed away** yesterday evening.
(그의 아버지가 어제 저녁에 돌아가셨다.)

She **passed away** peacefully last night.
(그녀는 어제 밤에 평화롭게 죽었다.)

7) 계속/ 반복

* 보통 진행형 시제나 계속의 의미를 갖는 동사들과 쓰일 때

You **can talk away** as long as you like.
(원하는 만큼 계속 지껄여도 좋아.)

I**'ve been working away** in the kitchen all afternoon.
(나는 오후 내내 부엌에서 일했다.)

He **puffed away.** (그는 담배를 뻐끔뻐끔 빨았다.)
* puff : 담배를 뻐끔뻐끔 피다

The speaker keeps **hammering away** at his point.
(연사는 그의 강조점을 계속해서 반복했다.)

(나) 확장 3-A형식

주어 + 동사 + 명사(A) + AWAY

주어가 A를 AWAY 쪽으로 이동 시키다.

1) 떠나게 하다

Whoever comes to my home before six o'clock, you should **send them away** saying that I'm not home. (여섯시 이전에 내 집에 오는 사람은 누구라도 내가 집에 없다고 말하고 보내라.)

He **pushed away** the book I offered him.
(그는 내가 내민 책을 밀어냈다.)

Please **get** me **away from** here. (제발 여기서 나가게 좀 해줘.)

His parents **sent** him **away** to school in England.
(그의 부모는 그를 영국에 있는 학교로 보냈다.)

The miser **gave away** all his money to the poor.
(그 구두쇠는 가난한 사람들에게 모든 돈을 나누어 주었다.)

The winds **blew** the tents **away**. (텐트가 바람에 날려갔다.)

My car **was towed away** by the police tow truck.
(내 차는 경찰 견인차에 의하여 견인되었다.)
* tow : (차, 배 등을 밧줄 사슬로) 끌어당기다

2) 떠나게 하다 ⇨ 떼어놓다

This book is so interesting that I have a hard time **tearing** myself **away from** it.

(이 책은 너무 재미있어서 책에서 나를 떼어 내기가 힘들다.)

3) 떠나게 하다 응용

He **bartered away** his position.
(그는 욕심에 눈이 멀어 지위를 팔아 넘겼다.)
The doctor **was called away from** the meeting.
(그 의사는 회의에서 불려 나갔다.)
Why did you **give away** his secret?
(왜 너는 그의 비밀을 폭로했느냐?)
She **laughed away** my request. (그녀는 나의 요구를 웃어 넘겼다.)
I made a joke, but she **turned** it **away.**
(내가 농담을 했으나 그녀는 그것을 외면했다.)

4) 떠나게 하다 ⇨ 쫓아내다

He **scared away** the children from the party.
(그는 아이들을 위협해서 파티에서 쫓아냈다.)
The farmer **drove** the wolf **away.** (농부는 늑대를 쫓아버렸다.)
The waiter **turned away** the beggar. (웨이터는 거지를 쫓아냈다.)

5) 떠나게 하다 ⇨ 치우다

After playing, the children **put away** their toys.
(놀고 나서 아이들은 장난감을 치워 두었다.)
Please **take away** this chair. (이 의자를 치우세요.)
Could you help me **put** these clothes **away**?
(이 옷들을 치우는 것을 도와주시겠습니까?)
Clear away the dishes. (식탁의 접시를 치워라.)

6) 떠나게 하다 ⇨ 서서히 없어지게 하다(점진적 소멸)

The rats **ate away** most of the wall.
(쥐가 벽 대부분을 갉아 먹었다.)
The acid **has eaten away** the metal. (산이 그 금속을 부식시켰다.)

My patience **was** almost **worn away** by his constant complaints.
(나의 인내심은 그의 끊임없는 불평에 의해 거의 닳아 없어 졌다.)

7) 죽이다

The old dog got so old and ill that it was kinder to **put** him **away** than to let him suffer. (그 개는 너무 늙고 아파서, 고통을 당하게 하느니 죽이는 것이 더 친절한 일이다.)

8) 시간을 보내다

Don't idle away your time. (시간을 헛되이 보내지 말라.)
I'm just **been whiling away** my time waiting for the train.
(저는 기차를 기다리면서 그저 느긋하게 시간을 보내고 있습니다.)
  * while : 느긋하게 보내다
He **fooled away** his whole life waiting for good luck.
(그는 행운을 바라면서 그의 전 인생을 바보처럼 소비했다.)
It is too easy to **dream away** the best years of your life.
(인생의 황금시기를 헛된 꿈을 꾸며 보내기는 너무 쉽습니다.)
Are you going to **moon away** the whole of your life waiting for him? (그를 기다리면서 너의 일생을 멍하니 보낼 작정이냐?)
  * moon : 달/ 멍하니 보다, 생각하다

9) 분리 - 빼앗다/ 가지고 가다

Mom came in and **snatched** the bottle **away.**
(엄마가 들어와서 (술)병을 낚아채 갔다.) * snatch : 잡아채다
Somebody **took away** my bag.
(어떤 사람이 내 가방을 가지고 가버렸다.)
How **can get** the ball **away from** the dog?
(저 개한테서 어떻게 해야 공을 찾아올 수 있을까?)
The policemen **carried away** the body.
(경찰관들은 그 시체를 가지고 가버렸다.)
You will never be able to **take away** my dream **away from** me.

(당신은 결코 나에게서 나의 꿈을 빼앗아 갈 수 없을 겁니다.)

10) 분리 - 제거하다

She turned round and **dabbed away** the tears with a corner of her handkerchief. (그녀는 돌아서서 손수건 한 귀퉁이를 가볍게 대서 눈물을 제거했다.) * dab : 가볍게 두드리다

We tried to **wipe away** all signs of our presence.
(우리가 있던 흔적을 닦아 없애려고 애를 썼다.)

He **cut** the dead branches **away**. (그는 죽은 나뭇가지를 제거했다.)

Part of the bridge **was washed away** by the heavy rain.
(다리 일부분이 많은 비에 소실되었다.)

John **threw** his old chair **away**. (그는 낡은 의자를 없애 버렸다.)

The wallpaper **had been stripped away** to reveal a beautiful mural on the wall.
(벽지를 벗겨내자 아름다운 벽화가 나타났다.) * mural : 벽화

11) 분리 - 차단

Keep him **away**! (그를 가까이 하지마라!)

12) 저축, 저장/ 멀리 떼어두다

The fox **buried** the rabbit **away** under a bush.
(여우는 토끼를 덤불 밑에 묻어<숨겨> 놓았다.)

They **stored** goods **away** in the back of the warehouse.
(그들은 물건을 창고 뒤에 쌓아 두었다.) * warehouse : 창고

People **pack** their clothes **away** after a season has ended.
(사람들은 계절이 끝나면 옷들을 싸서 보관한다.)

I have a little money to **put away** for a rainy day.
(만약의 경우를 대비해서 저축할 수 있는 돈이 조금 있어.)

I **filed** the letter **away** for future reference.
(나는 나중에 참고하기 위해 그 편지를 철하여 놓았다.)

13) 소모/감소

You would be surprised at the amount that boy **can put away** in a single day. (너는 그 소년이 하루에 먹어치우는 양에 놀랄 것이다.)

Too hard work **has worn away** her feminine characteristics.
(너무 힘든 노동이 그녀의 여성적인 자질을 점점 없애 버렸다.)

(4) AT

"전치사 AT의 기본 개념은 점(point)입니다."

이것은 전치사 at이 **at의 목적어 Y를 점으로 개념화함을 의미 합니다.**
'X **at** Y'에서 X는 Y의 한 점에서 만나게 됩니다. 반면에 'X **on** Y'에서 X는 Y의 한 면에서 만나게 되고, 'X **in** Y'에서 X는 Y의 내부 공간으로 들어가게 됩니다. 지금까지의 설명을 다음과 같이 정리해 보겠습니다.

　　　AT : 점
　　ON : 평면
　　IN : 공간(입체)

그래서 전치사 AT은 **시선, 마음, 정신 등을 집중(集中)하는** 표현에 사용됩니다. 보통의 행동에 비해서 집중하는 상태는 오래 유지하기가 힘듭니다. 그래서 순간적인 반응의 표현에 사용됩니다. 그리고 집중한다는 것은 당연히 **어떠한 의도**를 가지고 있습니다. 다음 예문들을 비교해 보기 바랍니다.

　　　He threw a ball **to** me. (그는 나에게 공을 받으려고 던졌다.)
　　　He threw a ball **at** me. (그는 나를 맞히려고 공을 나에게 던졌다.)

　　　He shouted **to** me. (그는 나에게 큰소리로 소리쳤다.)
　　　He shouted **at** me. (그녀는 나를 큰 소리로 꾸짖었다.)

　　　He ran **to** me. (그는 나에게 달려왔다.)
　　　He ran **at** me. (그는 나에게 달려들었다.)

지금까지 설명한 것을 염두에 두면서 예문을 읽어 보시기 바랍니다.
예문을 보기 전에 전치사 AT은 동(動-이동)적인 상황보다는 정(精-상태)적인 상황을 표현하는데 사용된다는 것과 확장 3-A형식으로 사용되는 표현은 없다는 것을 말씀드립니다.

(가) 확장1-A형식

주어(A) + 동사 + AT + 명사(B)

주어(A)가 B 라는 상태에 있다.

1) 시선: -을 보다

I **look at** her. (나는 그를 보았다.)
Will you please **look at** the battery of my car?
　　(내 차의 충전지를 봐 주시겠습니까? → 검사해 주시겠습니까?)
I **peered at** me over the top of his glasses. (그는 그의 안경 너머로 나를 힐끔 보았다.) * peer : 자세히 들여다보다.
People on the street turned to **stare at** him.
　　(사람들은 돌아서서 그를 뻔히 쳐다보았다.) * stare : 응시하다
He **gazed at** the stranger's face. (그는 낯선 사람의 얼굴을 뚫어지게 들여다보았다.) * gaze : 응시하다
The beggar **glanced at** me. (거지가 나를 흘끗 보았다.)
The old man **glared at** the rude boy.
　　(노인은 버릇없는 소년을 노려보았다.)
He **frowned at** her. (그는 그녀를 보고 눈살을 찌푸렸다.)
He **nodded at** her uncertainly.
　　(그는 그녀를 보고 어색하게 고개를 끄덕였다.)
He **gaped at** her in surprise. (그는 놀라서 그녀를 보고 멍하니 입을 벌리고 있었다.) * gape : 입을 딱 벌리다

2) 한 점에 집중 - 목표, 겨냥, 표적

I **aimed at** the door but hit the window.

(나는 문을 겨냥했으나 창문을 맞추었다.)
The factory **must aim at** increasing production.
  (그 공장은 생산성 증가에 목표를 두어야 한다.)
He **shot at** the deer, but missed it.
  (그는 사슴을 목표로 총을 쏘았지만 빗나갔다.)
It is rude to **point at** people.
  (사람들을 손가락으로 가리키는 것은 무례하다.)
What **is** he **driving at**? (그 사람의 의도가 뭐지?)

3) 한 점에 집중 ⇨ 공격(한 점을 향해 달려들다.)
The bear **came at** me. (곰이 나를 공격했다.)
The mad dog **flew at** us. (그 미친개가 우리에게 달려들었다.)
The dog **made** straight **at** him with a roar.
  (그 개는 으르렁거리며 곧장 그에게 덤벼들었다.)
His father **yelled at** his son for being late.
  (그의 아버지는 그가 늦었다고 고함쳤다.)
Mother **spoke at** me. (어머니가 나에게 야단 쳤다.)
Mother **shouted at** me. (어머니가 나에게 큰소리로 야단 쳤다.)
He **dashed at** me. (그는 나를 해하려고 달려들었다.)
He **swore at** the dog when he tripped over it.
  (개에 걸려서 개에게 욕을 했다.)
  * swear : 맹세하다 // swear at : -에게 욕하다
The two animals **were tearing at** each other's necks.
  (두 동물은 상대의 목을 쥐어뜯고 있었다.)
The mad dog **bit at** me on the street.
  (미친개가 길에서 나에게 덤벼들었다.)

4) 한 점에 집중 ⇨ 포착
John **jumped at** the opportunity. (John은 그 기회에 덤벼들었다.)
He **will grab at** any opportunity to make money.
  (그는 돈을 벌기 위한 어떤 기회라도 움켜쥐려고 할 것이다.)

She snapped at the chance to get a loan.
  (그녀는 대부를 받을 수 있는 기회를 덥석 낚아챘다.)

5) 어떤 점(장소, 시간 등)에 가다

Put the food where the cat **can't get at** it.
  (고양이가 닿을 수 없는 곳에 음식을 두어라.)
On **arriving at** the station, she rang up her mother.
  (역에 도착하자마자 그녀는 어머니에게 전화를 걸었다.)
He **arrived at** the age of forty. (그는 나이가 40에 달했다.)
A man **has called at** my house to read the gas meter.
  (가스계량기를 검침하기 위하여 사람이 왔다.)

6) 어떤 점(장소, 시간 등)에 가다 - 추상적 상황

I **got at** the root of a problem. (나는 문제의 핵심을 파악했다.)
She **jumped at** my proposal.
  (그녀는 나의 청혼을 기꺼이 받아 들였다.)

7) 비웃다, 놀리다

Don't **laugh at** people for being poor.
  (가난하다고 해서 사람들을 비웃지 마라.)
A rationalist **smiled at** the thought.
  (합리주의자들은 그 생각을 비웃었다.)
The children **jested at** the fat boy.
  (아이들은 그 뚱뚱한 소년을 놀렸다.) * jest : 농담, 조롱

cf 행위의 반복, 미종결을 나타내는 AT

*1권 '이제영어의의문이풀렸다'에서도 잠시 언급한 내용이지만 다시 정리하고자 합니다.

많은 문법책에서 자동사는 목적어를 취할 수 없기 때문에 자동사가 목적어를 취하려면 전치사의 힘을 빌려야 한다고 합니다. 예를 들어 LOOK이라는 동사는 자동사이므로 '-을 보다'라는 의미로 사용되기 위해서는 전치사 AT이 필요하다는 것입니다.

Tom **looked at** the mountain.

그래서 문법적으로 '**자동사+전치사는 타동사구**'라고 정의해 놓고 있습니다. 먼저 동사 LOOK이 자동사인가 하는 의문이 생깁니다. 확실히 LOOK은 바로 뒤에 직접 목적어를 취하지는 않습니다. 그러나 상식적으로 LOOK은 SEE나 WATCH와 의미가 같습니다. 이들 두개의 동사가 직접적으로 목적어를 취하는 타동사인데 LOOK만 자동사 취급을 하는 이유를 쉽게 납득하기 힘듭니다. **이렇듯 우리는 전형적인 타동사와 목적어 사이에 전치사 at 또는 on이 위치하고 있는 것을 자주 보게 됩니다.** 논리적으로 이해가 되지 않았던 이 문제에 대해서 지금부터 설명하려고 합니다.

우리는 많은 표현에서 '**전치사가 진행형 또는 그와 유사한 의미를 가지고 있음**'을 볼 수 있습니다.

I'm **IN** teaching. (나는 교직에 종사하고 있다.)
I'm **ON** teaching. (현재 가르치고 있는 **중이다.**)
She is **IN** the shower. (그는 샤워**중이다.**)
I was **ON** the computer. (나는 컴퓨터를 하고 있었어.)
I've been **ON** the phone with her.
　　(나는 지금까지 그녀와 통화**중이었다.**)
I'm **ON** a diet. (나는 다이어트 **중이야.**)

전치사가 진행형 또는 그와 유사한 의미를 가지고 있다는 것은 두 가지 정보를 우리에게 전달해 줍니다.

구동사 분류 및 정리

첫째, 그 행위를 지금 계속해서 하고 있다 - 반복
둘째, 아직 끝나지 않았다, 목표를 달성하지 않았다. →
경우에 따라서는 달성하지 못할 수도 있다.

먼저, 첫 번째 의미를 설명해 보겠습니다.

    a. He **knocked** the door. (그는 문을 두드렸다.)
    b. He **knocked AT** the door. (그는 문을 **계속해서** 두드렸다.)

a 문장은 그가 문을 두드리는 행동을 하는 것이 전부 끝난 뒤(문을 두드린다는 목적을 모두 달성한 뒤에), 그러한 행위가 객관적인 사실이 된 후에 그것에 대한 표현입니다. 반면에 b문장의 경우는 해석된 것처럼 그 행위를 **계속 반복**하고 있다는 것을 나타내어 줍니다. 예문을 하나 더 보겠습니다.

    a. He is trying to **get** his enemy.
       (그는 자기의 적을 잡으려고 하고 있다.)
    b. He is trying to **get AT** his enemy.
       (그는 자기의 적을 잡으려고 **여러 차례** 노력하고 있다.)

이번에는 <u>두 번째 의미</u>를 설명하겠습니다.

    a. He **snatched** the ball. (그는 그 공을 채 갔다.)
    b. He **snatched AT** the ball <u>but dropped it</u>.
       (그는 공을 잡으려 했지만 놓쳐 버렸다.)

a 문장의 경우 앞에서 설명한 것처럼 행동을 하는 것이 전부 끝난 것을 의미하고 있습니다. 그래서 그 공은 그의 소유가 되었습니다. 그러나 b 문장의 경우처럼 실패할 수도 있습니다. 그래서 만약 뒤의 but dropped it이 없다면 He snatched at the ball. 이라는 표현만 보고서 그의 행동이 목적을 달성했는지의 여부를 알 수 없습니다.

전치사 ON의 경우도 AT과 마찬가지로 생각하시면 되겠습니다. 비슷하기는 하지만 ON은 '계속'의 의미가 강하고 AT은 '반복'의 의미가 강합니다. 예문을 제시하는 것으로 ON에 대해서는 가름하려고 합니다.

She insists **on** finishing a picture.
(그는 그림을 완성하기를 주장했다.)
The radio was reporting **on** the dead in a flood.
(라디오에서는 홍수로 인한 사망자에 대한 보도가 흘러나오고 있었다.)

8) 반복의 AT

If you **keep at** your work, you will finish it soon.
(만약 당신이 일을 계속하면, 당신은 그것을 곧 끝낼 것입니다.)
Knock at the door and it will be open.
(두드려라 그러면 열릴 것이다.)
He **tapped at** the glass with his finger.
(그는 계속해서 손가락으로 유리잔을 두드렸다.)
A drowning man **will catch at** a straw.
(물에 빠진 사람은 지푸라기라도 붙잡는다.)
She **gnawed at** her fingernails. (그녀는 계속해서 손톱을 물어뜯었다.)
  * gnaw : 물어뜯다
Stop **picking at** your food and just eat it!
(음식을 집적대지 말고 그냥 먹어!)
They saw the old horse **nibbling at** the vine. (늙은 말이 포도 덩굴을 계속 물어 뜯는 것을 보았다.) * nibble : 조금씩 물어뜯다
It is hard to break the leaves from the grape vine, so the horse **pulled at** them. (포도나무에서 잎을 떼어내는 것이 어렵기 때문에 그 말은 계속해서 그것들을 잡아 당겼다.)

cf. <전치사> 순간

① 순간 - 자극에 대한 '반응'을 나타내는 AT

At the sight of me, he ran away.
= **As soon as** he saw me, he ran away.
(나를 보자마자 그는 도망갔다.)

I wondered **at** his calmness. (나는 그의 침착성에 놀랄 뿐이었다.)
She burst into tears **at** the sad news.
(그녀는 슬픈 소식을 접하고 갑자기 울기 시작했다.)
I was surprised/amused/pleased **at** his behavior.
(나는 그의 행동에 놀랐다/ 즐거웠다/ 기뻤다.)
I'm really angry **at** him for standing me up.
(나를 바람맞히다니 정말 화가 나.)

* 다른 전치사와의 비교를 해 보겠습니다.

  a. They rejoiced **at** my success.
  b. They rejoiced **over** my success.
  (그들은 나의 성공에 기뻐했다.)
    - a. 일반적인 반응과 자극 관계, b. 지나칠 정도의 반응

  a. I am pleased **at** her success.
  b. I am pleased **with** her success.
  (나는 그녀의 성공에 기뻤다.)
    - a문장보다 b문장에서 기분의 감정이 오래 지속됨을 나타낸다.
      * at : 순간

② 순간 - 변화의 과정상의 AT I

The moon is **at** its full/half/crescent.
(달의 상태가 지금 보름달/반달/초생달이다.)
The train was going **at** 60 miles an hour.
(기차는 시속 60마일로 가고 있다.)

At the age of six we could read well.
(여섯 살 때 우리는 잘 읽을 수 있다.)

③ **순간 - 변화의 과정상의 AT II**

He is working **at** his computer. (그는 컴퓨터에서 일하고 있다.)
She is **at** breakfast. (그녀는 아침 식사 중이다.)
She is never **at** peace with herself. (그녀는 마음이 편치 못하다.)
Traffic in the city is **at** a complete standstill.
(도시의 교통은 완전히 마비 상태다.)
Our children's education is **at** stake.
(우리 자녀의 교육은 위험에 처해 있다.)
Your big moment is **at** hand.
(당신의 중요한 순간이 가까이 다가왔다.)

④ **순간 - 변화의 과정상의 AT III : AT + 건물**

He is **at** school. (그는 수업중이다.)
He is **at** church. (그는 예배를 보는 중이다.)
He is **at** the bank. (그는 은행 일을 보는 중이다.)
He is **at** the cinema. (그는 영화 관람 중이다.)
He is **at** the hotel. (그는 호텔에 투숙하고 있다.)
He is **at** the football match. (그는 축구시합에 가서 구경하고 있다.)

   cf. **Where** is he?   He is **at** the cinema.
      장소의 AT - 그는 영화관 안에 있습니다.
      What is he at?   He is **at** the cinema.
      변화의 과정상의 AT - 그는 영화를 보고 있습니다.

⑤ **기능, 역할**

John shines **at** tennis, but he's not good at golf.
(John은 테니스는 잘하지만 골프는 못한다.)
John is an expert **at** chess. (John은 체스에 전문가이다.)
Tom is very good **at** English. (Tom은 영어를 매우 잘 한다.)

(E) OVER/above/beyond
↔ UNDER/beneath/below

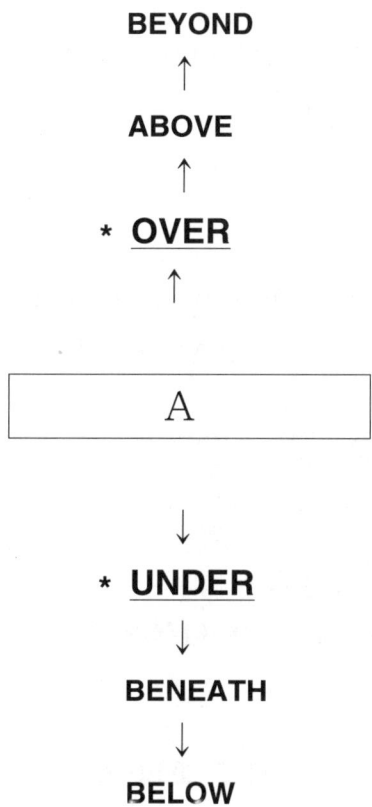

A라는 물체의 바로 위를 나타내는 것이 over입니다. 그리고 over 보다 좀 더 위는 above, 그것보다 더 위는 beyond가 나타내는 영역입니다. 반대로 A라는 물체의 아래는 차례대로 under/ beneath/ below입니다.

(1) OVER/above/beyond

(1-1) OVER

OVER는 위치상 어떤 물체의 **바로 위**를 나타냅니다. OVER가 나타내는 두 개체의 관계는 다음과 같이 나타낼 수 있습니다.

X   over   Y

이 때 X와 Y는 대부분 닿지 않게 됩니다. **만약 닿는다면 ON이 사용될 것입니다.** 여러분은 손을 들어 머리 위에서 둥그런 **호를 그리며** 흔들어 보시기 바랍니다. 그 영역이 OVER가 나타내는 영역입니다.

OVER가 이동 동사와 같이 사용되면 우리말로 '넘어가다'와 '건너가다'의 의미를 표현하게 됩니다. 그래서 OVER는 ABOVE(-위에)와 ACROSS(-을 건너다)를 합해놓은 듯합니다.

이것을 우리말로 표현하면 **'-위로 건너가다'** 라는 의미를 나타냅니다.

마지막으로 'X OVER Y'에서 **위에 위치한 X가 아래에 위치한 Y보다 더 큰 물체**라는 것을 기억해 주시기 바랍니다. 이것은 X가 Y보다 세력이 더 크다는 의미도 됩니다.

그리고 OVER가 들어가는 표현의 대부분은 **둥근 호의 궤적**을 가지고 있습니다.

(가) 확장1-A형식

<u>주어(A)</u> + 동사 + OVER + <u>명사(B)</u>

주어(A)가 스스로 B 쪽으로 이동하다.

구동사 분류 및 정리

1) -를 넘다(-위를 횡단하여 건너다)
Come over and have a drink. (건너와서 한잔 마셔라.)
He **had gone over** to the other. (그는 다른 편으로 넘어 갔다.)
What time do you think you **could get over** my house?
  (몇 시 쯤 우리 집에 올 수 있을 것 같아?)
The storm soon **blew over**. (폭풍이 곧 지나갔다.)
You should look both ways before you **cross over**.
  (길을 건너기 전에 양쪽을 살펴야 한다.)
They **got over** to the other side while the light was red.
  (빨간 신호일 동안 그들은 저쪽으로 건너갔다.)
I **went over** to talk to friend.
  (나는 친구와 이야기하기 위해 저쪽으로 갔다.)
All rights **carry over** to the purchaser.
  (모든 권리는 구매자에게 넘어간다.)
 He **skipped over** some chapters. (그는 몇 장을 건너뛰면서 읽었다.)

2) 넘다 ⇨ 극복하다(넘는 대상이 슬픔, 어려움)
He **hasn't got over** the death of his wife yet.
  (그는 아직까지 그의 부인의 죽음을 극복하지 못했다.)
They **have to get over** the difficulty.
  (그들은 어려움을 극복해야만 했다.)
We must find a way to **bridge over** the difficulties.
  (우리는 그 어려움을 극복할 수 있는 방안을 찾아야 한다.)
I sold my car to **tide over** my period of unemployment.
  (나는 실업을 극복하기 위해서 차를 처분했다.)

3) -를 넘다 ⇨ 관대히 보아 넘기다
We **must look over** his faults. (우리는 그의 과실을 너그럽게
  봐주어야 한다. ← 그의 과실을 넘어가야 한다.)
We **passed over** his insulting remark.
  (우리는 모욕적인 말을 관대히 보아 넘겼다.)

You **may pass over** the details.
(너는 세부사항을 보지 않고 넘길지도 모른다.)

4) 넘다 ⇨ 조사하다, 훑어보다

We should like to **go over** the house before deciding to rent it.
(우리는 그 집을 임대하기에 앞서 샅샅이 둘러보고 싶다.)
Shall we **go over** the lesson once more?
(그 과를 다시 한 번 복습 할까요?)
Please **look over** the paper before submitting it.
(제출 전에 답지를 검토하시오.)
Run over lesson 10. (10과를 복습합시다.)
He **ran over** his notes before starting his lecture.
(그는 강의가 시작되기 전에 노트를 대충 훑어보았다.)

5) (걸려)넘어지다

He **fell over** a stone. (그는 돌에 걸려 넘어졌다.)
The girl **tumbled over** and hit her head.
(그 소녀는 넘어져서 머리를 찧었다.)
My mother **fell over** and hurt her knee.
(나의 어머니는 넘어져서 무릎을 찧었다.)

6) 뒤집다/ 구르다

I heard the clock, but I **turned over** and went back to sleep.
(나는 시계소리를 들었지만 몸을 뒤집어 다시 잤다.)
The barrel **rolled over.** (통이 데굴데굴 굴렀다.) * barrel : 통
His car **turn over** in the crash. (그의 차는 그 충돌로 뒤집혔다.)
Every time I **roll over,** I wake up because I put my weight on my wounded knee. (돌아누울 때마다, 다친 다리에 무게가 가해지기 때문에 나는 잠이 깬다.)

7) 넘치다, 흘러넘치다(초과)

- 물이 용기에서 흘러넘치는 상황을 생각해 보면 이해가 될 것입니다.

Don't let the stew **boil over**. (스튜를 끓어 넘치지 않도록 해라.)
The bathwater **is running over**! (목욕물이 넘쳐흐르고 있어!)
The coffee **might spill over**. (아마 커피가 엎질러 넘어질 것 같다.)

8) 넘치다, 흘러넘치다(초과) -추상적 상황

The union members **boiled over** with anger.
　(조합구성원들은 화가 끓어 넘쳤다.)
Prof. Kim **ran over** by 10 minutes.
　(김 교수는 10분이나 수업시간을 초과하였다.)
* It cost $20 and **over**. (그것은 20달러 이상 나간다. - 부사)

9) 넘치다, 흘러넘치다(초과) ⇨ 끝나다(시간의 초과)

The winter **is over**. (겨울이 끝났다.)
What time **does** your job **get over**? (언제 일이 끝나니?)
The war **is over**. (전쟁은 끝났다.)
The first act **was** already **over**. (제 1막은 이미 끝나 있었다.)
Our suffering **will** soon **pass over**. (우리의 고통은 지나갈 것이다.)

10) 덮음/드리움

It started to **cloud over**, so we packed up our things and went home.
　(구름이 드리워지기 시작해서 우리는 짐을 싸가지고 집으로 갔다.)
Doubt **hangs over** the question.
　(의혹이 그 문제 위에 드리워져 있다.)
A sudden change **came over**. (갑작스런 변화가 닥쳐왔다.)
The water **ran over** the field. (물이 밭을 덮었다.)
Deep darkness **came over** the land. (짙은 어둠이 대지를 뒤덮었다.)
Fear **has come over** me. (두려움이 나를 엄습해 왔다.)

11) 덮음/드리움 ⇨ 지배

Queen Elisabeth **reigned over** England for many years.
(Elisabeth여왕은 영국을 오랫동안 지배했다.)
* reign : 군림하다, 지배하다

He **presided over** the meeting. (그가 그 모임의 사회를 보았다.)
* preside : (집회, 회의 따위의) 의장이 되다, 사회하다

The city council **is presided over** by the mayor.
(시장이 시 의회를 관장한다.)

She **ruled over** the territory for more than 60 years.
(그녀는 그 영토를 60년 이상 지배했다.) * territory : 영토

The team **triumphed over** the opponent. (그 팀이 상대를 이겼다.)
* triumph : 승리/ 승리하다

The strong usually **dominate over** the weak.
(강자는 보통 약자를 지배한다.)

12) 덮음/드리움 ⇨ 감시

The soldiers **watch over** the country on the front.
(일선에서 군인들이 나라를 지키고 있다.)

13) 몸을 내밀다/몸을 앞으로 내밀어 굽히다

- 상체를 내밀게 되면 몸 전체가 둥근 호 모양이 됩니다.

She **leaned over** to see her reflection in the water.
(그녀는 물에 비친 자신의 모습을 보기 위해서 몸을 내밀었다.)

He **bent over** and his son climbed on his back.
(그는 몸을 숙였고 그의 아들이 등으로 올라갔다.)

He **leaned over** the fence. (그는 울타리 위로 몸을 내밀었다.)

The cliff **projects over** the sea. (절벽이 바다로 튀어나와 있다.)

14) 반복

Please **do over** the exercise until it is perfect.

(완전히 될 때까지 연습을 반복하여라.)

(나) 확장 3-A형식

주어 + 동사 + 명사(A) + OVER + 명사(B)

주어가 A를 B쪽으로 이동 시키다.

1) -를 넘게 하다(-위를 횡단하여 건너게 하다)

IN 1971 China's U.N seat **was turned over** to Beijing.
  (1971년에 중국의 유엔의석이 북경으로 넘어갔다.)
They **threw** bottles **over.** (그들은 병을 밖으로 던졌다.)
The police officer **pulled** me **over.** (경찰관이 나를 도로변으로 대게
  했다.) * pull over : 차를 도로변에 대다
We **won over** the chairman to our side.
  (우리는 회장님을 우리 편으로 <노력해서> 끌어들였다.)
Much treasure **was brought over** to this country.
  (많은 보물들이 이 나라로 옮겨 왔다.)
They **rowed** me **over** to the other side of the river.
  (그들은 노를 저어서 강 건너편으로 데려다 주었다.)
Why don't you **bring** your new boy friend **over** one evening?
  (너의 새 남자친구를 아무 때나 저녁에 데려오는 게 어때?)
I would **ask** you **over** for coffee, but the children are ill.
  (나는 너를 우리 집에 초대해 한 잔 하고 싶지만, 애들이 아파.)
When are we going to **invite** the Millers **over**?
  (Miller씨 부부를 언제 초대하지?)

2) -를 넘게 하다 - 추상적 상황

The matter **was hold over** until the next morning.
　　(그 문제는 다음 회의까지 연기 되었다.)
The basement **has been made over** into a workshop.
　　(지하실이 작업장으로 변경되었다.)

3) 넘기다, 양도하다

The office **was given over** to Mr. Kim.
　　(그 사무실은 김씨에게 양도되었다.)
He **handed over** his bag to the doorman.
　　(그는 도어맨에게 그의 가방을 넘겼다.)
The suspect **was handed over** to the FBI.
　　(그 용의자는 FBI에 넘겨졌다.)
He **signed over** the building to his son.
　　(그는 그의 아들에게 건물을 서명하여 양도했다.)
We has better **turn** the problem **over** to the director.
　　(우리는 그 문제를 지배인에게 넘기는 것이 좋겠다.)
He **made over** most of his land to his children.
　　(그는 대부분의 그의 땅을 그의 아이들에게 넘겼다.)
He **took over** the business from his father.
　　(그는 그의 아버지로부터 사업을 넘겨받았다.)

4) 넘치게 하다, 흘러넘쳐 내리게 하다(초과)

I **was brimming over** with questions, which I knew I couldn't be answered right away. (나는 의문으로 가득 차 있었지만<의문으로 넘쳐흐르고 있었지만>, 바로 답을 얻을 수 없다는 것을 알았다.)
　　* brim : (잔 등의) 가장자리 // brim over with : -으로 차 넘치다
Suddenly I couldn't suppress the contempt that **flowed over** me.
　　(갑자기 나는 넘치는 경멸감을 참을 수 없었다.)
　　* suppress : 억압하다, 가라앉히다
I paid my bill and have several pounds **left over.**

(계산을 치르고도 아직 몇 파운드 남아 있다.)

5) (보통 불쾌한 일을)끝내다

Let's **get** this **over** with. (이것을 끝내 버리자.)
We'll be glad to get this job over. (이 일을 끝내면 좋겠다.)

6) 넘어 뜨리다

The hurricane **blew over** the utility pole.
　(허리케인 때문에 전봇대가 넘어졌다.)
The baby **kicked** his milk bottle **over.**
　(아이가 자신의 우유병을 차서 넘어뜨렸다.)
The cow **knocked** the milk bucket **over.**
　(젖소가 우유 통을 넘어뜨렸다.)
She **knocked over** a lamp while she was dusting.
　(그녀는 먼지를 털다가 램프를 넘어뜨렸다.)

7) 넘어 뜨리다 ⇨ 공격하다

The storm **blew** everything **over**. (태풍이 모든 것을 날려 버렸다.)
The gang **did** him **over** so badly that he had to be hospitalized.
　(깡패가 몹시 때려서 그 사람은 병원에 입원해야 했다.)

8) 넘어 뜨리다 ⇨ 차로 치다

Her son **got run over** by a car. (그녀의 아들이 자동차에 치였대.)
The drunken man **was run over** by a truck.
　(술 취한 남자가 트럭에 치였다.)

9) 덮음/ 드리움

The earth **is sprinkled over** with flowers.
　(봄이면 대지가 온통 꽃으로 뒤덮인다.)
She **poured** syrup **over** the pancake.
　(그녀는 팬 케잌 위에 시럽을 부었다.)

We put a large board over the window.
(우리는 큰 널빤지로 창문을 덮어 씌웠다.)

10) (곰곰이, 자세히) 숙고하다, 검토하다, 조사하다

We don't have time to **chew over** the problem.
(우리는 그 문제를 오랫동안 반추해볼 시간이 없다.)

I will **talk** your suggestion **over** with my wife.
(나는 당신의 제안을 내 처와 신중히 이야기 해 보겠습니다.)

Please **think over** my offer and give me your answer tomorrow.
(내 제의를 잘 생각하시고 내일 회담을 주십시오.)

I **have turned over** the matter for week.
(나는 그 건에 대해서 1주일 동안을 신중하게 생각하였다.)

She has been **brooding over** her boy.
(그녀는 아들 걱정을 계속해오고 있다.) * brood : 알을 품다

The committee **mulled over** your suggestions.
(위원회는 나의 제안을 신중히 생각했다.) * mull : 숙고하다

He got out the map and **pored over** it.
(그는 지도를 꺼내서 세심히 들여다보았다.)

He **pored over** the problem. (그는 그 문제에 대해서 잘 생각해
보았다.) * pore : 숙고하다, 골똘히 생각하다

I will **look over** the mail carefully.
(나는 메일을 신중히 검토할 것이다.)

We **went over** the house thoroughly before buying it.
(우리는 집을 사기 전에 철저히 조사 했다.)

She **read over** the letter over carefully.
(그녀는 그 편지를 신중히 읽으면서 검토하였다.)

Mother **stood over** me all the while I finished my homework.
(어머니는 숙제를 끝내는 동안 내내 나를 지켜보고 계셨다.)

11) 몸을 내밀게 하다/몸을 앞으로 내밀어 굽히게 하다

His father **bent** him **over** and struck him with a cane.
(아버지는 그의 허리를 굽히고 매로 쳤다.) * cane : 막대기, 회초리

12) 뒤집다

He **turn over** the page. (그는 페이지를 넘겼다.)
The waves **turned over** our boat. (파도로 배가 뒤집혔다.)

(1-2) above

'-보다 앞선, -보다 위의' 뜻을 지닌 단어로서 '-의 위에'의 의미를 나타낸다. OVER 보다는 더 위의 위치의 영역을 표현한다. 어떤 대상의 위를 나타내는 OVER의 경우 그 대상과 접해있을 가능성도 있지만 above의 경우는 대상과 어느 정도 떨어져 있는 영역의 그림을 가지고 있다. 확장1-A형식의 예문만 제시하도록 하겠습니다.

(가) 확장1-A형식

주어(A) + 동사 + above + 명사(B)

주어(A)가 스스로 B 쪽으로 이동하다.

1) -위에
   The sun **climbed above** the clouds. (태양이 구름위로 떠올랐다.)
   The picture **is above** the mantelpiece.
      (그 그림은 벽난로 선반 위에 있다.)
      * mantelpiece : 맨틀피스(벽난로 앞면 주위의 장식적 구조 전체)
   His intelligence **is above** average. (그의 지능은 보통은 넘는다.)
   When he **gets** a bit **above** himself, he tends to be a nuisance.
      (다소 자만해지면, 그는 귀찮은 존재가 되기 쉽다.)
      * above oneself : 자만하는, * nuisance : 폐, 성가심
   He **is** immediately **above** me in rank.(그는 나보다 한 계급 높다.)

2) -위에 ⇨ 우월하다
   He **is** far **above** me in skiing.
      (그는 스키 타는데 있어서 나보다 훨씬 뛰어나다.)

3) be above -ing : 결코 -하지 않다

He **is above** ask**ing** for help. (그는 결코 도움을 청하지 않는다.)

He **is above** such behavior.
(그는 그러한 행동을 하지 않는다. ← 그는 그러한 행동 위에 있다.)

I **am not above** ask**ing** question.
(나는 질문하는 것을 부끄러워하지 않는다.)

She**'s above** do**ing** such a mean thing.
(그녀는 그런 비열한 짓을 할 사람이 아니다.)

She **is not above** read**ing** her own poems. (그녀는 자작시 낭독을
그리 싫어하는 것도 아니다. → 낭독하고 싶어 한다.)

His conduct **is above** suspicion. (그의 행동에는 의심의 여지가 없다.)

He **is above** rivalry. (그와 맞겨룰 상대는 없다.)

(1-3) beyond

beyond도 확장1-A형식의 예문만 제시하도록 하겠습니다.

(가) 확장1-A형식

주어(A) + 동사 + beyond + 명사(B)

주어(A)가 스스로 B 쪽으로 이동하다.

1) -의 저쪽에, -을 넘어서, -을 지나서

The house is **beyond** the bridge. (그 집은 다리 저 편에 있다.)
= The house is **on the far side of** the bridge.
Don't go **beyond** the town boundary. (시의 경계를 벗어나지 마라.)
= Don't go **past** the town boundary.
Don't go beyond the river. (강 너머로는 가지 마라.)
The trend **spread well beyond** eastern France.
(그 추세는 프랑스 동부를 훨씬 지나 퍼져 나갔다.)

2) -의 저쪽에, -을 넘어서, -을 지나서 ⇨ -을 능가하다

He **has gone** far **beyond** me in learning.
(학문에 있어서 그는 나보다 훨씬 뛰어나다.)

3) -의 저쪽에, -을 넘어서, -을 지나서 ⇨ -을 초월하다, 능력 밖이다 l

This book is of benefit, but it **is beyond** the reach of students.
(이 책은 매우 이로운 것이지만 학생들이 구하기에는 힘이 벅차다.)
It**'s beyond** me. (나로서는 알 수 없는 일이다.)

4) -의 저쪽에, -을 넘어서, -을 지나서 ⇨ -을 초월하다, 능력 밖이다 II

* beyond는 recognition, comprehension, belief, hope, endurance, recovery, 등과 같은 추상명사와 함께 쓰여 '-의 범위/한도를 넘어'의 의미를 나타낸다.

The horse became excited and **was** completely **beyond** our control
(그 말은 흥분해서 우리는 다룰 수 없다.)
His illness **is beyond** all hope. (그의 병세는 절망적이다.)
The boy was so kind that he **was beyond** all praise.
(그 소년은 너무도 친절해서 아무리 칭찬해도 부족했다.)
The beauty of the scenery **was beyond** all description.
(그 경치의 아름다움은 이루 말로 표현할 수 없었다.)
Why he did it **is beyond** my comprehension.
(그가 왜 그것을 했는지 나는 알지 못한다.)
The town has changed **beyond recognition**.
(그 도시는 알아볼 수 없을 정도로 변했다.)
Creativity is defined as **going beyond** the information given.
(창의성이란 주어진 정보를 넘어서는 것이라고 정의된다.)

cf <전치사> -외에

* 의문문이나 부정문에서 beyond는 except의 의미를 갖는다.

I know nothing **beyond** this. (이것 외에는 아무것도 모른다.)
He has nothing **beyond** his pension.
(그는 그의 연금을 제외하고는 아무런 수입이 없다.)

(2) UNDER/beneath/below

(2-1) UNDER

UNDER는 전치사로 사용되기도 하고 전치사적 부사로 사용되기도 합니다. 즉, UNDER 뒤에 명사가 나올 수도 있고 아무것도 나오지 않을 수도 있습니다. 앞에서 보았던 OVER와 정 반대 되는 의미라고 일단 개념을 잡으시기 바랍니다.

(가) 확장1-A형식

주어(A) + 동사 + UNDER + (명사(B))

주어(A)가 스스로 B 쪽으로 이동하다.

1) 아래에 위치하다, -아래로 가다

The dog **went** immediately **under** the table.
(그 개는 즉시 테이블 아래로 갔다.)

The baby birds **went under** the shadow of their mother's open wings. (아기 새들은 엄마 새가 펼친 날개 그늘 아래로 들어갔다.)

Go under the stairs if you are afraid of bombs.
(만약 폭탄이 두려우면 계단 아래로 가라.)

The cat **is lying under** the table.
(그 고양이는 테이블 아래에 누워 있다.)

2) -아래에 위치하다, -아래로 가다 - 응용

The ship **went under.** (그 배가 가라앉았다.)

A few years ago the president **came under** pressure to confess his wrongdoings to the American people. (몇 년 전에 대통령은

미국인들에게 잘못을 고백하라는 압력을 받았다.)

Many small firms **go under** to strong competition from big business. (대기업의 강력한 경쟁으로 파산하는 회사가 많다.)

How long can you **stay under**.
(당신은 물속에서 얼마나 있을 수 있습니까?)

3) 아래에 위치하다, -아래로 가다 : 지배를 받다, 굴복하다

We all had to **buckle under** to the director's order.
(우리는 중역의 명령에 굴복하지 않을 수 없었다.)

Woman have **knuckled under** for centuries.
(여성들은 수세기동안 지배를 받아왔다.)

* knuckle : 손가락 관절,
* knuckle down : 손가락 마디를 땅에 대다, 굴복하다

cf.<전치사>

Under Queen Elizabeth, England made progress in several important fields. (엘리자베스 여왕의 **통치 아래,** 영국은 몇 개의 중요 분야에서 진보를 했다.)

cf. <BE UNDER>

① BE UNDER (-아래에 위치하다)

The boys **are under** the big umbrella in the garden.
(그 소년들은 정원의 큰 우산 아래에 있었다.)

He **is under** a lot of pressure now.
(그 사람은 요새 스트레스가 심하다.)

John **is** directly **under** the general manager.
(John은 총 지배인 바로 아래 있다.)

The soldiers **are under** orders to leave next week.
(그 군인들은 다음 주에 떠나라는 명령을 받았다.)

He **was under** obligation to help us.
(그는 우리를 도울 의무를 가지고 있다.)

The ship **was under** quarantine for two weeks. (그 배는 2주일 동안 정선 기간 하에 있었다.) * quarantine : (검역) 정선 기간
Henry **is under** 20. (헨리는 20세가 안 되었다.)

② **BE UNDER (-아래에 위치하다) : -하는 중**
A increase in pay **is under** consideration. (임금 인상이 고려중이다.)
The building **is under** construction. (건물은 건설 중이다.)
You can't go along this road. It **is under** repair.
 (이 길은 갈 수 없습니다. 수리 중입니다.)
My wife **is under** treatment for rheumatism.
 (나의 부인은 관절염 치료를 받고 있다.)
The construction **is** now **under way.** (공사가 진행 중이다.)

cf<전치사>
 The terms //**under** discussion are favorable to them.
  (논의되는 조건들은 그들에게 이롭다.)
 The prisoner ran away //**under the cover of darkness.**
  (그 죄수는 야음을 틈타 도주했다.)
   * under the cover of A : A를 이용하여(틈타서)

③ **BE UNDER (-아래에 위치하다) : 분류**
'Went' **is under** the irregular past tenses.
 ('went'는 불규칙 과거 시제 아래에 속한다.)
Whales **come under** mammals, not under fish.
 (고래는 물고기가 아니라 포유동물에 속한다.) * mammal : 포유동물
Rabbits **comes under** the head of rodents.
 (토끼는 설치류에 속한다.) * rodent : 설치 동물

cf. <확장3-A형식>
 Potatoes and carrots **are listed under** root vegetables.
  (감자와 홍당무는 뿌리채소 아래에 열거된다.)

(나) 확장 3-A형식

주어 + 동사 + 명사(A) + UNDER + (명사(B))

주어가 A를 B쪽으로 이동 시키다.

1) -아래로 가게 하다

I'd love to go out with you but unfortunately I **have been snowed under** with work.
   (너와 데이트를 하고 싶지만 일에 푹 파묻혀 있어.)
Don't pull me **under**! (아래로 밀지 마라!)
He **hid** the knife **under** his blanket. (그는 칼을 담요 밑에 숨겼다.)
The children **were put under** the charge of a trained nurse.
   (아이들은 숙련된 간호원의 책임아래 놓여졌다.)

2) -아래로 가게 하다 ⇨ 진압하다, 굴복시키다

The rebels **were** quickly **brought under**.
   (폭도들은 신속하게 진압되었다.)
It was the tennis star's skill with ground strokes that **sent** his opponents **under**. (상대방을 굴복시킨 것은 그라운드 스트로크를 갖춘 그 테니스스타의 기술이었다.)
He tried hard to **keep under** his temper.
   (울화통을 터트리지 않으려고 무척 애를 썼다.)

(2-2) beneath

beneath는 딱딱한 문어체 어투로, under로 바꾸어도 거의 의미가 같습니다.

(가) 확장1-A형식

주어(A) + 동사 + BENEATH + 명사(B)

주어(A)가 스스로 B 쪽으로 이동하다.

1) -아래
Our possessions **lie beneath** the rubble.
(우리의 것은 자갈 속에 숨겨 두었다.)

2) -아래 ⇨ -보다 낮다
He **is beneath** me in rank. (그는 나보다 서열이 낮다.)
A bureau **is beneath** an agency. (국<局>은 청<廳>의 하부 기관이다.)

3) -아래 ⇨ 사회적으로나 도덕적으로 낮고 가치 없음
This book **is beneath** criticism. (이 책은 논평할 가치가 없다.)
He **is beneath** notice. (그는 주목할 가치도 없다.)
Such behavior **is beneath** you.
(그런 행동은 너의 체면을 떨어뜨린다.)
It **is beneath** your dignity to do such a thing.
(그런 짓을 한다는 것은 너의 위신 문제이다.)
He thought it **beneath** him to do such a thing.
(그는 그런 일을 한다는 것은 위신 문제라고 생각했다.)

(나) 확장 3-A형식

주어 + 동사 + 명사(A) + BENEATH + 명사(B)

주어가 A를 B쪽으로 이동 시키다.

1) -아래에 놓다

John **hid** the letter **beneath** a pile of papers.
(John은 그 편지를 서류 더미 밑에 숨겼다.)

Their major offensive is apparently designated to **bury** peace plan **beneath** the upheaval and devastation. (그들의 대규모 공세의 의도는 격변과 참화 속에 평화 계획을 묻어 버리려는 것임에 분명하다.)
  * upheaval : 격변, 동란, * devastation : 황폐하게 함; 황폐

(2-3) below

(가) 확장1-A형식

주어(A) + 동사 + BELOW + 명사(B)

주어(A)가 스스로 B 쪽으로 이동하다.

1) -아래(쪽)

The river **is below** the car. (그 강은 차 아래쪽에 있다.)
The dead sea **is below** sea level. (사해는 해발 아래에 있다.)
A corporal **is below** a major. (하사는 소령 아래쪽에 있다.)
The U-boat **lurked** deep **below** the surface of the water.
　　(그 잠수함은 수심 깊이 숨어 있었다.) * lurk : 숨다, 잠복하다
The sun **dipped below** the horizon. (태양이 지평선 아래로 졌다.)
　　* dip : (살짝) 담그다
He **is** next **below** me in the class.
　　(그는 학급 석차에서 내 바로 다음이다.)

(F) OUT ↔ IN...INTO

FOR → TO → *IN(INTO) → A → *OUT → OFF → AWAY

위에 표시한 것은 앞에서 AWAY를 설명하면서 제시했던 내용입니다. 이번에는 위에 나오는 6가지 전치사 또는 전치사적 부사 중에서 IN, INTO, 그리고 OUT에 대해서 설명을 하려고 합니다.

쉽게 IN과 OUT이 반대의 의미라는 것은 알 수 있을 것입니다. 우리말로는 이동 동사와 같이 사용되면 '안으로(IN)'와 '밖으로(OUT)'로 표현 됩니다. 이것이 IN과 OUT의 기본적인 모습입니다.

그리고 IN과 INTO를 같이 놓고 있지만 **INTO의 경우 IN이 가지고 있지 않은 의미를 가지고 있어서** 확실히 IN과는 구분이 되어야 할 전치사 일 뿐만 아니라, **'변화'를 나타낼 때 사용**되는 매우 중요한 역할을 합니다.

(1) OUT

먼저 OUT OF에 대해서 정리하도록 하겠습니다. OUT의 기본적인 의미는 물리적으로 '밖으로'의 의미입니다. '그는 밖으로 나갔다'를 영작하면 'He went out'입니다. 그러면 이제 '그는 방 밖으로 나갔다'는 어떻게 표현할까요? 다음과 같이 표현합니다.

He went **out of** the room.

위 와 같이 '-로부터 나가다'를 표현할 경우 OUT OF를 사용합니다. 밖으로 나가는 출발점을 명시할 경우, 즉 '-의 밖으로 나가다'는 표현은 'OUT OF'를 사용 합니다.

OUT도 다양한 의미를 가지고 있습니다. '밖으로 나가다'라는 의미가 가장 기본적인 OUT의 그림입니다. 여기서부터 소멸과 발생 등 다양한 의미가 생깁니다. 우리말로도 비슷한 개념이 있습니다.

나가다 ⇨ **불이 나가다** ⇨ **불이 꺼지다(소멸)**
⇨ **새싹이 나오다(발생)**

OUT의 그림을 더 정확하게 그려보도록 하겠습니다. 어떤 물체가 어떤 장소에서 단순히 나가는 것이 아니라 **부채꼴 모양으로 퍼지면서 뻗어(연장되어) 나가는 그림**을 그려보시기 바랍니다. 깊은 밤에 하늘로 비추어 퍼져나가는 한줄기 조명을 연상하면 이해에 도움이 될 것입니다.

아래 제시되는 OUT의 다양한 의미는 모두 위에서 제시한 기본 그림으로부터 확장됩니다.

(가) 확장1-A형식

주어(A) + 동사 + OUT

주어 스스로 OUT쪽으로 이동하다.

cf. 주어(A) + 동사 + **OUT OF** + 명사(B)

주어(A)가 스스로 B밖으로 이동하다.

1) 나가다, 떠나다
He **strikes out** on his own. (그는 자신의 길을 헤쳐 나갔다.)
Whenever he ate, food **fell out of** his mouth.
 (음식을 먹을 때마다 음식이 입 밖으로 떨어졌다.)
He **sped out**. (그는 재바르게 앞으로 나갔다.)

The book will **come out** soon. (그 책은 곧 출간될 예정이다.)
The workers in this factory **checked out** at 5.
　(이 공장의 직공들은 5시에 퇴근한다.)
We must not let the secret **get out**. (비밀을 누설해서는 안 된다.)
The river **winds** in and **out**.
　(그 강은 굽이굽이 돌아 들어가고 나온다.)
The first great diamond **came out of** South Africa.
　(최초의 큰 다이아몬드는 남아프리카에서 나왔다.)
Whenever he ate, food **fell out of** his mouth.
　(음식을 먹을 때마다 음식이 입 밖으로 떨어져졌다.)
Many spines **grow out of** their backs.
　(많은 가시들이 등에서 자라있다.)
Fishing boats **are sailing out of** sight.
　(낚싯배들이 시야에서 사라졌다.)
He **dropped out of** high school at the age of sixteen.
　(그는 16살 때 고등학교를 그만 두었다.)
The waiter **bowed out of** the room.
　(웨이터는 인사를 하고 방으로부터 나갔다.)
Can you **slid out of** the room without the teacher seeing you?
　(너는 선생님에게 들키지 않고 몰래 방을 빠져나갈 수 있니?)

2) 나가다 ⇨ 물러나다, 퇴진하다, 도망가다

Two club members **dropped out**. (두 명의 클럽회원이 탈퇴했다.)
The police are after you, you had better **clear out**.
　(경찰이 너를 쫓고 있으니 달아나는 것이 좋겠다.)
Three of the runners **dropped out**. (주자 중 세 명이 기권했다.)
The men in this factory **walked out** yesterday.
　(공장 밖으로 걸어 나갔다 ⇨ 이 공장사람들은 어제 파업했다.)

3) 나가다 ⇨ 출발하다, 착수하다, 시작하다

The train **pulled out** on time. (기차는 정각에 출발했다.)
The train **drew out** just as they reached the station.
　　(막 그들이 역에 도착했을 때 기차가 출발했다.)
The new government **set out** to educate the general public.
　　(신정부는 일반 대중의 교육에 들어갔다.)

4) 발생하다, 나타나다(발생)

A civil war **broke out** in Africa. (아프리카에서 내전이 발생했다.)
The picture **came out** very well. (사진이 아주 잘 나왔다.)
The gongs **rang out** in unison. (징소리가 한꺼번에 울렸다.)
Three chicks have **hatched out**. (세 마리의 병아리가 부화되었다.)
A strong wind began **issuing out of** a corner of the hall.
　　(광풍이 전각 모퉁이로부터 일어났다.)

5) 드러나다, 밝혀지다 / 두드러지다, 눈에 띄다

Jane's red hair made her **stand out** from the others. (Jane의 빨간
　　머리가 그녀를 다른 사람으로부터 한결 두드러지게 했다.)
The burglar **turned out** to be the doorkeeper.
　　(강도는 수위로 판명되었다.)
It **came out** that he had been seriously ill.
　　(그는 몹시 아팠던 것으로 밝혀졌다.)

6) 불이 꺼지다(소멸)

The campfire **went out** during the night.
　　(모닥불이 밤사이에 꺼졌다.)
The light keep **going out.** There must be a short somewhere.
　　(전기가 계속 나간다. 어디가 누전된 것이 틀림없다.)

7) 불이 꺼지다 ⇨ 소멸하다

Our food supplies are **running out**. (비축된 식량이 떨어져가고 있다.)
The fashion for miniskirts has **gone out.**

(미니스커트 유행은 이미 한물갔다.)
The tire **blew out** as I was driving to work.
(내가 직장으로 차를 몰고 가고 있을 때 타이어가 펑크 났다.)
Many old customs are gradually **dying out**.
(많은 옛 관습들이 차차 사라져 가고 있다.)
I'm afraid time has **run out**. (시간이 다된 것 같다.)
His patience **wore out** at last. (그녀는 드디어 참을 수 없게 되었다.)

8) 정신이 나가다, 기절하다

The heat was so great that several women **passed out**.
(날씨가 너무 더워서 여자 몇 사람이 기절했다.)
I was exhausted enough to **pass out**.
(너무 지쳐서 기절할 지경이다.)

9) 퍼지다, 늘어나다, 확장되다

It's spring, the days are **drawing out**. (봄이다, 해가 길어지고 있다.)
Many men **fill out** when they approach middle age.
(많은 사람들이 중년이 되면 살이 찐다.)

10) 버티다, 견디다

How long will out food supplies **hold out**?
(우리의 식량은 얼마나 지속될까?) *hold: 계속의 뉘앙스
The troops **stood out** until their ammunition was exhausted.
(그 군대는 탄약이 떨어질 때까지 버티었다.) *ammunition: 탄약

11) 철저하게 수행되다 (강조용법 – 동사의 뜻이 더 중요함)

Our clothes soon **dried out**. (우리의 옷은 곧 말랐다.)

이제 영어의 의문이 풀렸다2

(나) 확장 3-A형식

주어 + 동사 + 명사(A) + OUT

주어가 A를 OUT쪽으로 이동시키다.

cf. 주어 + 동사 + 명사(A) + **OUT OF** + 명사(B)

주어가 원인이 되어 명사(A)를 B밖으로 이동시키다.

1) 나가게 하다, 내놓다

He **took** me **out** to dinner. (그는 저녁식사에 나를 데리고 갔다.)

He **swung out** his mighty sword. (그는 그의 엄청난 칼을 휘둘렀다.)
He **acted out** his convictions.
　(그는 그의 신념을 행동으로 나타내었다.)
The telephone **woke** me **out of** a deep sleep.
　(깊이 잠들어 있는 것을 전화가 깨었다.)
I **checked out** this book from the library.
　(나는 도서관에서 이 책을 대출하였다.)
Who **leaked out** the news to the press?
　(누가 그 뉴스를 신문에 알렸느냐?)
The doctor told me to **stick out** tongue.
　(의사가 나에게 혀를 내밀라고 말했다.)
The dentist **took(pulled) out** my tooth. (치과의사는 내 이를 뺐다.)
He picked a thorn **out of** his finger.
　(그는 가시 하나를 그의 손가락에서 뽑았다.) * thorn: 가시
The experts **put out** a blue card.
　(그 전문가는 파란카드를 내 놓았다.)

2) 나가게 하다 ⇨ 쫓아내다, 몰아내다

They **threw** the drunken man **out of** the cafe.

(그들은 곧 술 취한 사람을 카페에서 몰아내었다.)

He **turned out** the beggar by force.
 (그는 그 거지를 강제로 몰아냈다.)
They **kicked** him **out of** a house. (그들은 그를 문밖으로 내 쫓았다.)
Sweep the rebels **out**! (반도들을 소탕하도록 하라!)
Clear out all your old clothes. (헌옷을 모두 버려라.)
Don't **shut** me **out**. (저를 밖에 내쫓지 마세요.)
They **smoked out** snakes from a hole.
 (그들은 연기를 피워 뱀들을 쫓아 버렸다.)
Don't kick the cat **out** like that. (고양이를 그렇게 차서 내쫓지 마라.)

3) 제거하다, 제외하다, 생략하다

Doctor **cut out** my tonsils. (의사는 나의 편도선을 떼어냈다.)
 * tonsils: 편도선
He **cut out** my trousers very well. (나는 그의 바지를 잘 재단했다.)
The printers have **missed out** a line. (인쇄공은 한 줄을 빼먹었다.)
Paint those pictures **out**. (그 그림들을 페인트로 지워라.)
We must **root out** corrupt practices.
 (부패한 관습을 뿌리 뽑아야 한다.)
The police **must stamp out** our social evils.
 (경찰은 사회악을 근절시켜야 한다.)
The regulations **rule out** anyone under the age of eighteen.
 (규칙에 의하면 18세 이하는 제외된다.)
A nuclear war may **wipe out** the whole world.
 (핵전쟁은 전 세계를 파괴할 수도 있다.)
He **washed** a strain **out of** his handkerchief.
 (그는 손수건에서 얼룩을 씻었다.)
She **was beating** the dust **out of** the carpet.

(그녀는 카펫을 두들겨 먼지를 털어내고 있었다.)

4) 나가게 하다 ⇨ 돈을 내다
He **lays out** his money with care. (그는 돈을 신중하게 썼다)
It is typical of him to **plunk out** the whole cost all at once.
　　(갑자기 모든 비용을 탁 보란 듯이 지불하는 것이 그의 특징이다.)
　　*plunk:쿵하고 던지다

5) 불을 끄다
Be sure to **put out** the light before you go to bed.
　　(자러가기 전에 반드시 불을 꺼라.)
Blow out a lamp. (램프를 불어 꺼라.)
He let the child **blow out** the candle.
　　(그는 아이에게 에게 촛불을 불어서 끄게 했다.)
The dry grass caught fire, but we **beat** it **out.**
　　(마른 풀에 불이 붙었지만, 두들겨서 껐다.)
The dry grass caught fire, but we **beat** it **out.**
　　(마른 풀에 불이 붙었지만, 두들겨서 껐다.)
Be sure to **tread** the fire **out** before you leave.
　　(떠나기 전에 불을 밟아서 확실히 끄도록 해라.) *tread: 밟다

6) 만들다, 생산하다(물건을 만들어 공장에서 내놓다)
This factory **puts out** a variety of articles.
　　(이 공장은 여러 가지 물건을 생산한다.)
You have to **make out** a new list of members.
　　(너는 새 회원 명부를 작성해야 한다.)
They **handed** the test **out** and scored it.
　　(그들은 그 시험을 출제하고 채점했다.)
You can **work out** an alternative lifestyle.
　　(당신은 대안적인 생활 방식을 만들어 낼 수 있다.)
Many authors **turned out** new novels.
　　(많은 작가들은 새로운 소설을 발표했다.)

I **struck out** a new plan for his future.
　(나는 장래에 대한 새 계획을 세웠다.)
They met to **map out** a plan of action.
　(그들은 모여서 행동계획을 짰다.)
He had to **work out** a new program.
　(그는 새로운 프로그램을 고안해야 했다.)

7) 발견하다, 찾아내다

The scientist **found out** laws. (그 과학자는 법칙을 발견해 냈다.)
He **thought out** a good plan for saving expenses.
　(그는 비용 절약을 위해 좋은 계획을 생각해 냈다.)
I will **search out** the truth. (나는 진실을 찾아내고야 말겠다.)
Their investigation **brought out** a surprising fact.
　(그들의 조사로 놀라운 사실이 밝혀졌다.)
He **pointed out** the advantages of the proposal.
　(그는 그 제안의 장점을 지적했다.)
I **dug out** old trousers to give to the boy.
　(나는 그 소년에게 주기 위해서 낡은 바지를 찾아냈다.)
The detective could **smell out** the burglary plot.
　(그 형사는 강도음모를 탐지해 낼 수 있었다.) *burglary: 강도질

8) 알아내다, 이해하다

I can't **figure** you **out**. (너를 도무지 이해할 수 없어.)
We can't begin to **make out** the network.
　(우리는 그 네트워크를 이해하는 것을 시작조차 할 수 없다.)
I could **pick out** the passage with ease.
　(나는 그 구절을 쉽게 이해할 수 있었다.)
We have **found** him **out**. (우리는 그의 정체를 알아차렸다.)
He managed to **work out** the coded message.
　(그는 그럭저럭 그 암호를 전부 해독했다.)
I succeeded in **puzzling out** the mystery of the case.

(나는 곰곰이 생각하여 그 사건의 수수께끼를 풀 수 있었다.)

9) 해결하다

He **straightens out** its troubles. (그는 그것의 문제를 해결했다.)
Both sides had trouble **hammering out** a deal.
　　(양측은 거래를 끝내는데 어려움을 겪었다.)
I **ironed out** mos of the present difficulties.
　　(나는 당면한 어려움의 대부분을 해결했다.)
The mediator was sent in to help **work** things **out** between the opposing sides. (그 중재자가 대립하는 양측사이의 상황을 해결하기
　위해서 파견되었다.)

10) 수행하다 (carry out)

Scientists **carried out** tests on 47 female monkeys.
　　(과학자들은 47마리의 암컷 원숭이들에 대한 실험을 수행했다.)
You should **follow out** your plan if you wish to accomplish anything. (무엇인가를 이루고 싶으면 당신은 당신의 계획을 끝까지 해
　내야 한다.)
Jack Nicklaus first **thinks out** the shot.
　　(Jack Nicklaus는 먼저 머릿속에서 자신의 shot을 해 본다.)
He **acted out** his beliefs. (자기의 신념을 행동으로 실행하였다.)
He **averaged out** the minus and the plus.
　　(그는 minus와 plus를 평균을 냈다.)

11) 선택하다, 골라내다 / 지적하다

The president finally **picked out** his successor.
　　(사장은 마침내 자신의 후계자를 선택했다.)
Pick out the magazine you wish to borrow.
　　(빌려가고 싶은 잡지를 고르시오.)
My teacher **singled out** me for praise.
　　(선생님은 상을 주기 위해서 나를 선출했다.)
Are you sure you don't mind my **pointing out** your mistakes?

(내가 너의 실수를 지적해도 되겠니?)
The committee **chose** president **out of** the members.
(위원회는 member들 중에서 사장을 선출했다.)

12) 소리를 내다, 말하다, 표현하다

Please **speak out** what you want to say.
(네가 말하고자 하는 바를 털어 놓으시오.)
He **rolled** his words **out.** (그는 말을 굴려 내었다.)
The policeman **blared out** a warning.
(그 경관은 소리쳐서 경고 했다.) * blare: <나팔을> 울리다
In his anger, he **blurted out** the secret.
(홧김에 그는 비밀을 불쑥 말해 버렸다.) *blurt: 불쑥 말하다
She **read out** the letter.
(그녀는 우리에게 큰 고리로 그 편지를 읽어 주었다.)

13) 꾸짖다, 야단치다

The teacher **chewed** me **out** for being late.
(선생님은 늦은 것에 대해서 나를 꾸짖었다.) * chew: 씹다
She **bawled out** the child for his mistake.
(그녀는 그 아이가 잘못을 저질렀다고 야단쳤다.) *bawl: 고함치다

14) 확대하다, 확장하다, 펼치다, 늘리다

She tried to **straighten** her son **out.**
(그녀는 그녀의 아들을 바로 잡아보려고 했다.)
At the table he **put out** dough, sticks and buttons.
(그는 테이블위에 진흙, 막대기와 단추들을 펼쳐놓았다.)
Children need plenty of space to **lay out** materials.
(아이들은 물건들을 펼쳐놓을 풍부한 공간이 필요하다.)
He **rolled** the map **out** on the table. (그는 지도를 책상위에 폈다.)
They tried to **draw out** the discussion.
(그들은 토론을 연장하려고 노력했다.)

She is **hanging out** th we washing in the yard.
　　(그녀는 뜰에서 세탁물을 널고 있다.)
She **smoothed out** the wrinkle in her dress.
　　(그는 옷에 있는 주름을 폈다.)
A tree **reaches out** its branches towards the light.
　　(나무는 빛을 향하여 가지를 뻗친다.)

15) 나누어주다, 배열하다
He **handed out** his property to his sons.
　　　　　= He **shared out** his property to his sons.
　　(그는 그의 재산을 아들들에게 분배해 주었다.)
An usher stood at the door **giving out** program.
　　(안내인이 프로그램을 배포하면서 문 앞에 서 있었다.)
He **dealt out** the cards. (그는 카드를 돌렸다.)
Tom decided to **pass out** the presents at the beginning of the party.
　　(Tom은 파티가 시작될 때 선물을 나누어 주기로 결정했다.)

16) 소멸하게하다 ⇨ 지치게 하다
Shopping **wears** me **out**. (쇼핑을 하면 피곤해 진다.)
All these hospital expenses have **cleared** me **out**.
　　(병원 비 때문에 나는 빈털터리가 되었다.)
She's **eating** her heart **out** for that boy.
　　(그녀는 저 소년 때문에 혼자 몰래 고민하고 있습니다.)
Hours of gardening in the sun have quite **knocked** me **out**.
　　(여러 시간동안 정원 일을 해서 나는 완전히 녹초가 되었다.)

17) 소멸하게하다 ⇨ 매진되다
He **sold out** his share of the business and retired.
　　(그는 기업의 소유주를 처분하고 은퇴하였다.)
The store **closed out** its stock of garden supplies.

(그 가게는 정원용품의 재고를 다 팔아 치웠다.)

18) 견디다
Will my cousin **last out** his new job?
(내 조카는 새 직업을 끝까지 견디어 낼까?)

19) 철저하게 수행하다
* 강조용법 – 동사의 뜻이 더 중요함
　　　　　OUT은 철저히, 완전히 등으로 해석된다.

I wish you'd **clear(clean) out** your drawers.
(서랍을 **깨끗이** 정리해라.)
You'd better **check out** the engine thoroughly.
(엔진을 **철저히** 점검해 보시는 것이 좋겠습니다.)
The mist came down and **blotted out** the view.
(안개가 끼어 시야가 가려졌다. *blot: 얼룩 / 더럽히다)
Just **hear** me **out.** (내 말을 **끝까지** 들어봐.)
Fill out this form! (이 양식을 **완전히** 기입하십시오.)
　cf. write out : 정서하다/모두 적다　try out : 철저하게 해 보다

(2) IN ...INTO

(2-1) IN

IN은 '들어가다'라는 의미가 대표적이고 결정적인 그림입니다. 다만 '어떠한 개체가 어떠한 장소에 들어가는 상황'을 **말하는 화자(話者)인 I와의 관계**를 중심으로 3가지로 구분해 볼 필요가 있습니다.

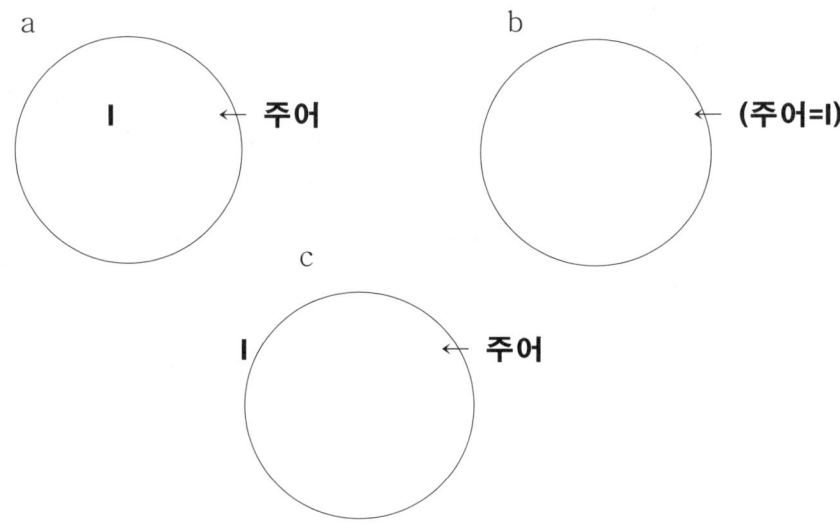

a)는 주어가 화자(話者)인 내(I)가 있는 장소로 들어오는 경우이고,
b)는 주어와 화자(話者)인 내(I)가 같은 사람이고, 내가 스스로 어떠한 장소로 들어가는 경우입니다. 마지막으로
c)는 주어가 화자(話者)인 내(I)가 위치해 있지 않은 다른 장소로 들어가는 경우입니다.

세 경우 모두 어떤 개체가 어떠한 장소로 들어가는 것은 마찬가지 이지만 상황에 따라 해석이 다르게 됩니다. b의 경우 '나는 -에 들어갔다'로 해석될 것입니다. a와 c경우 'She walked in'을 해석할 때 다르게 해석 될 것입니다.

a에서는 '그녀는 걸어 들어왔다'로 해석되지만 c에서는 '그녀는 걸어 들어갔다'로 해석됩니다.

그리고 이 장소는 구체적 장소 뿐 아니라, 시·공간상 혹은 추상적인 여러 영역일 수도 있습니다. 각각의 경우 우리말로 다양한 해석이 이루어지게 됩니다. 이러한 점들에 유의하면서 예문을 보시기 바랍니다.

(가) 확장1-A형식

주어(A) + 동사 + IN + 명사(B)

주어(A)가 스스로 B 쪽으로 이동하다.

cf <BE IN>
① **소속, 종사**

I was to **be in** business after university.
   (대학 졸업 후 나는 사업을 하고 싶어.)
She **is** still **in** college. (그녀는 아직 대학에 다니고 있습니다.)
I**'m in** teaching. (나는 교직에 종사하고 있다.)
   cf. I'm **on** teaching. (현재 가르치고 있는 중이다.)
      She is **in** the shower. (그는 샤워**중이다**.)
      She's **in** a meeting. (그녀는 모임**중이다**.)
   * shower나 meeting은 자체가 단기간이므로 종사의 의미가 나오지 않습니다.

She **has been in** hospital since last month.
   (그녀는 지난달 이래로 병원에 입원해 있다.)
She **was in** our English class last semester.
   (그녀는 지난 학기 우리와 같이 영어 수업을 들었어.)

② **상태 분위기**

He **was in** bad shape. (그는 몸이 안 좋았다.)
I**'m not in** the mood for American tonight.
　　(난 오늘 저녁 미국 음식 먹을 기분이 아니야.)
She **was not in** good mood. (그녀는 기분이 좋지 않다.)
Her teeth **were in** excellent repair.
　　(그녀의 치아는 아주 잘 치료되어 있었다.)
　cf. Her teeth **were on** repair. (그녀는 치아를 치료 중이다.)

My life **was in** jeopardy and that was far more important than money. (난 목숨이 위태로웠고 목숨이 돈보다 훨씬 중요했다.)
　＊ jeopardy : 위험
I**'m in** a big trouble. (나는 큰 곤란에 처해 있다.)
The fire **is in.** (불이 타고 있다.)
Is my article **in**? (내 논문이 실려 있나요?)
A new culture **was** firmly **in** place.
　　(새로운 문화가 확고히 자리 잡고 있었다.)

③ **한창 때/유행**

Short skirts **are in.** = Short skirts **are in** fashion.
　　(짧은 스커트가 유행이다.)
　　cf. This fashion is **out**. (유행이 지났다.)

The apples **are in** nowadays. (사과는 한창 때다.)
When will oysters **be in**? (굴은 언제 한창때가 될 것 같습니까?)
　＊ When did women's trousers **come in**?
　　(여자용 바지는 언제부터 유행되었나요?)

④ **착용**

She drove off when she saw he **wasn't in** uniform. (그녀는 그가 제복을 입지 않고 있는 것을 알고 자동차를 몰고 떠났다.)
She **is in** silk today. (그녀는 실크 옷을 입고 있다.)
　cf. He **is dressed in** rags. (그는 누더기를 걸치고 있다.)

⑤ **기타**

This is John. Is Mary **in**? (존입니다. 메리 있나요?)
The actor **was in** Shiri. (그 배우는 쉬리에 출연했다.)
He **won't be in** until seven o'clock. (그는 7시까지 없을 것이다.)

The Democratic party **is in** now. (민주당이 지금 집권당이다.)
　cf. The socialists **are out.** (사회당이 현재 야당이다.)

1) **들어가다/오다**

I hope you **can drop in** for a minute. (네가 잠시 들렀으면 좋겠다.)
He **checked in** at the Hotel Lotte as soon as he arrived in Seoul.
　(그는 서울에 도착하자마자 롯데 호텔에 투숙했다.)
I caught a taxi and **got in**. (나는 택시를 잡아탔다.)
Our competitor is trying to **muscle in** on our territory.
　(우리의 경쟁자는 우리의 영토에 억지로 들어오려고 시도 했다.)
The express from Pusan **pulled in** on time.
　(부산발 급행열차가 정각에 들어왔다.)
Coal gas was commonly used before natural gas **came in.**
　(천연 가스가 도입되기 전에는 석탄 가스가 사용되었다.)
The report **must be in** by Friday.
　(그 보고서는 금요일까지 제출되어야 한다.)
She was so tired that she **turned in** early.
　(그녀는 너무 피곤해서 일찍 잠자리에 들었다.)

2) 들어가다/오다 - 추상적 상황
* 어떤 행동 속으로 들어오는 것은 그 행동에 하는 것이다.

The people **acquiesced in** the President's decision. (국민들은 대통령의 결정에 마지못해 동의 했다.) * acquiesce : 동의하다
My friend **fell in** love with the secretary.
　　(나의 친구는 그 비서와 사랑에 빠졌다.)
You must **get in** touch with the person.
　　(너는 그 사람과 연락을 해야 한다.)

3) 들어가다/오다 ⇨ 참여하다/침입하다
The student hopes to **participate in** the Olympics.
　　(그 학생은 올림픽에 참가하기를 소망한다.)
Burglars **had broken in** while we were away on holiday.
　　(휴일에 우리가 나간 사이에 도둑이 침입하다)

4) 들어가다/오다 ⇨ 도착하다
The train **got in** three minutes early. (그 기차는 3분일찍 도착했다.)
What time are you **get in**? (너는 몇 시에 도착하니?)
Is the train **in** yet? (기차는 이미 도착했습니까?)
The winter is **in**. (겨울이 왔다.)

5) 들어가다/오다 ⇨ (계절, 추위, 더위 등이)시작하다
Take precautions before the cold weather **sets in.**
　　(추운 날씨가 시작되기 전에 미리 조심해라.)
If winter **set in** here, you won't be able to stand the cold.
　　(겨울이 되면 당신은 추위에 견딜 수 없을 것이다.)

6) 들어가다/오다/ ⇨ 짧아지다
The days begin to **draw in** after midsummer.
　　(한 여름이 지나면 낮이 짧아지기 시작한다.)

The days **are closing in.** (낮이 점점 짧아지고 있다.)

7) 들어가다/오다 ⇨ 끼어들다, 개입하다

We were talking quietly, when she **cut in.**
(우리가 조용히 이야기하고 있을 때 그녀가 끼어들었다.)
Stop **barging in** our conversation. (우리 대화에 끼어들지 마라.)
Don't **break in** while others talking.
(다른 사람들이 말하는 사이에 끼어들지 마라.)
Don't **interfere in** private concerns. (개인적인 일에 간섭하지 마라.)
You should not **meddle in** other people's affairs.
(남의 일에 쓸데없이 간섭을 마라.)
Don't **butt in**! You have to wait for your turn! (끼어들지 마세요!
차례를 기다리세요!) * butt: 머리로 받다, 부딪치다

8) -안에 존재하다/밖에 나가지 않고 있다

Happiness **consists in** contentment. (행복은 만족에 있다.)
True happiness **lies in** contentment. (참다운 행복은 만족에 있다.)
The supreme authority **resides in** the President.
(최고 권력은 대통령에게 있다.)
The doctor advised me to **stay in** for a few days.
(의사가 나가지 말고 며칠 동안 집에 있으라고 했다.)

9) 사방에서 들어오다 → 조여 들어오다

I feel like the walls **are closing in** on me.
(사방 벽이 나를 조여 오는 기분이다.)
The enemy troops **closed in** the city.
(적군이 그 도시를 사방에서 조여들어 왔다. → 포위했다.)

10) 손상, 붕괴, 골절

* 어떤 물체의 부분이 붕괴되면, 그 부분이 찌그러져
들어(IN)가게 됩니다.

The long rain caused the road to **cave in.**
  (장기간의 비로인해서 길이 붕괴되었다.) * cave : 동굴
Some people got trapped in when the building **fell in**.
  (건물이 무너졌을 때 몇몇 사람들이 갇혔다.)
The explosion caused the walls to **fall in**. (폭발로 벽이 무너졌다.)
The fragile door **gave in** helplessly when we pushed.
  (그 약한 문은 우리가 밀었을 때 어찌해 볼 도리도 없이 망가졌다.)
  * fragile : 부서지기 쉬운, 허약한

11) 손상, 붕괴, 골절 ⇨ 양보하다, 굴복하다
John never **gives in** to threats or bribes.
  (John은 결코 위협이나 뇌물에 굴복하지 않는다.)
Father finally **caved in** to my demand.
  (아버지는 결국 나의 요구에 굴복했다.)
Germany **caved in** due to lack of goods.
  (독일은 물자 결핍 때문에 항복했다.)
I have **given in** to his views. (나는 그의 견해에 굴복했다.)

12) 섞이다
The wall colors all **blend in** nicely **with** your wallpaper.
  (모든 벽 색깔은 너의 벽지와 근사하게 섞인다.)
I'm a shy person. I find a hard to **fit in** whenever I go to parties.
  (나는 매우 수줍어한다. 그래서
      나는 파티에 가게 될 때마다 섞이기 힘들다.)

13) 믿다
Can you **confide in** his honesty? (그의 정직성을 믿어도 좋을까?)
Don't you **believe in** ghosts? (유령의 존재를 믿지 않는 겁니까?)
I **believe in** getting plenty of exercise.
  (나는 운동을 많이 하는 것이 좋다고 믿는다.)

14) 전공하다

What did you **specialize in** at college.(대학에서 무엇을 전공했느냐?)

I **major in** economics at college. (나는 대학에서 경제학을 전공했다.)

15) 결과의 IN

The match **ended in** a victory for our opponents.
　　(시합은 결국 상대방의 승리로 끝났다.)

Eating too much often **results in** illness.
　　(너무 자주 많이 먹으면 병이 난다.)

(나) 확장 3-A형식

주어 + 동사 + 명사(A) + IN + 명사(B)

주어가 A를 B쪽으로 이동 시키다.

1) 들어가게(오게) 하다

The parliament is going to **bring in** legislation to control their activities.
　　(국회는 그들의 행동을 통제할 법률을 입안하려고 한다.)

Are you **paying in** or withdrawing?
　　(예금하시는 겁니까? 인출하시는 겁니까?)

Windows **let in** light and air. (유리창으로 햇빛과 공기가 들어온다.)

She **put** her head **in** at the window and looked around.
　　(그녀는 창문으로 얼굴을 내밀고 둘러보았다.)

He always **puts in** a word for her.

(그는 항상 그녀를 위해 말을 내놓는다. → 한마디 거들어 준다.)
I have **taken in** the English newspaper for five years.
(나는 그 영어 신문을 5년간 들어오게 했다. → 구독했다.)
He **mounted** the jewel **in** a ring. (그는 보석을 반지에 박아 넣었다.)
He **packed** his clothes **in** a bag.
(그는 그의 옷을 가방 안에 차곡차곡 넣었다.)
The show **will pull** crowds **in.**
(그 쇼는 많은 사람들을 끌어당길 것이다.)
She **arranged** flowers **in** the vase.
(그녀는 꽃꽂이해서 꽃을 화병에 꽂았다.)

2) 들어가게(오게) 하다: 추상적 상황 I - 행동에 들어가게 하다

His speech **left** me **in** no doubt that he is not a communist.
(그의 연설 때문에 나는 그가 공산주의자가
아닐 거라는 의심을 하지 않게 되었다.)
In his youth, he **was indulged in** gambling.
(젊었을 때, 그는 도박에 빠졌었다.)
He always **indulged** himself **in** drinking. (그는 언제나 술만 마셨다.)
She told the lie so well that I **was** easily **taken in.**
(그녀가 어찌나 거짓말을 잘 했던지, 난 쉽게 속아 넘어갔다.)

3) 들어가게(오게) 하다: 추상적 상황 II - 명심하다

Bear in mind that the train leaves at midnight.
(열차가 자정에 출발한다는 것을 명심해라.)
Keep in mind what I said. (내가 한 말을 명심해라.)

4) 들어가게(오게) 하다 ⇨ 끼워 넣다

I want you to **count** me **in** for the trip.
(나는 네가 그 여행에 나를 끼워주기 바래.)
He talked so fast that I could not **put in** a word. (그는 상당히 말을
빨리해서 나는 중간에 한마디도 끼워 넣을 수 없었다.)

5) 들어가게(오게) 하다 ⇨ 꿰뚫게 하다, 꽂다

Can you **stick** this **in** the board. (이걸 보드에 꽂아 둘래?)
Can you **plug** this cord **in**? (이 코드를 플러그에 꽂아 줄래?)

6) 들어가게(오게) 하다 ⇨ 제출하다

We **put in** a plea. (우리는 탄원서를 냈다.)
Turn in your paper as soon as you get it done.
 (완성되는 대로 너의 논문을 제출해라.)
Every student has to **hand in** an original composition each week.
 (학생들은 누구나 자기가 쓴 작문을 제출해야 한다.)
Give in your papers to the teacher by five.
 (보고서를 선생님한테 5시까지 제출해라.)
Have you **sent in** your application form?
 (당신의 지원서를 제출 했습니까?)
Let's all **chip in** and buy Susie a birthday present. (모두 돈을 좀
 내서 수지 생일 선물을 사 주자.)   * chip : 조각, (나무)토막

7) 들어가게(오게) 하다 ⇨ 흡수

She leaned over to **breathe in** the wonderful scent of the flowers.
 (그녀는 몸을 숙여서 그 꽃들의 좋은 향기를 들여 마셨다.)
The thirty plants **drank in(up)** the water I gave them.
 (마른 식물이 내가 준 물을 다 흡수했다.)

8) 들어가게(오게) 하다 ⇨ 이해하다

I couldn't **take in** all that the professor was saying.
 (나는 교수님이 말씀하신 모든 것을 이해 할 수 없었다.)
I could not **take in** what she said.
 (나는 그녀의 말을 이해할 수 없었다.)

9) 들어가게(오게) 하다 ⇨ 모으다/저장하다

The film **brought in** a lot of money at the box office.
(그 영화는 많은 돈을 벌어 들였다.)
Winter is coming, we **must lay in** some more coal.
(겨울이 닥쳐오고 있다. 우리는 석탄을 좀 더 많이 사들여야 하겠다.)
Mom's already **taken in** the washing and now she's folding it all.
(어머니는 이미 빨래를 걷었고 지금은 개고 있다.)
Let's **get** some more coffee **in** before we run out of what we have. (커피가 떨어지기 전에 좀 더 사오자.)
The policeman **brought** the man **in.** (경찰관은 그 남자를 연행했다.)
This tour **takes in** each of the five main islands.
(이 여행에는 5개의 중요 섬이 모두 포함되어 있다.)
Do you **have** enough paint **in**? (페인트를 충분히 사두었니?)
   * The librarian **has called in** all books.
(도서관 직원은 모든 책들을 반환해 달라고 요구했다.)

10) 들어가게(오게) 하다 ⇨ 도입시키다

We're going to **phase in** this system. (우리는 이 시스템을 단계적으로 도입하려고 한다.) * phase : (변화, 발달의) 단계

11) 들어가게(오게) 하다 ⇨ 채우다, 기입하다

I **inked in** the day of their wedding on my calendar.
(나는 달력에 그들의 결혼 날짜를 잉크칠 해 놓았다.)
Fill in the application form. (그 원서에 기재사항을 써 넣으시오.)

12) 들어가게(오게) 하다 ⇨가두어 넣다

Help! I'**m locked in**! (도와줘! 나는 갇혀있어!)
I **feel shut in** here. (나는 여기에 갇힌 것 같아.)
Some people **got trapped in** when the building fell in.
(몇몇 사람들이 건물이 무너질 때 갇혔다.)
We'll **get caught in** traffic. (우리는 교통 체증에 발이 묶일 거야.)

13) 들어가게(오게) 하다 ⇨ 가두어 넣다 ⇨ 억제하다

She **held** in her tears so that nobody could know how upset she was. (그녀는 다른 사람들이 그녀가 얼마나 심난한지를 모르도록 눈물을 참았다.)

Consumers **reined in** their spending during the recession.
　　(소비자들은 불경기에는 소비를 억제한다.) * recession : 불경기

14) 굴복시키다 - 길들이다

My dog is to **break in** dogs. (나의 직업은 개를 길들이는 것이다.)

15) 섞다

Do you want to try **mixing** this **in** with the butter?
　　(너는 이것과 버터를 섞기를 원하느냐?)

(2-2) INTO

INTO의 의미도 다양합니다. INTO는 'IN+TO'라고 생각하면 이해에 도움이 됩니다. IN은 '안으로'를 의미하고 TO는 '방향'을 의미합니다. **'-에 들어가다'**가 전치사 INTO의 대표적 의미입니다. 그래서 전치사 IN과 거의 같게 여겨지기도 하고, 실제로 '들어가다'라는 의미의 이동을 나타낼 경우 IN과 INTO 중 아무거나 사용하여도 의미상 큰 차이가 없습니다.

그런데 전치사 INTO는 IN이 가지지 못하는, 즉 전치사 IN과는 차별되는 두 가지 중요한 의미를 가지고 있습니다.

첫째, 많은 전치사와 전치사적 부사들 중에서 **'변화'를 나타내는 대표적인, 그리고 거의 유일한 전치사가 INTO입니다.** 아래 예문을 통해서 확인해 보시기 바랍니다. (cf. 변화를 나타내는 대표적인 동사는 TURN과 MAKE입니다. 즉 TURN과 MAKE가 변화의 INTO에 대응되는 기본 동사입니다.)

　　The machine **made** the rock **into** powder.
　　　(그 기계는 바위를 가위로 만든다.)
　　She **turned** her old dress **into** a shirt.
　　　(그녀는 그녀의 오래된 옷을 셔츠로 만들었다.)

물론 다음의 예문에서 보듯이 TO도 가끔씩 '변화'를 나타내기도 하지만 INTO를 간단하게 쓴 것 정도로 생각하시면 되겠습니다. <u>어찌 되었든 변화의 전치사는 INTO입니다.</u>

* **확장 1-A형식**
　　His voice **sank to** a whisper.
　　　(그의 목소리는 낮아져서 속삭임이 되었다.)
* **확장 3-A형식**
　　He **reduced** the marble **to** powder. (그는 대리석을 가루로 만들었다.)
　　She **knocked** the glass **to** pieces.
　　　(그녀는 그 유리를 쳐서 산산조각을 만들었다.)

He **was burning** them **to** ashes. (그는 그것을 태워 재로 만들었다.)

둘째, '-하게 하다'의 의미를 가지는 경우입니다. INTO의 이러한 의미를 설명하기 위해서는 먼저 <u>전치사 FROM</u>에 대해서 잠시 설명해야 할 것 같습니다. 왜냐하면 FROM의 경우 많은 분들이 숙어로 알고 있어서 이해하기가 용의하기 때문입니다. 다음을 보시기 바랍니다.

주어 + **prevent** + 명사(A) + **FROM** + 명사(B)
　　　　stop
　　　　keep
　　　　prohibit
　　　　hinder 등

아마 많이 본 숙어일 것입니다. **'A가 B하는 것을 막다, 방해하다'**라고 외우셨던 기억이 나시죠? 예문을 보시겠습니다.

His father's death **kept** him **from** go**ing** abroad.
(그의 아버지의 죽음 때문에 그는 해외로 가지 못했다.)

이렇게 해석되는 이유는 전치사 FROM이 가지는 의미 때문입니다. FROM의 의미에 대해서는 1권을 통해서 설명했었고, 이 책에서도 FROM의 예문을 제시하면서 설명해 놓았습니다. 모르시는 분들은 FROM을 먼저 읽어 보는 것도 이해하는데 도움이 될 것입니다.
이때 이러한 FROM의 의미와 반대되는 전치사가 INTO입니다. 즉 **'A가 B하게 하다'**라는 표현에 INTO가 사용됩니다.

주어 + 동사 + <u>명사(A)</u> + INTO + <u>명사(B)</u>

해석법: 주어가 A가　B행동을 하게하다.
　　　* B는 동작, 상태 등을 의미하는 추상 명사/ 동명사(ing)

The clever salesman **cheated** the old lady **into** giving him all her money.
　　　　　　　　　　　　　　　(A)　　　　　　(B)

(그 영리한 상인은 늙은 숙녀를 속여서 모든 돈을 그에게 주게 했다.)
*cheat: 속이다

위 문장에 사용된 INTO는 기본적으로 '들어가게 하다'의 의미를 가지고 있습니다. 위의 형식을 '주어+동사+명사(A)+전치사+명사(B)'의 확장 3-A형식의 기본적인 해석법에 맞게 정리하면 '주어가 원인이 되어 A를 B라는 행동 속으로 들어가게 하다'가 됩니다. 영어에서는 추상적인 행동도 사물처럼 취급해서 흔히 표현합니다. 사람이 어떠한 행동에 들어가면 그러한 행동을 한다는 해석이 됩니다. 이에 따라서 이 형식의 해석법은 최종적으로 '주어가 A를 B행동을 하게 하다'가 됩니다. 예문을 더 보겠습니다. 동사는 보지 마시고 형식에 집중하십시오.

She **argued** her husband **into** leav**ing** his job.

(그녀는 남편한테 회사를 그만두라고 설득했다.)
The little boy **tricked** his sister **into** ly**ing** for him.
(그 작은 소년은 그의 여동생에게 그 자신을 위해 거짓말하도록 속였다.)

이 때 동명사 자리에 추상명사가 올 수도 있습니다.

The speaker **worked** the crowd **into** a fever of excitement.

(그 연사는 교묘히 청중들을 흥분하게 했다.)

INTO는 이 외에도 물리적 상황과 추상적 상황에 따라서 여러 가지 다양한 의미를 가지고 있습니다.

(가) 확장1-A형식

주어(A) + 동사 + INTO + 명사(B)

주어(A)가 스스로 B로 **변화**, 이동하다.

1) 들어가다
He **ran into** the building. (그는 빌딩으로 달려서 들어갔다.)
He **popped into** the room.
  (그는 재빨리 방에 들어갔다.) * pop : 펑 터지다
One of the arguments in favor of birth control is that only those children **come into** the world who are genuinely wanted.
  (산아 제한을 찬성하는 주장 중의 하나는 진정으로 원하는 아이들만 세상에 태어난다는 것이다.)
A murky cloud **floated into** the palace.
  (먹구름이 궁중으로 날아들어 왔다.)
The mountain **projected into** the sea.
  (산은 바다 속 멀리 삐죽 나와 있다.)
He **would creep into** the kitchen late at night.
  (그는 밤늦게 부엌으로 기어 들어가고는 한다.)
I **loaded into** the bus. (나는 버스에 올라탔다.)
The river **discharges into** a lake. (강물은 호수로 흘러 들어간다.)

2) 들어가다 : 추상적 상황
He tried to **get into** her good favour.
  (그는 그녀의 호의를 얻으려 했다.)
It is not ease to learn to **fit into** a group.
  (어떤 집단에 적응한다는 것이 쉬운 일이 아니다.)
She **could fall into** a stupor. (그녀는 죽을 수 도 있을 것이다)
The word **spring into** most of our head.

(그 단어가 우리 대부분의 머릿속에 떠올랐다.)

3) 들어가다 ⇨ 침입하다

Thieves **broke into** our apartment last night.
(지난밤 도둑들이 우리 아파트에 침입했다.)

4) 충돌하다

She **bumped into** another customer. (그녀는 다른 고객과 부딪혔다.)
As soon as he went off to university, he **ran into** some problems.
(그가 집을 떠나 대학에 가자마자 몇 가지 문제에 부딪혔다.)
He **is slamming into** the road head first.
(그는 머리가 먼저 길에 부딪혔다.)
The brakes failed and the car **ran into** a wall.
(브레이크가 고장 나서 차가 벽을 들이받았다.)
I **backed into** another car. (나는 후진하면서 다른 차를 들이받았다.)

5) 충돌하다 ⇨ 공격하다

He **pitched into** his attacker. (그는 자신을 던지듯이 맹렬히
   공격자에게 달려들었다<공격했다>.) *pitch : 던지다
He **laced into** his attacker. (그는 마치 끈으로 치듯 맹렬히 공격했다.)
   * lace : 끈

6) 충돌하다 ⇨ 공격하다 ⇨ 꾸짖다

My mother **laid into** me for not calling her while I was away.
(어머니는 떠나있는 동안 전화도 안 한다고 나를 꾸짖었다.)
The boss **tore into** the man for leaving work without permission.
(사장은 허락 없이 퇴근했다고 그 남자에게 잔소리를 했다.)

7) 우연히 만나다

On my way to school I **ran into** one of my old friends.
(학교에 가는 도중 옛 친구를 우연히 만났다.)
I hoped that I would not **run into** anyone.

(나는 아무와도 마주치지 않기를 희망했다.)

I **bumped into** an old friend on my way home.
(나는 집에 오는 길에 옛 친구를 우연히 만났다.)

I **banged into** an old friend in town today.
(나는 오늘 시내에서 옛 친구를 만났다.)

8) 조사하다

They **looked into** space by using a telescope.
(그들은 망원경을 사용해서 우주를 조사했다.)

The scholar **has been diving into** the history of Korea.
(그 학자는 한국사 연구에 전념하고 있다.)

The police **are going into** the murder case.
(경찰 당국이 그 살인사건을 조사하고 있다.)

The detective **inquired into** the case.
(그 형사는 그 사건을 조사했다.)

The police **looked into** his past records.
(경찰관은 그의 과거 기록을 조사했다.)

I **peered into** her over my spectacles.
(나는 안경너머로 그녀를 자세히 보았다.)

We **must search into** the matter. (우리는 그 문제를 검사해야 한다.)

The police **saw into** all the travellers.
(경찰은 모든 여행자들을 조사했다.)

9) 변화하다

His cold **developed into** a case of pneumonia.
(그의 감기는 진전되어 폐렴증상으로 발전되었다.)

When the princess kissed the frog, he **turned into** a prince.
(공주가 그 개구리에게 키스를 했을 때 그는 왕자로 변했다.)

It **resolves into** its elements. (그것은 분해되어서 원소가 된다.)

Tadpoles **turn into** frogs. (올챙이는 개구리가 된다.)

She **grew into** a woman. (그녀는 성숙한 여자가 되었다.)

He **developed into** a good citizen.

(그는 자라서 선량한 시민이 되었다.)
The box **burst into** fragments. (상자는 산산조각이 났다.)

10) -(행동)을 하다 (← 행동에 들어가다.)
They **broke into** a quarrel upon little things.
　(그들은 사소한일로 갑자기 다투기 시작했다.)
He **burst into** laughter. (그는 갑자기 웃음을 터뜨렸다.)
The lady **dropped into** the habit of smoking.
　(그 숙녀는 담배피우는 습관이 생겼다.)
They **entered into** a discussion. (그들은 토론에 들어갔다.)
Once a new idea **springs into** existence, it cannot be unthought.
　(일단 새로운 아이디어가 태어나면, 그것은 없애 버릴 수가 없다.)

전치사 INTO를 정리해 보겠습니다. 잘 살펴보면 INTO뒤에 어떠한 성질의 명사가 놓이는가에 따라 의미가 정해진다는 것을 알 수 있을 겁니다. 다음과 같이 정리하시면 도움이 될 것 입니다.

INTO + 들어갈 수 있는 장소	⇨ 들어가다
INTO + 들어갈 수 없는 장소나 물건	⇨ 부딪히다
INTO + 사람	⇨ 우연히 만나다 / 부딪히다
INTO + 책, 신문, 사건 등	⇨ 조사하다
INTO + 행동	⇨ 행동을 하다

(나) 확장 3-A형식

　　주어 + 동사 + 명사(A) + INTO + 명사(B)

　　주어가 A를 B로 **변화**, 이동시키다.

1) 들어가게 하다

Please **pay** this sum **into** my account.

(이 금액을 내 구좌에 넣어 주십시오.)

He **drilled** the fact **into** her.
(그는 드릴로 뚫듯이 반복해서 그 사실을 그녀에게 주입했다.)
Feed the cloth gently **into** the sewing machine.
(천을 재봉틀에 부드럽게 먹여 넣어라.)
You must **bring** your actions **into** line with the party's principles if you are to remain a member. (네가 당원으로 남으려고 한다면, 너는 너의 행동을 당의 원칙에 일치시켜야 한다.)
She **knocked** some nails **into** the wall.
(그녀는 약간의 못을 벽에 박았다.)
She **burned** her name **into** the wood.
(그녀는 그 나무에 이름을 불로 새겼다.)
He **pulled** the drowning man **into** the boat.
(그는 물에 빠진 남자를 끌어 당겨서 보트에 집어넣었다.)

2) 충돌하게 하다

I **ran** my head **into** the glass door.
(나는 달리다가 유리문에 머리를 부딪쳤다.)
Tom **banged** the car **into** a street light.
(Tom은 차를 가로등에 부딪쳤다.)

3) 변화하게 하다

Heat **converts** water **into** steam. (열이 물을 증기로 바꾼다.)

Put the followings **into** Korean. (다음을 한국어로 번역하시오.)

Mother **divided** the cake **into** four pieces.
　(어머니께서는 케익을 네 조각으로 나누었다.)

Mary **broke** the chocolate **into** pieces.
　(Mary는 쵸콜릿을 조각내었다.)

Whip the eggs and sugar **into** a stiff cream. (계란과 설탕을 빨리 저어서 걸쭉한 크림으로 만들어라.) * whip : 휘젔다

The producers of that television show have decided to **make** it **into** a movie.
　(그 TV쇼의 producer들은 그 쇼를 영화로 만들기로 결정했다.)

The children enjoyed **shaping** the snow **into** figures of people.
　(아이들은 눈을 사람모양으로 만드는 것을 즐긴다.)

Please **fold** your paper **into** four section.
　(너의 종이를 2겹으로 접어주십시오.)

This machine **can compress** the paper **into** thick cardboard.
　(이 기계는 종이를 두꺼운 마분지로 만든다.) * compress : 압축하다

He plan to **merge** the small firms **into** one large company.
　(그는 작은 회사들을 하나의 큰 회사로 합병하려고 계획하고 있다.)
　* merge : 합병하다

He **pressed** clay **into** the shape of a head.
　(그는 진흙을 눌러서 머리 모양으로 만들었다.)

The teacher **formed** her class **into** five groups.
　(선생님은 그의 학급을 5개의 그룹으로 나누었다.)

He **worked** the clay **into** a vase.
　(그는 점토를 반죽하여 꽃병을 만들었다.)

The teacher **organized** students **into** three groups.
　(선생님은 학생들을 세 그룹으로 편성했다.)

He **bit** the thread **into** two. (그는 실을 물어서 둘로 끊었다.)

4) -(행동)을 하게하다

He **persuaded** her **into** giv**ing** up the plan.

(그는 그녀를 그 계획을 포기하도록 설득했다.)

The salesman **cheated** the housewife **into** buy**ing** the goods.
   (판매원은 그 주부를 속여 물건을 사게 했다.)
Those words **scared** him **into** silence.
   (그 말을 듣고 그는 위협을 느껴 침묵했다.)
He flung himself into his work to forget about his troubles.
   (그는 문제를 잊기 위해서 일에 매달렸다.) * fling : 던지다
We can replace old perceptions with new ones and combine old ideas in new ways, bringing into being something which didn't exist before. (우리는 낡은 개념을 새로운 개념으로 대치하고, 낡은 아이디어를 새로운 방법으로 결합해서, 전에 존재하지 않던 어떤 것을 탄생시킬 수 있다.)

(G) FROM

영어를 정확하게 파악하기 위해서 FROM은 반드시 알아야 되는 전치사입니다. FROM은 항상 전치사로만 사용됩니다.
기본적인 그림은 **'붙어 있던 두 개체가 분리되는 것'**입니다. 이 경우 두 개체는 서로 독립된 별개의 개체입니다. (**cf.** of의 경우는 원래 한 몸이던 개체가 둘로 나누어지는 것 - of에 대한 정리를 참고할 것) 이러한 그림으로부터 전치사 FROM은 크게 두 가지 의미를 가지고 있습니다.

        X from Y
        ① 기원 (A는 B로부터 나온다)
        ② 분리 (A와 B의 멀어짐)

위의 ①과 ②는 결국 같은 그림에서 나온 것으로 이해하면 되겠지만, 전치사 FROM의 의미 파악을 위해서는 ①번에 비해서 ②번이 훨씬 중요하다고 생각됩니다. 저의 판단으로 볼 때, ①번의 경우는 많은 독자들이 쉽게 그리고 흔히 알고 있는 의미라고 생각됩니다. 그래서 이하에서는 ②번을 중심으로 설명하려고 합니다.

      주어 + 동사 + 명사(A) + FROM + 명사(B)
                              (-)
      해석법: 주어가 A와 B를 서로 멀어지게 하다(-).

영어의 거의 모든 전치사가 크게 봐서 '**주어가 A와 B를 더하다(+)**'의 의미를 가지고 있는 것과는 달리 FROM은 <**주어가 A와 B를 서로 멀어지게 하다**>의 의미를 가지고 있습니다. 이것은 'A와 B가 원래는 서로 붙어 있었는데 주어에 의해서 서로 분리되었다'는 것을 뜻합니다. 예문을 가지고 설명해 보겠습니다.

We **relieved** him **from** fear.

이 문장을 해석법에 따라 해석하면 'We가 him을 fear로부터 멀어지게 했다'가 됩니다. 이 말은 원래 him과 fear가 하나였는데 이 둘을 분리시켰다는 의미입니다. 사람이 공포와 하나라는 것은 그 사람이 공포를 느끼고 있다는 의미입니다. 따라서 이 문장의 해석은 동사를 보지 않아도 '우리는 그를 공포로부터 해방시켜 주었다'가 됩니다. 예문을 몇 개 더 보겠습니다. 동사는 일단 무시하고 형식의 해석법에 의해서 문장의 의미를 파악해 보시기 바랍니다.

His father **removed** him **from** school.
(그의 아버지는 그를 퇴학시켰다.)
He **kept** the baby **from** the dog.
(그는 아기가 그 개에게 가지 못하게 했다.)
Break the eggs and **separate** the whites **from** the yolks.
(계란을 깨뜨려서 흰자를 노른자로부터 분리해라.)

'멀어지게 하다'라는 from의 의미를 강하게 표현하기 위해서 대신에 away from을 사용 할 수 있습니다. 의미는 같습니다.

She skillfully **turned** the conversation **(away) from** the unpleasant subject.
(그녀는 재치 있게 대화를 불쾌한 화제로부터 돌렸다.)

'멀어지게 하다'라는 의미의 from을 of가 대신 하기도 합니다. 아마 모두들 'rob A of B: A에게서 B를 빼앗다'라는 숙어를 알고 있을 것으로 믿습니다. (그런데, from에서 of로 바뀌면 A와 B의 자리가 바뀌게 됩니다. 뒤에 나오는 OF를 참조하시기 바랍니다.)

The man **robbed** the clerk **of** a thousand dollars.
(그 남자는 점원으로부터 천 달러를 빼앗았다.)

이제 **FROM의 다른 의미**를 설명하겠습니다.

영어에서는 더하기(+: →←))와 빼기(-: ← →) 개념이 중요합니다. 사람이 어떤 행동과 더해지면 그 사람이 그러한 행동을 하는 것을 의미하고, 반면에 어떤 행동과 멀어지면 그런 행동을 안 한다는 것을 의미합니다.

① TOM →   +   ← STUDY   :   TOM은 공부를 합니다.
② **TOM** ←   -   → **STUDY**   :   **TOM은 공부를 하지 않습니다.**

대부분의 다른 전치사가 ①의 경우에 사용되는 것과는 달리, 전치사 FROM은 ②와 같은 경우에 사용되어 **'못하게 하다'**라는 의미를 생성합니다.

Tom   V   her   from going there.
           ↑── (−) ──↑

(TOM은 그녀가 그곳에 **못 가게 했다**.)

앞서 into를 설명하면서도 한 번 보았던 'prevent A from B: A가 B하는 것을 막다'가 이 경우에 해당합니다. 더 많은 예문을 보도록 하겠습니다.

His father's death **kept** him **from** go**ing** abroad.
                           ↑── (−) ──↑

(그의 아버지의 죽음 때문에 그는 해외에 가지 못했다.)

The shower **hindered** me **from** go**ing** fishing.
   (소나기 때문에 낚시를 가지 못했다.)
The doctor **prohibits** me **from** smok**ing**.
   (의사는 그에게 흡연을 금했다.)
She tried to **shield(shelter, screen)** him **from** know**ing** of his father's death.
   (그녀는 그가 그의 아버지의 죽음을 알지 못하도록 막으려 했다.)

Her husband's illness **incapacitated** her **from** work**ing**.
(그녀의 아버지의 죽음 때문에 그녀는 일을 할 수가 없었다.)
*incapacitate: 능력을 빼앗다.

His illness **disabled** her **from** study**ing** abroad.
(그가 아파서 그녀는 해외에서 공부할 수 없었다.)

Lack of recognition **discouraged** him **from** publish**ing** more novels. (인지도가 낮은 것이 그를 실망시켜서 그가 소설을 더 출판하는 것을 막았다.)

The police **constrained** the crowd **from** break**ing** the shop windows.
(경찰이 제재를 가해서 군중들이 가게 유리창을 깨는 것을 막았다.)

The dog **frightened** the stranger **from** enter**ing** the house.
(그 개는 낯선 사람을 놀래게 해서 집에 들어오지 못하게 했다.)

The woman **distracted** the policeman **from** watch**ing** the door.
(그 여자는 경찰의 주의를 다른 곳으로 돌려서 문을 지켜보는 것을 막았다.)

The extreme cold **deterred** him **from** go**ing** out.
(지독한 감기 때문에 그는 밖에 나가지 못했다.)

His father tried to **dissuade** him **from** go**ing** to America.
(그의 아버지는 그녀가 미국에 가지 못하도록 설득했다.)

It is difficult to **retrain** oneself **from** eat**ing** too much.
(과식을 하지 않는 것은 어렵다.)

He **saved** the child **from** drown**ing**.
(그는 아이가 익사하는 것으로부터 구했다.)

That **preclude** him **from** escap**ing**. *preclude: 미리 배제시키다
(그는 사전에 그 일에 가로막혀 도망가지 못했다.)

Fear **held** her **from** act**ing**. (공포 때문에 그녀는 꼼짝 못했다.)

(가) 확장1-A형식

주어(A) + 동사 + FROM + 명사(B)
   ←————————(-)————————→

주어(A)가 스스로 B 쪽에서 멀어지다.

● **기원 (A는 B로부터 나온다)**

1) 출처, 기원
She **comes from** San Francisco. (그는 샌프란시스코 출신이다.)
He **hails from** korea, Land of the morning calm.
　　(그는 조용한 아침의 나라, 한국 출신이다.) * hail : 싸락눈, 우박
The 'Drinking Song' **is from** 'La Traviata'.
　　('Drinking Song'은 'La Traviata'에서 나왔다.)
French and Italian **derive from** Latin.
　　(불어와 이탈리아어는 라틴어에서 유래되었다.)
Have you **heard from** him of late? (최근 그에게서 소식이 있습니까?)
The river springs from the side of the mountain.
　　(그 강은 산의 중턱에서 시작된다.)
She **issued from** a good family. (그녀는 좋은 가문의 태생이다.)
The original custom **stemmed from** politeness.
　　(이 관습은 공손함에서 유래했다.)

cf.<전치사>
　　He came here //**from** Seoul yesterday. (그는 어제 서울에서 왔다.)
　　The play was an adaptation //**from** a novel.
　　　　(그 연극은 어떤 소설을 각색한 것이다.)

2) 출처, 기원 ⇨ 인과관계
　　His failure in the exam **resulted from** laziness.

(그가 시험에서 실패한 것은 게으름 때문이었다.)
Accidents **arise from** carelessness. (사고는 부주의에서 일어난다.)
The quarrel **originated from** a misunderstanding.
(싸움은 오해에서 일어났다.)
There **were** many people **suffering from** diseases in Africa.
(아프리카에는 병으로 고통 받고 있는 많은 사람들이 있었다.)

cf <원인의 전치사>
① from(간접적 원인) // of(직접적 원인)
He died **from** bullet wounds. (그는 탄환의 상처 때문에 사망했다.)
He died **of** fever. (그는 열 때문에 사망했다.)

② from(시간적 거리가 있는 원인) // with(동시에 발생하는 원인)
The walls have become black **from** smoke.
(벽들이 연기 때문에 검어졌다.)
They road like bulls **with** pain.
(그들은 고통 때문에 황소처럼 울부짖었다.)

3) 출처, 기원 ⇨ 출발하다
The plane **departed from** Kimpo at 9a.m.
(비행기는 오전 9시에 김포를 떠났다.)

● **분리 (A와 B의 멀어짐)**

4) -와 멀어지다
The water **gushed from** the broken pipe.
(파열한 파이프에서 물이 쏟아져 나왔다.) *gush : 분출하다
Light and heat **radiate from** the sun.
(태양으로부터 빛과 열이 방출된다.)
The canary **has escaped from** its cage.

(카나리아가 새장에서 달아났다.)

My friend **graduated from** vocational training school in 1980.
(내 친구는 1980년도에 직업훈련학교를 졸업했다.)

He **shrank from** the heat of the fire.
(불의 열 때문에 그는 물러섰다.)

His recent picture **departs from** his usual films about love and romance. (그의 최근의 영화는 사랑과 로맨스를 다루었던 이전 영화들에서 벗어나 있다.)

Please **refrain from** smoking here. (여기서는 담배를 삼가주십시오.)

He **refrained from** comment. (그는 논평을 하지 않았다.)

I am sorry to **part from** you.
(당신과 헤어지게 되어 매우 섭섭합니다.)

He **diverged from** the path of humanity. (그는 이정<人情>에서 벗어났었다.) * diverge : 갈라지다, 빗나가다, 벗어나다

Some patients **recover from** an operation quickly.
(수술을 하고 나서 빨리 회복되는 환자도 더러 있다.)

He **went away from** Seoul last year.
(그는 서울을 떠나 어디론가 사라졌다.)

They told the children to **keep away from** the fire.
(그들은 아이들에게 불을 가까이 하지 말라고 이야기 했다.)

We're changing our image to **get away from** the usual one associated with hard rock bands. (우리는 하드록 밴드와 관련된 이미지에서 벗어나기 위해 변화를 시도하고 있다.)

   * Tom **is** often **absent from** the meeting.
(Tom은 종종 그 회의에 불참한다.) * absent : 형용사

5) 두 개체가 멀어진 상태에 있다

Your answer **differs from** mine. (너의 대답은 나의 것과 다르다.)

The island **lies far from** the land.
(그 섬은 육지로부터 멀리 떨어져 있다.)

School **is far from** his house.

(학교는 그의 집으로부터 멀리 떨어져 있다.)
John **is far from** be**ing** stupid. (John은 결코 어리석지 않다.)
　　* be far from -ing : 결코 -아니다
Forbear from complaining! (불평 좀 하지마라!)
　　* These goods delivered **were** widely **different from** the sample.
　　(배달된 상품은 샘플과는 완전히 달랐다.) * different : 형용사

(나) 확장 3-A형식

주어 + 동사 + 명사(A) + FROM + 명사(B)
　　　　　　　　　　　(-)

주어가 A와 B를 멀어지게 하다.

● 기원 (A는 B로부터 나오게 하다)

1) 출처, 기원

He **derives** pleasure **from** other people's misfortunes.
　(그는 다른 사람의 불행으로부터 기쁨을 얻는다.)
We **drew** conclusions **from** the evidence.
　(우리는 증거로부터 결론을 이끌어 내었다.)
Many English words **are derived from** Latin.
　(많은 영어 단어는 라틴어에서 온 것이다.)
The play **has been adapted from** French.
　(이 희곡은 불어에서 번안되었다.)
We **reduce** a method for the construction **from** this.
　(이것을 바탕으로 하여 그 건조법이 도출된다.)
The leader **exacted** loyalty **from** his followers. (지도자들은 부하들에게 충성할 것을 강요했다.) * exact : 정확한/ -을 강요하다

Tom **is descended from** an old family highly respected throughout the country.
(Tom은 그 나라에서 존경받았던 오래된 가문의 자손이다.)
I **have extracted** a great many examples **from** the grammar book.
(나는 문법책에서 많은 용례를 발췌하였다.)
I **ordered** the book **from** the publisher directly.
(나는 출판사에서 직접 책을 주문했다.)

2) 출처, 기원 ⇨ 인과관계

The children **are tired from** playing. (아이들은 놀아서 피곤했다.)
I **am tired from** working all day. (나는 하루 종일 일로 지쳐 있다.)

cf.<전치사>

① 출처, 기원 ⇨ 인과관계 ⇨ 동기

They helped him //**from** kindness.
(그들은 그를 도운 것은 친절함 때문이다.)
He hurt it //**from** spite. (그는 악의에서 그것에 해를 입혔다.)
　　* spite : 악의, 심술, 원한
He acts //**from** a sense of duty. (그는 의무감에서 행동한다.)

② 출처, 기원 ⇨ 추리의 바탕

From his looks you might think him stupid.
(그의 외모로 봤을 때, 네가 그를 어리석다고 생각할 것 같다.)
From what I heard, the driver was to blame.
(내가 들은 바로는, 그 운전자가 책임이 있다.)

③ 출처, 기원 ⇨ 관찰점

His house is across the park **from** us.
(그의 집은 우리가 있는 데서 보면 공원 건너편에 있다.)
The view **from** our house was beautiful.
(우리 집에서 바라 본 광경은 아름답다.)

3) 출처, 기원 ⇨ 원료(화학적 변화)

The jam **is made from** oranges and sugar.
  (그 쨈은 오렌지와 설탕으로 만든다.)
Cider **is made from** apples. (사이다는 사과로 만들어 진다.)
We **can make** chemical fibers **from** petroleum.
  (석유에서 화학섬유를 만들 수 있다.)

cf 원료(물리적 변화): of
The desk is made **of** wood. (그 책상은 나무로 만들어 졌다.)

● 분리 (A와 B의 멀어짐)

4) -와 멀어지게 하다

He **shook** the snow **from** his umbrella. (그는 우산에서 눈을 털었다.)
That **absolved** me **from** the contract.
  (그것으로 나는 그 계약에서 해제되었다.)
The king **banished** him **from** his country.
  (왕은 그를 국외로 추방하였다.)
These trees **shelter** my house **from** the wind.
  (이 나무들은 우리 집의 바람막이가 된다.)
The government has tried to **hide** the truth **from** people.
  (정부는 국민들에게 진실을 은폐하려고 했다.)
We wear dark glasses to **protect** our eyes **from** the sun.
  (사람들은 태양으로부터 눈을 보호하기 위해 검은 선글라스를 쓴다.)
The judge **released** the prisoner **from** the prison.
  (판사는 그 죄수를 교도소에서 출감시켰다.)
We **kept** the bad news **from** her.
  (우리는 나쁜 소식이 그녀에게 전달되지 않도록 했다.)
The doctor **segregated** people **from** infectious diseases.
  (그 의사는 환자를 전염병으로부터 격리시켰다.)

The thieves **stole** all the money **from** the safe.
(그 도둑들은 그 금고로부터 모든 돈을 훔쳤다.)

England **is separated from** France by the Channel.
(영국은 영국해협으로 프랑스와 분리되어 있다.)

She **was alienated from** her friends.
(그녀는 친구들로부터 따돌림을 받았다.)
* alienate : (친구 등을) 멀리하다, 이간하다

The screen **shields** us **from** ultraviolet rays. (이 막은 자외선으로부터 우리를 보호해 준다.) * ultraviolet : 자외선의

These trees **shelter** my house **from** the wind.
(이 나무들은 우리 집의 바람막이가 된다.)

The officer **was dismissed from** the service for neglect of duty.
(그 장교는 직무태만으로 군에서 해임되었다.)

May God **deliver** us **from** all evil!
(신이여 모든 악에서 우리를 구원하소서!)

The police **excluded** the foreign ship **from** the port.
(경찰은 그 외국 선박을 항구에 들이지 않았다.)

Poor eyesight **will exempt** you **from** military service. (너는 시력이 나빠 병역이 면제될 것이다.) * exempt : (의무 등을) 면제하다

Why **did** you **absent** yourself **from** school yesterday?
(어제 너는 왜 학교에 결석했니?)

Blacks think we want to **take** jobs **away from** them.
(흑인들은 우리가 그들로부터 직장을 빼앗아 가려 한다고 생각했다.)

People had to **be turned away from** the stadium because it was full. (사람들은 스타디움이 꽉 차서 되돌아 갈 수밖에 없었다.)

5) -와 멀어지게 하다 ⇨ -을 못하게 하다
* 이미 이에 대한 예문은 충분히 앞에서 보았습니다.

Urgent business **kept** me **from** com**ing**.
(급한 볼일이 있어서 올 수가 없었다.)

He **stopped** the children **from** playing near the river.
(그는 어린이들이 강 근처에서 놀지 못하게 했다.)

The shower **hindered** me **from** going fishing.
(소나기 때문에 낚시를 가지 못했다.)

Nothing **can deter** me **from** my determination.
(어떠한 일이 있어도 나는 내 결심에 따른다.) * deter : 단념시키다

6) 구별하다(판단)

Speech **distinguishes** man **from** animals.
(언어는 인간과 동물을 구별한다.)

Can you **tell** Tom **from** his twin brother?
(너는 Tom과 그의 쌍둥이 동생을 구별할 수 있느냐?)

What **differentiates** cheeses **from** butter? (치즈와 버터는 어떻게 다른가?) * differentiate : 구별 짓다, 식별하다

We **know** this **from** that. (우리는 이것과 저것을 구별할 수 있다.)

(F) APART ↔ TOGETHER

우리는 여러 조각으로 이루어지는 기계나 장난감을 조립하여 사용하고, 그리고 후에 필요에 따라서 분해하기도 합니다. 이러한 그림을 표현할 경우 사용되는 것이 전치사적 부사 APART와 TOGETHER입니다.

① 여러 조각으로 이루어진 어떠한 개체를 분해할 경우에는 APART
② 흩어진 여러 조각을 조립할 경우에는 TOGETHER를 사용합니다.

He put **the machine apart.** (그는 그 기계를 분해했다.)

He put **the machine together.** (그는 그 기계를 조립했다.)

좀 더 일반적인 상황으로 설명해 보도록 하겠습니다. 꼭 기능적으로 조립되거나 분해되는 것이 아닌 경우에도 전치사적 부사 APART와 TOGETHER가 사용됩니다.

① 모여 있던 2개 이상의 개체가 (여기저기로) 흩어지는 경우에는 APART
② 2개 이상의 개체가 한 장소에 모이는 경우에는 TOGETHER를 사용합니다.

The teacher pulled **the fighting boys apart**.

(선생님은 싸우는 소년들을 떼어 놓았다.)

Can you put **the pieces of the broken plate together**?

(깨진 접시조각들을 다시 붙일 수 있습니까?)

(1) APART

먼저 APART는 전치사적 부사로서만 기능하고 전치사로는 사용되지 않는다는 것을 말씀드립니다. APART의 의미에 대해서 설명하도록 하겠습니다.

앞에서 설명한 대로 모여 있던 2개 이상의 개체가 (여기저기로) 흩어지는 경우에는 APART를 사용합니다. **흩어지게 되면 각 개체들 사이에는 거리가 생기게 됩니다.** 이러한 그림이 APART가 가지고 있는 그림입니다. 이로부터 APART는 두 가지 기본 의미를 가지게 됩니다.

① **모여 있던 2개 이상의 개체가 (여기저기로) 흩어지는 경우**
② **떨어져(at a distance) 있는**

이러한 그림을 바탕으로 예문을 보도록 하겠습니다. 그전에 **apart from에 대해서 설명하도록 하겠습니다.** 앞에서 '밖으로'는 전치사적 부사 OUT'을 사용하여 표현하고, '-의 밖으로' 'OUT OF'를 사용한다고 했었습니다.

He went **out**. (그는 밖으로 나갔다.)
He went **out of** the room. (그는 방 밖으로 나갔다.)

AWAY(멀리 가버리다)와 AWAY FROM(-으로 부터 멀리 가버리다)의 관계도 마찬가지입니다. 이와 같은 관계가 APART와 APART FROM의 관계입니다.

(가) 확장1-A형식

주어(A) + 동사 + APART (FROM + 명사(B))

주어(A)가 스스로 APART 쪽으로 이동하다.

1) 분해되다, 조각나다, 떨어져나가다, 부서지다

My shoes just **fall apart**. (내 신발이 그냥 떨어져 나갔다.)
This crib **takes apart** for easy storage.
　(이아기 침대는 보관하기 쉽도록 분해할 수 있다.)
This cup **fell apart**. (이 컵은 깨졌다.)
His car **came apart** on the rough road.
　(그의 차는 험한 길에서 조각나 부서졌다.)
They started to **drift apart** over the past few months.
　(그들은 지난 몇 달간 사이가 멀어지기 시작했다.)
With several members refusing to go along, the plan **fell apart**.
　(수명의 회원들이 따르기를 거부함으로써, 그 계획은 무너져 버렸다.)
The most beautiful discovery true friends make is that they can grow separately without **growing apart**.
(진정한 친구들이 발견하게 되는 가장 아름다운 일은 자기들은 따로
　성장하면서도 멀어지지 않을 수 있다는 것이다.)
Bill was so upset that he almost **came apart** at the seams.
　(Bill은 동요되어 거의 감정을 억제하지 못했다.)
　　* seam : 솔기　* come apart at the seams : 솔기가 터지다
　　<여러 곳에서 파탄을 초래하여> 결단 나다

cf. <부사>
　The two boxers stood 5 meters **apart**.
　　(두 명의 권투선수는 5미터 떨어져 있다.)
　John and I are decided to live **apart**. (John과 나는 별거하기로 했다.)
　The two parties are still a long way **apart** in the dispute.
　　(그 분쟁에서 양측은 여전히 견해차가 크다.)
　Children often grow **apart from** their parents as they get older.
　　(아이들은 성장하면서 부모로부터 떨어져 나오는 경우가 잦다.)

(나) 확장 3-A형식

주어 + 동사 + 명사(A) + APART (FROM + 명사(B))

주어가 A를 APART 쪽으로 이동 시키다.

1) 분해시키다, 조각나게 하다, 떨어져나가게 하다, 부서지게 하다

He **took** his radio **apart**. (그는 라디오를 분해했다.)

We had to **tear** the engine **apart**. (우리는 엔진을 뜯어내야 한다.)
Set the red pens **apart from** the blue ones.
   (빨간 펜들을 파란 펜들로부터 떼어 놓아라.)
Keep the boys **apart**. (그 소년들을 따로 떼어 놓으시오.)
The chair **was set apart from** the others.
   (그 의자는 다른 의자들과 분리해 놓았다.)
The dog has **pulled** the newspaper **apart** again.
   (개가 신문을 또 다시 찢어 당겼다.)
His jacket **was torn apart**. (그의 재킷은 다 낡았다.)
A bomb **ripped apart** the train.
   (기차가 폭탄을 맞아 산산조각이 났다.) * rip : 쪼개다, 찢다
I think I'll have to **take** my computer **apart** to fix it.
   (나는 수리를 위해 컴퓨터를 분해해야 할 것이라고 생각한다.)
England **took** Japan **apart** in the match.
   (영국이 시합에서 일본을 대파했다.)

2) 구별하다

His grey hair **set** him **apart** from all the others.
   (그의 흰머리가 그를 다른 모든 사람들로부터 구별시켜 주었다.)
I **can't tell** Mary and sisters **apart**.
   (나는 Mary와 그녀의 여동생을 구별할 수 없다.)

The two brothers are so much alike that even their own mother hardly **knows** them **apart**.
 (두 형제는 너무 비슷해서 어머니조차 구별하기 힘들다.)
It is your intelligence that **sets** you **apart from** other women.
 (너를 다른 여성들과 구별하게 하는 것은 너의 지성이다.)
The twins look so alike that I **can't tell** them **apart.**
 (그 쌍둥이는 너무 비슷해서 구분할 수가 없다.)

cf. 'A와 B를 구분하다'의 표현 정리
know A from B
know them(A and B) apart
know A apart from B

(2) TOGETHER

먼저 TOGETHER도 APART와 마찬가지로 전치사적 부사로서만 기능하고 전치사로는 사용되지 않는다는 것을 말씀드립니다.
TOGETHER는 APART와 정반대의 의미를 가지고 있습니다. 앞에서 설명한 것처럼 2개 이상의 개체가 한 장소에 모이는 경우에 TOGETHER를 사용합니다. **모이게 되면 각 개체들은 한 장소에 '함께' 존재하게 됩니다.** 이러한 그림이 TOGETHER가 가지고 있는 그림입니다. 이로부터 TOGETHER는 두 가지 기본 의미를 가지게 됩니다.

① **2개 이상의 개체가 한 장소에 모이는 경우**
② **함께**

이러한 그림을 바탕으로 예문을 보도록 하겠습니다.

(가) 확장1-A형식

주어(A) + 동사 + TOGETHER

주어(A)가 스스로 TOGETHER 쪽으로 이동하다.

1) 모이다
Let's **get together** one evening and talk about old times.
(언제 한번 저녁에 모여 옛 시절 이야기를 하자.)
They **gathered together** around the zoo.
(그들은 동물원 주변에 함께 모였다.)
Time simply flew when old friends **got together.**
(옛 친구들이 모이니 시간은 눈 깜짝할 사이에 지나갔다.)

2) 모이다 ⇨ 협력하다

If we all **hang together**, our plan will succeed.
(우리 모두가 일치단결하면, 계획은 성공할 것이다.)
We can be successful only if we all **pull together**.
(우리가 모두 협력할 경우에만 성공할 수 있게 될 것이다.)
They were unable to **get together** on vacation plans.
(그들은 휴가 계획에 대해서 합의를 볼 수가 없었다.)
Seldom have so many dedicated people **come together** to contribute effort to such a worthwhile program.
(많은 헌신적인 사람들이 이런 가치 있는 프로그램에 노력을 아끼지 않고 협동하여 일하는 경우는 드물다.)
The citizens **banded together** to protest the removal of the highway. (시민들은 간선도로의 철폐에 항의하기 위하여 단결했다.)

(나) 확장 3-A형식

주어 + 동사 + 명사(A) + TOGETHER

주어가 A를 TOGETHER 쪽으로 이동 시키다.

1) (여러 조각을 한데) 붙이다, 조립하다

Can you **put** the pieces of the broken plate **together**?

(너는 깨진 접시 조각들을 맞출 수가 있느냐?)
I **can knock** a bookself **together**. (나는 책장을 조립할 수 있다.)
This poem reads as if it **were thrown together** in half an hour.
(이시를 읽어보면 마치 30분 안에 급히 긁어모아 만든 것 같다.)

The police had to **piece** the story **together** from details given by different witnesses. (경찰은 여러 증인들이 말한 내용을 끼워 맞춰 이야기를 구성해야 했다.)

The woman **is clipping** the papers **together**.
(그 여자는 서류들을 클립으로 철하고 있다.)

2) (사람을) 맺어 주다

Other businesses **bring** unmarried people **together** in less direct way. (결혼하지 않은 사람들끼리 간접적으로 만나도록해 주는 업종도 있습니다.)

Many private organizations also **bring** people **together**.
(많은 사적인 조직들도 사람들을 맺어 준다.)

3) 가다듬다/ 관장하다

One helped find her a job, which gave her a chance to **pull** herself **together**. (한 사람은 그녀가 직장을 구하는 것을 도와주었는데, 이것은 그녀가 자신을 가다듬을 기회를 제공해 주었다.)

  * get oneself together : 진정하다, 이성을 찾다

Most people would say I **have** my act **together**.
(대부분의 사람들은 제가 제 행동을 관장하고 있다고 말할 것입니다.)

I know of no group that will help a woman **put** her life back **together** after she learns that her husband has betrayed her.
(내가 알기로 자기 남편이 자기를 배신한 후에 자신의 삶을 다시 가다듬도록 여자를 도와 줄 단체는 없다.)

(I) ABOUT, (A)ROUND

ABOUT, (A)ROUND 는 다른 대표적인 전치사 at, on, in 등과는 다음과 같은 점에서 차이가 있습니다. 전치사가 두 개체의 위치 관계를 표현한다고 할 때, 전치사 at, on, in은 두 개체가 형태에는 차이가 있겠지만 서로 닿아 있는 관계입니다. 그런데 about, (a)round는 가까이는 있지만 **닿아 있지는 않은 상태**의 그림을 보여 줍니다.

예를 들어 'X about Y'의 경우 X는 Y의 비밀 경호원(들)이라는 비유가 어울릴 듯합니다. X는 Y와 접촉하지는 않지만 항상 근거리에서 존재하고 있습니다. 경호원이 여러 명이라면 Y의 주위에 여기 저기 흩어져서 경호하고 있을 것입니다.

정리하면, 어떤 개체의 주위에 흩어져 있으면서 맴도는 그림입니다.

(A)ROUND의 경우도 기본 그림은 같습니다. 그리고 전치사 OF가 보여주는 여러 가지 그림 중에도 같은 그림으로 사용되는 것이 있습니다. 이에 대해서는 책의 가장 마지막에 정리된 OF에서 살펴보도록 할 것입니다.

(1) ABOUT

전치사 about의 의미는 앞에 설명한 그림을 기본으로 해서 다음의 2가지로 말할 수 있습니다.

- **-주위에**
- **여기저기에**

예문을 보기 전에 전치사 about은 동(動-이동)적인 상황보다는 정(精-상태)적인 상황을 표현하는데 더 사용된다는 것과 확장 3-A형식으로 사용되는 표현은 별로 없다는 것을 말씀드립니다.

구동사 분류 및 정리

(가) 확장1-A형식

<u>주어(A)</u> + 동사 + ABOUT + <u>명사(B)</u>

주어(A)가 B 라는 상태에 있다.
  or   주어(A)가 스스로 B 쪽으로 이동하다.

● -주위에

1) - 주위에 가다/ -주위에 위치하다
   They **drew about** the fire and talked.

   (그들은 난로 주위에 다가가서 이야기를 했다.)

   The bees **buzzed about** my head.
   (벌들이 내 머리 주위에서 윙윙 거렸다.) * buzz : 윙윙거리는 소리
   Fifty or sixty people **gathered about** the table.
   (5-60명의 사람들이 테이블 주위로 모였다.)

2) - 주위에 가다/ -주위에 위치하다 : 추상적 상황
   Go about your business.
   (너의 일 주위로 가라 → 참견 말고 네 일이나 해라.)

3) - 주위에 가다/ -주위에 위치하다 : 추상적 상황 ⇨ 시작하다/착수하다
   It is time you **set about** solving the problems.
   (이제 문제해결에 착수해야 할 때다.)
   After breakfast he **set about** weeding the garden.
   (아침 식사 후 그는 정원의 풀 뽑기를 시작했다.)
   I **must go about** my work. (일을 시작해야겠다.)

cf <전치사 or 부사> 주위에

Have you any money **about** you? (돈 가진 것 있습니까?)
There is nobody **about**. (가까이/주위에 아무도 없다.)
Look **about**! (주위를 둘러보아라.)
He always carries a lot of money **about**.
　　(그는 언제나 많은 돈을 가지고 다닌다.)

4) - 주위에 가다/ -주위에 위치하다 ⇨ 발생하다

The discovery **came about** while we were conducting a different study.
　　(그 발견은 우리가 다른 연구를 수행하는 동안 이루어 졌다.)
A great change **has come about** after the revolution.
　　(혁명 후 커다란 변화가 일어났다.)

● 여기저기에

5) 여기저기에 위치하다

Many books **were lying about** the room.
　　(많은 책들이 그 방 여기저기에 놓여 있다.)
Cholera **is about**.
　　(여기저기에 콜레라가 있다. - 콜레라가 유행 중이다.)
The tools **lay about**. (도구가 여기저기 흩어져 있다.)
We **sat about** enjoying a drink and good conversation.
　　(우리는 술과 재미있는 대화를 즐기며 앉아 있었다.)

6) 여기저기에 위치하다 ⇨ 빈둥거리다, 돌아다니다 (이동 동사 + about)

He has recovered from his injury and **is getting about** again.
　　(그의 상처가 나아 다시 걷기 시작한다.)
He **walked about** the street.
　　(그는 거리 여기저기를 걸어서 돌아다녔다.)

He **walks about** the garden everyday.
   (그는 매일 정원의 이곳저곳을 거닌다.)
He **went about** the country preaching the Gospel to people. (그는 사람들에게 복음을 전파하면서 그 나라 여기저기로 돌아 다녔다.)
The children **were running about**.
   (아이들이 이리저리 뛰어 다니고 있다.)
Hundreds of people **were walking about** the street.
   (수 백 명의 사람들이 거리를 돌아다니고 있었다.)
He **has knocked about** all over Asia.
   (그는 아시아 곳곳을 방랑해 왔다.)
He **is** always **fooling about**. (그는 늘 빈둥거리며 지낸다.)
We have to **hang about** for a while.
   (우리는 잠시 막연히 어슬렁거려야 한다.)
I **drifted about** at the mercy of the wind.
   (나는 바람이 부는 대로 이리저리 떠돌아 다녔다.)
She just **loafed about** for two years.
   (그녀는 2년 동안 빈둥거리며 지냈다.) * loaf : 빈둥거리다
Everybody **was bustling about**. (모두가 분주하게 들락거리고 있었다.)
   * bustle : 부산하게 움직이다

7) 여기저기에 위치하다 ⇨ 빈둥거리다, 돌아다니다 - 응용

News soon **gets about** in small villages.
   (작은 마을에는 소식이 빨리 퍼진다.)
There is a story **going about** that the price of oil is to be increased. (기름 값이 올라갈 것이라는 소문이 퍼지고 있었다.)

cf <전치사 or 부사> 여기저기에

This plant grows in the meadows **about** Oxford.
   (이 식물은 Oxford 주위 여기저기에 있는 목초지에서 자란다.)
He fell down and tore his trousers **about**.
   (그는 넘어져서 바지 여기저기가 찢어졌다.)

He got drunk and hit his wife **about**.
(그는 술에 취해서 아내를 여기저기 때렸다.)

(나) 확장 3-A형식

주어 + 동사 + 명사(A) + ABOUT + 명사(B)

주어가 A를 B쪽으로 이동 시키다.

● -주위에

1) -주위에 가게 하다
   Jesus **called** his disciples **about** him.

   (예수님은 그의 제자들을 그 주위로 불렀다.)

2) -주위에 가게 하다 ⇨ 발생 시키다
   What **brought about** the change of plans?
     (무엇 때문에 계획이 변경 되었는가?)
   Misunderstanding **will** often **bring about** a quarrel.
     (오해는 흔히 싸움을 불러일으킨다.)

● 여기저기에

1) 여기저기에 있게 하다
   He **has left** his papers **about**. (그는 서류를 여기저기에 놓고 나갔다.)

The papers **were scattered about** the room.
(서류들이 여기저기에 흩어져 있다.)

Don't leave bottles and papers **about** the park.
(공원 여기저기에 병들과 종이들을 내버려 두고 떠나지 마시오.)

My son **scattered** his toys **about** the floor. (나의 아들은 장난감들을 바닥 여기저기에 흩어 놓았다.) * scatter : 흩뿌리다

cf <전치사>

① 감정의 원인

He is angry **about** Tom. (탐과 관련된 일에 화가 났다.)
Are you pleased **about** your job?
(너는 네 일에 관련된 것에 만족하느냐?)

② - 일에 종사하다

I **am about** my father's business.
(나는 나의 아버지 일에 종사하고 있다.)
What **is** he **about**? (그는 무엇을 하고 있는가?)
= What **is** he **at**?
I know what I **am about**. (내가 하는 일은 내가 안다.)
He **is about** an important piece of work.
(그는 중요한 일을 하나 하고 있다.)

③ 막 - 하려고 하다(be about to)

He **is about to** start. (그는 막 출발하려고 했다.)
The concert **is about to** begin. (그 공연은 막 시작하려고 했다.)

④ -에 관해서

　　* about A : A의 주위를 → A에 대해서
He **spoke about** his journey.
(그는 그의 여행에 관해서 이것저것 이야기 했다.)
I **hear about** you. (자네에 대해서 들었네.)

⑤ -에 대해서

There's something **about** him that I really don't like.
(내가 진짜로 싫어하는 무언가가 그에게 있다.)

There is something noble **about** him.
   (그에게는 고상한 무언가가 있다.)
What's the best thong **about** her car?
   (그의 차에 대해서 무엇이 가장 좋습니까?)

cf \<부사\>
① **거의**
   The dinner is **about** cooked. (저녁이 거의 다 지어졌다.)
   The building is **about** built. (그 건물은 거의 다 지어 졌다.)
   The work is **about** finished. (그 일은 거의 다 끝났다.)
   The water is **about** boiling. (물이 거의 끓으려고 한다.)
② **대략, 약**
   He came here **about** 9. (그는 약 9시경에 여기에 왔다.)
   He is **about** ten feet tall. (그는 키가 대략 10피트 쯤 된다.)

구동사 분류 및 정리

(2) (A)ROUND

(A)ROUND는 **ABOUT과 상당부분 의미가 같습니다.**
일단 다음과 같이 정리합니다.

(A)ROUND = ABOUT(주위) + 원형의 상태 또는 움직임

여기서 말하는 '원형의 상태나 움직임'이란 다음과 같이 정리할 수 있습니다.

원형의 상태   : 어떤 개체의 주위를 둘러싸는 상태
원형의 움직임 : 어떤 개체의 주위를 원형의 궤적으로 움직이는 그림(회전)
  ① 완전한 원형의 궤적을 그리며 회전하는 경우
  ② 완전하지 않은 원형의 궤적을 그리며 회전하는 경우

최종적으로 **'X (A)ROUND Y'**가 표현하는 그림은 다음과 같이 정리할 수 있습니다.

(A)ROUND의 그림 :
  X가 Y주위를(about) 완전히 부분적으로 둘러싸거나
    또는 원의 궤적으로 움직이는(회전)하는 그림

예문을 보기 전에 AROUND와 ROUND의 차이에 대해서 살펴보겠습니다. 일단 거의 같은 뜻으로 사용됩니다. 다만, ROUND는 원형의 운동이나 상태에 사용됩니다. 반면에 AROUND는 여기저기 불규칙한 형태의 이동, 즉 완전한 원형의 형태를 많이 벗어난 이동에 사용됩니다. 즉 완전한 원형은 아니지만 직선도 아닌 움직임, 예를 들어 호(弧)의 움직임 같은 경우 등에 사용됩니다.

  a. The earth **goes round** the sun. (지구는 태양 주위를 돈다.)
   = b. The earth **goes around** the sun.
  c. He **went around** the corner carefully.
    (그는 모퉁이를 조심스럽게 돌아갔다.)

그러나 이러한 구분은 a와 b 문장을 통해 알 수 있듯이 엄격하게 지켜지는 원칙이 아닙니다.

위와 같은 그림을 바탕으로 하여 다음의 예문들을 살펴보시기 바랍니다.

(가) 확장1-A형식

주어(A) + 동사 + (A)ROUND + 명사(B)

주어(A)가 스스로 B 쪽으로 이동하다.

1) 원형의 상태 : 어떤 개체의 주위를 둘러싸는 상태

The spaceship **travelled round** the world in 40 minutes.
  (그 우주선은 지구를 40분 안에 여행한다.)
The string of my kite **is around** a branch.
  (나의 연줄이 나뭇가지에 감겨 있다.)
The family **sat around** the table. (가족들은 식탁 주위에 둘러앉았다.)
Come and **gather around**! (와서 둥글게 모여라.)
  cf. A tree five feet **round** (둘레가 5피트인 나무 - 부사)

2) 원형의 움직임 I : 어떤 개체의 주위를 원형의 궤적으로 움직이는 그림(회전)

The spaceship **travelled round** the world in 40 minutes.
  (그 우주선은 지구를 40분 안에 여행한다.)
Spaceships **orbit around** the earth. (우주선들은 지구의 궤도를 돈다.)
The wheels **turned around.** (바퀴는 빙글빙글 돌았다.)
The propeller **goes around** so fast that you cannot see it.
  (프로펠라가 너무 빨리 회전을 해서 우리는 볼 수 없다.)

The horse **ran around** in a circle while the buyers watched it.
(그 말은 구매자들이 지켜보는 동안 원을 그리며 달려서 돌았다.)

The moon **turns around** the earth. (달은 지구를 돈다.)

The rumor **is going around** the office.
(그 소문은 사무실 안에서 퍼지고 있다.)

He **went around** the house and looked the doors.
(그녀는 집 주위를 둘러보면서 문을 잠갔다.)

* I **looked around** the room. (나는 방안을 빙 둘러보았다.)

3) 물건이 전원에게 돌아가다

There was enough soup to **go around**.
(모두에게 돌아갈 만큼 충분한 스프가 있었다.)

Will the meat **go around**? (고기가 전원에게 골고루 돌아가겠는가?)

4) 원형의 움직임 II : 돌아가다, 우회하다
어떤 개체의 주위를 **완전하지 않은 원형의 궤적**을 그리며 회전하는 경우

The park **is around** the corner. (공원은 모퉁이를 돌면 있다.)

He **went around** the corner carefully.
(그는 모퉁이를 조심스럽게 돌아갔다.)

The garage **is around** the house. (차고는 집을 돌면 있다.)

Let's **go around** the town, not through it.
(그 도시를 관통하지 말고 돌아서 갑시다.)

He **turned around** when he heard a noise behind him.
(그는 뒤에서 나는 소리를 듣고 돌아섰다.)

He **swung around** fiercely, ready to attack.
(그는 사납게 몸을 돌려 공격하려 했다.)

cf. around가 원형의 움직임을 표현하지 않는 경우도 있습니다.

After supper, we **went around** to see out neighbor.
(저녁을 먹고 난 뒤 우리는 이웃을 만나러 갔다.)

I should do my homework but I don't feel like it. Maybe I'll **get around** to it tomorrow evening. (숙제를 해야 하는데 지금은 하고 싶지 않다. 내일 저녁에 해야겠다.)

cf. <전치사>

Around the hill, you will see the river.
(언덕을 돌면 너는 강을 볼 수 있다.)

5) 원형의 움직임 II : 돌아가다, 우회하다 ⇨ 피해서 가다

Don't try to **get around** the rule. (규칙을 피해가려 하지 마라.)
He is good at **talk around** the issue.
(그는 문제를 돌려 말하는데 익숙하다.)
We **shouldn't sneak around** the him.
(우리는 그를 돌아<피해>가서는 안 된다.)
To **get around** the law, they get the play staged in private places.
(법을 피하기 위해 그들은 사적인 장소에서 연극을 공연한다.)

6) 원형의 움직임 II : 돌아가다, 우회하다 ⇨
　　　　(원래의 상태, 위치로) 돌아오다, 회복하다

I'll stay at the hospital until she **come around.**

(나는 그가 돌아올 때까지 병원에 머무를 것이다.)
She **came around** two hours after she fell into a coma.
(그녀는 혼수상태에 빠진지 2시간 후에 돌아왔다.)
She insisted on resigning, but after I talked to her, she **came around**. (그녀는 사임을 고집했지만 내가 이야기를 하고 난 후에 돌아 왔다.)
The mailman **comes around** twice a day.
(우편배달부는 하루에 두 번 옵니다.)

● ABOUT과 같은 의미

앞에서 ABOUT의 의미는 다음과 같다고 했었습니다.

    a. -주위에
    b. 여기저기에

(A)ROUND도 같은 의미를 표현하는데 사용될 수 있습니다. 굳이 따지자면 아래 예문처럼 ABOUT보다는 (A)ROUND가 좀 더 넓은 장소에 사용되는 것처럼 보입니다.

    The bees **buzzed about** my head.
       (벌들이 내 머리 주위에서 윙윙 거렸다.)
    Bees **are buzzing around** the garden. (벌들이 정원 이곳저곳에서
       윙윙거리고 있다.) * buzz : 윙윙거리는 소리

<u>그러나 실제로 다음 문장에서처럼 이러한 구별이 의미가 없어 보일 정도로 사용된다는 것을 말씀드립니다.</u>

    We walked **around/about** the town.
       (우리는 마을 이곳저곳을 걸어 다녔다.)
    They travelled **around/about** Europe.
       (그들은 유럽 이곳저곳을 여행했다.)
    There are **around/about** 200 people at the meeting.
       (그 모임에는 약 200명의 사람이 있었다.)

7) -주위에
    The roses **grew around** the garden. (장미들이 정원 주위에 자랐다.)
    My keys **must be around** here.
       (내 열쇠는 이 주위에 있음에 틀림없다.)

When the two men began to fight, lots of people **crowd around** to watch. (두 남자가 싸우기 시작했을 때, 많은 사람들이 구경하기 위해 주위에 몰려들었다.)

John **ran around** the tree. (John은 나무 주위를 뛰었다.)

As I **looked around** I saw her leaving.
 (주위를 둘러보니 그녀가 떠나는 것이 보였다.)

A large crowd **pressed around** him.
 (많은 군중들이 그의 주위에 몰려들었다.)

8) -주위에 ⇨ 여기저기에 위치하다 ⇨ 빈둥거리다, 돌아다니다
 (이동 동사 + (a)round)

We **idle around** these days. (우리는 요즘 빈둥거리며 지내고 있다.)
He **has been around**. (그는 많이 돌아 다녔다.)
Don't go around speaking rumors.
 (소문을 퍼뜨리고 돌아다니지 말라.)
She **asked around** but no one seemed to know.
 (그녀는 물어보고 다녔지만 아무도 모르는 것 같았다.)
They spent the afternoon **hanging around** in my room.
 (그들은 나의 방에서 빈둥거리며 오후를 보냈다.)
During my vacation I just **lie around** the house.
 (방학이면 나는 집에 누워 빈둥거린다.)
The young man spent so much time just **fooling around**.
 (그 젊은이는 그냥 빈둥거리며 그 많은 시간을 소비했다.)
He likes to **mess around** with his TV.
 (그는 TV를 집적거리기를 좋아한다.) * mess : 뒤죽박죽, 엉망진창

9) 여기저기에

They **went around** all the restaurants that evening.
 (그들은 그날 저녁 모든 식당을 돌아 다녔다.)
I **travelled** all **around** the world for a few years.

(나는 몇 년 동안 전 세계를 여행했다.)
I'm weak and **can't get around** much.
(나는 약해서 잘 걸어 다니지 못한다.)
Would you stop **running around** in the room.
(방안에서 뛰어다니는 것을 그만 두겠니?)
Some people **are hang around** at the entrance.
(입구에서 몇몇 사람들이 서성거리고 있었다.)
I **hung around** for an hour, but he didn't appear.
(나는 한 시간 기다렸으나 그는 나타나지 않았다.)
Shop around before you buy anything.
(무엇을 사든지 여기저기 쇼핑 다녀봐라.)
A bad flu **is going around** across the country.
(독감이 온 나라에 퍼지고 있다.)
Can you **call around** and try to get her address.
(여기저기 전화해서 그녀의 주소 좀 알아봐 줘)

(나) 확장 3-A형식

주어 + 동사 + 명사(A) + (A)ROUND + 명사(B)

주어가 A를 B쪽으로 이동 시키다.

1) 원형의 상태 I : 어떤 개체의 주위를 둘러싸는 상태

She **wore** a belt **around** her waist.
(그녀는 허리 주위에 띠를 매고 있다.)
He **put** a rope **around** his horse's neck.
(그는 말의 목에 로프를 감았다.)
I **threw** my arms **around** her and held her tightly.

(나는 팔을 둘러 그녀를 꼭 안았다.)

2) 원형의 움직임 I : 어떤 개체의 주위를 원형의 궤적으로 움직이는 그림(회전)

Two waiters **handed round** the dishes.
(두 명의 웨이터가 요리를 돌렸다.)

3) 원형의 움직임 II : 돌아가게 하다, 우회하게 하다
어떤 개체의 주위를 완전하지 않은 원형의 궤적을 그리며 회전하는 경우

I don't want this sofa facing the window, Will you help me **turn** it **around**? (이 소파가 창문을 마주보고 있는 것이 마음에 안 들어. 소파 돌리는 것 좀 도와줄래?)
I cannot **turn** my car **around** in this narrow road.
(나는 이 좁은 길에서 나의 차를 돌릴 수가 없다.)

4) 원형의 움직임 II : 돌아가게 하다, 우회하게 하다 ⇨ 돌아서게 하다
He tried to **bring** them **around** to his view.
(그는 그들을 자신의 의견으로 돌아서게 하려고 애썼다.)
The old man managed to **bring** the young **around** to his view.
(노인은 젊은이의 생각을 자기의 생각으로 간신히 돌렸다.)

5) 원형의 움직임 II : 돌아가게 하다, 우회하게 하다 ⇨
(원래상태, 위치로) 돌아오게 하다, 회복하게 하다

The doctor **brought** him **around**. (의사는 그를 회복시켰다.)

● *ABOUT*과 같은 의미

6) -주위에
Bill **took** his friend **around** the guests and introduced him to all of them.
(Bill은 그의 친구를 손님들 주위로 데리고 가서 소개했다.)
The novel **is built around** the accident.
(그 소설은 그 사고에 근거를 두고 있다.)

7) 여기저기에
He **pushed around** her toy truck.
(그는 그녀의 장난감 트럭을 밀고 다녔다.)
He **took** his grandson **around** the laboratory.
(그는 그의 손자를 실험실의 여기저기를 보여 주었다.)
The guide **showed** us **around** the old palace.
(안내원은 우리에게 그 고궁을 두루 구경시켜 주었다.)

cf. <전치사> -주위에
He lives somewhere **around** London.
(그는 런던 주위 어디엔가 산다.)
There must be a bank **around** here somewhere.
(여기 주위 어딘가에 틀림없이 은행이 있다.)

cf. <부사>
① **내내**
Do you live here all the year **around**?
(당신은 일 년 내내 여기에서 사십니까?)
The weather is fine all the year **around**. (날씨는 일 년 내내 좋다.)
② **대략, 약**
The price has risen to **around** 500$. (가격이 약 500$ 올랐다.)
I'll be home **around** seven. (나는 약 7시에 집에 있을 것이다.)

(H) WITH

X with Y

X with Y의 경우 X와 Y가 함께 있는 상태를 의미하며, 조금 더 확대하면 **X와 Y가 동시에 같은 일에 참여하는 상황**을 표현합니다. 예문을 하나 보도록 하겠습니다.

Tom studied **with** her. (Tom은 그녀와 함께 공부했다.)

위 문장은 공부하는 일에 Tom과 그녀가 동시에 참여하고 있는 상황을 표현하고 있습니다.

전치사 WITH는 우리말로 해석되는 것에 따라 **'도구의 WITH' '관련성의 WITH'** 등 여러 가지 분석이 가능하지만 결국 공통된 그림은 **'X와 Y가 동시에 같은 일에 참여하는 상황의 그림**을 보여 줍니다. 동시에 참여한다는 것은 어느 한편의 일방적이고 전적인 영향에 의해서 행위가 발생하지 않고, 어느 한편이라도 없으면 행위가 이루어질 수 없는 상황을 의미합니다. X와 Y가 행위를 발생시키는 기여도가 각각 50%라고 생각하시기 바랍니다.

'X와 Y가 동시에 같은 일(A)에 참여하는 상황을 좀 더 자세히 풀어서 정리해 보도록 하겠습니다.
　* X가 고정된 Y쪽으로 이동하거나 또는 반대로 Y가 고정된 X쪽으로 이동하는 것이 아니라
　X와 Y가 같은 일/장소(A)를 향하여 같이 동시에 움직여서
　같은 일/장소(A)에서 X와 Y가 함께 한다, 만난다, 결합 한다

　* 두 개체가 한 장소에 위치하게 되면
　두 개체는 어떠한 것을 함께 공유 (share)할 수 있게 되고/
　주어가 두 개체를 비교/대조 할 수 있게 됩니다.

다음의 다양한 문장을 통해서 **'X와 Y가 동시에 같은 일(A)에 참여하는 상황**의

구동사 분류 및 정리

그림을 확인하시기 바랍니다.(우리말로 with가 어떻게 해석되는가에 주의를 기울여 주시기 바랍니다.)

X	→ A ←	WITH Y	: X와 Y가 동시에 A에 참여하다
Tom	studied	with her.	: Tom은 그녀와 함께 공부했다.
Tom	danced	with her	: Tom은 그녀와 함께 춤을 추었다.
Korea	made a treat	with Japan.	: 한국은 일본과 조약을 맺었다.
Tom	associated	with her.	: Tom은 그녀와 사귀었다.
Tom	corresponds	with her.	: Tom은 그녀와 서신교환을 한다.
Tom	is friends	with her.	: Tom은 그녀와 친구다.
Tom	is intimate	with her.	: Tom은 그녀와 친하다.
Tom	parted	with her.	: Tom은 그녀와 헤어졌다.
We	covered her	with a blanket.	: 우리는 담요로 그녀를 덮었다.
We	cook	with gas.	: 우리는 가스로 요리를 했다.
John	is playing	with toy.	: John은 장난감으로 놀았다.

<u>전치사 ON과 비교해 보겠습니다.</u>

    a. She walked **with** a crutch. (그녀는 목발의 도움으로 걷는다.)
    b. She walked **on** a crutch.
       (그녀는 목발에 전적으로 의지해서 걷는다.)

a문장은 그녀가 걷는데 목발과 그녀가 각각 50%씩의 기여를 하고 있는 상황입니다. b문장의 경우 목발이 8-90% 이상의 기여를 하고 있는 상황입니다. 전치사 ON을 설명할 때 ON이 '의지, 의존'을 나타낸다고 했었는데 기억나시는지요? 유명한 표현으로 depend on이 있습니다.

지금까지의 설명이 전치사 WITH의 기본 개념입니다.
그런데 기본 개념과는 상관없는 중요한 사항이 전치사 WITH에 담겨 있습니다. 이미 1권에서 제시한 내용이지만 다시 한 번 보도록 하겠습니다.

<확장3-A형식>

주어 + 동사 + 목적어 + 전치사 + 명사

**해석법: 주어가 원인이 되어서 목적어를
'전치사+명사'쪽으로 변화, 이동 시키다.**

* 변화의 전치사는 into

   새로운 형식 확장3-A형식(주어+동사+목적어+전치사+명사)의 해석은 'A를 B쪽으로 변화, 이동 시키다'입니다.
이 해석의 의미는 **B는 고정 되어 있는 상태에서 A를 이동시켜서 B쪽으로 보내는 것을 의미합니다.** 화살표의 방향을 생각해 보시면 이해가 되실 것입니다. 거의 모든 전치사가 이러한 해석방향을 가지고 있는 반면에 전치사 WITH 만이 반대방향의 해석법을 가지고 있습니다.

주어 + 동사 + 목적어(A) + WITH + 명사(B)
                       (A)   (B)

   WITH가 사용된 문장의 해석은 '주어가 원인이 되어 B를 A쪽으로 이동시키다' 입니다. 다시 말하면 A는 고정되어 있는 상태에서 B를 이동시켜서 A쪽으로 보내는 것을 의미합니다. 예를 들어 보겠습니다.

He   V   her   **with**   a book.

   위 문장은 '그는 책을 이동시켜 그녀에게 더했다(+)'로 해석 됩니다. 보통 S 라는 사람에 의해서 사물이 다른 사람에게 이동하면 '주다'라는 의미입니다. 즉, 위의 문장은 일단은 '그는 그녀에게 책을 주었다'로 해석 됩니다. 이 문장을 이렇게 바꿀 수도 있습니다.

He   V   a book   **to**   her.

전치사가 **WITH**에서 **TO**로 바뀌면서 전치사 앞뒤 단어의 위치가 바뀌었습니다. 그렇지만 해석은 '그는 그녀에게 책을 **주었다**'로 변함없습니다. 이제 전치사 WITH가 들어간 문장에 대해서 본격적으로 정리하도록 하겠습니다.

주어 + 동사 + 목적어(A) + WITH + 명사(B)

해석법: 주어가 명사(B)를 목적어(A)쪽으로 이동시키다.

이 형식은 동사가 무엇이 쓰이든지 관계없이 위와 같이 해석됩니다. 다음 문장은 모두 '주어+동사+목적어+WITH+명사' 형식입니다. 전치사 WITH에 유의하여 해석해 보십시오. 동사는 무시하시기 바랍니다.

A. 공급하다 I

Cows **provide** us **with** milk. (소는 우리에게 우유를 제공한다.)
He **supplies** me **with** food, clothing and amusement.
(그는 나에게 먹을 것, 입을 것, 그리고 즐거움을 준다.)
I **trust** him **with** my car. (나는 그를 믿고 차를 빌려 주었다.)
They **furnished** the expedition **with** food. (그들은 탐험대에 음식을 제공하였다.) * expedition : 긴 여행, 탐험대
Nature **has endowed** us **with** conscience.
(자연은 우리에게 양심을 부여했다.)
God **blessed** him **with** good health.
(신은 그에게 좋은 건강을 베풀었다.)
He **charged** the pilot **with** an important mission.
(그는 조종사에게 중요한 임무를 맡겼다.)
They **served** him **with** a summons

(그들은 그에게 소환장을 주었다.) * a summons : 소환장
I **presented** my brother **with** a gold watch.
(나는 형에게 금시계를 선물했다.)
He **is vested with** power to make laws.
(그는 법을 제정하는 권한을 부여 받았다.) * vest : 주다, 부여하다
Can I **entrust** you **with** the task? (너에게 그 일을 맡길 수 있을까?)

B. 공급하다 II - 추상적 상황

He **provided** the stranger **with** a bed for the night.
(그는 그 낯선 사람에게 하룻밤 재워 주었다.)
Season the dish with salt. (그 음식에 소금으로 맛을 내라.)
This factory **is equipped with** the most modern machinery.
(이 공장에는 최신 기계 설비가 갖추어져 있다.)
She **laid** the table **with** a cloth. (그녀는 테이블에 천을 깔았다.)
Adorn the room **with** flowers. (이 방을 꽃으로 꾸며라.)
   * adorn : 꾸미다, 장식하다
The wind **laid** the garden **with** leaves.
(바람이 때문에 정원에 낙엽이 깔려있다.)
She **served** me **with** beer. (그녀는 나에게 맥주를 대접했다.)
He **feeds** the furnace **with** coal.
(그는 난로에 석탄을 넣었다.) * furnace : 난로
She **is feeding** the computer **with** data.
(그는 컴퓨터에 데이터를 입력했다.)
He **hung** the wall **with** the pictures. (그는 그 벽을 그림으로 채웠다.)
He **returned** kindness **with** ingratitude.
(그는 은혜를 원수로 갚았다.) * ingratitude : 배은망덕, 은혜를 모름
The boy **loaded** his stomach **with** food.
(그 소년은 위속에 음식을 채워 넣었다.)
She **hung** a window **with** curtain. (그녀는 창문에 커튼을 달았다.)
The army **mounted** the hill **with** cannons.
(군대는 언덕에 포들을 설치했다.)

The king **burdened** his people **with** heavy taxes.
(왕은 백성에게 무거운 세금을 부과하였다.)
Mother **dressed** the wound **with** ointment.
(어머니가 상처에 연고를 발라 주었다.)
They **planted** a river **with** fish. (그들은 강에 물고기를 방류했다.)
She **covered** the sleeping child **with** a coat.
(그는 자고 있는 아이를 코트로 덮었다.)
They **charged** the cannon **with** shot.
(그들은 대포에 탄환을 장전했다.)
He **stocks** a pond **with** fish. (그는 연못에 물고기를 놓아기른다.)
He **rewarded** his followers **with** money.
(그는 그의 부하들에게 돈으로 상을 주었다.)
He **filled** an empty vessel **with** water.
(그는 그릇에 물을 채워 넣었다.)
The woman **dosed** her girl **with** a narcotic.
(그 여인은 딸에게 수면제를 먹였다.)
* dose : 1회분의 약 /투약하다　* narcotic : 마약, 진정제, 마취제

C. 공급하다 III - 괴롭히다/즐겁게 하다

I don't want to **afflict** you **with** my trouble.
(나는 나의 문제를 갖고 당신을 괴롭히기 싫다.)
Pardon me for **annoying** you **with** such a trifle.
(이런 사소한 일로 당신을 괴롭힌 것을 용서 바랍니다.)
Don't bother me **with** foolish questions.
(어리석은 질문으로 나를 괴롭히지 말라.)
He **entertained** the children **with** tricks.
(그는 묘기로 아이들을 즐겁게 했다.)
Our journey **was beguiled with** pleasant talk.
(여행 중 즐거운 이야기로 시간을 보냈다.)
* beguile : (지루함을) 잊게 하다, (시간을) 즐겁게 보내다

<지금부터는 처음에 제시한 기본 그림을 토대로 표현을 정리하도록 하겠습니다.>

(가) 확장1-A형식

주어(A) + 동사 + WITH + 명사(B)
                    (+)

해석법: 주어(A)가 B 가 한 점에서 만나다./
       같은 일에 참여하다/함께하다/ 더해지다 (+)

1) 일치하다/의견이 같다/동의하다

I **agree with** you on this point.
   (나는 이 점에 관해서 너와 의견이 같다.)
I am sorry to **disagree with** you. (당신의 의견과 다르다.)
What you say **doesn't accord with** the previous evidence.
   (너의 말은 전에 했던 증언과 다르다.)
The verb **agrees with** its subject in number and person.
   (동사는 수와 인칭에서 주어와 일치한다.)
We **sympathize with** the young man.
   (우리는 그 청년의 의견에 동의한다.)
Her ideas **coincided with** mine.
   (그녀의 생각은 나의 것과 일치한다.)
She **concurs with** her husband in every point.
   (그녀는 모든 점에 있어서 그녀의 남편에게 동의한다.)
The story **does not consist with** evidence.
   (그 이야기는 증거와 일치하지 않는다.)
His actions **correspond with** his words.
   (그의 행동은 말과 일치한다.)
I **can't go with** you on that point.

(나는 그 점에서 너와 의견을 달리한다.)

2) 함께하다

* 함께 하면서 여러 가지 행위 - 사귀다, 절교하다, 싸우다, 협의하다 등 - 를 합니다. 그리고 **그 행위들은 반드시 상대(방)가 있어야 성립할 수 있는 것들입니다.** 상대(방)는 꼭 사람이어야 하는 것은 아니고, 물건, 어떠한 행동 등이 될 수도 있습니다.

They **competed with** each other for the prize.
(그들은 그 상을 타려고 서로 겨루었다.)

The students **cooperated with** their teacher in cleaning the classroom. (학생들은 선생님과 힘을 합쳐 교실을 청소했다.)

The secretary **conferred with** the boss about the plan. (비서는 그 계획에 관해 사장과 의논했다.) * confer : 수여하다, 협의하다

I **consult with** my wife about the matter.
(나는 아내와 그 문제에 관해 논의했다.)

The firm is too small to **contend with** large companies.
(그 회사는 너무 작아 큰 회사와 경쟁할 수 없다.)

Do you **deal with** Mr. John? (너는 John과 거래하니?)

I don't know what to **do with** this problem.
(나는 그 문제를 어떻게 해야 할지 모르겠다.)

They **vied with** each other for the prize. (그들은 상을 타기 위하여 서로 경쟁하였다.) * vie : 겨루다, 경쟁하다

We have **negotiated with** the employers about our wage claims.
(우리의 임금 요구에 대해 고용주들과 협상하기로 결정했다.)

I had to **wrestle with** temptation to watch TV.
(나는 TV를 보려고 하는 유혹과 싸워야 했다.)

3) 함께하다 ⇨ -와 함께 시작하다/끝나다
   * 이표현은 WITH를 동사와 관계없는 전치사로 보아도 될 것 같습니다.

   The concert **began //with** a piano solo.
      (그 음악회는 피아노 독주로 시작되었다.)
   The speech **ended //with** the following words.
      (그 연설은 다음과 같은 말로 끝났다.)
   The pianist **finished //with** a Chopin.
      (그 피아니스트는 쇼팽의 곡으로 끝냈다.)
   Have you **done with** that book? (그 책을 다 읽었습니까?)

4) 함께 공유(share)하다
   We **communicate with** each other by mail.
      (우리는 우편으로 서로 소식을 나눈다.)
   I **have corresponded with** an American girl for several years.
      (나는 수년 동안 미국 소녀와 서신 연락을 하고 있다.)

5) 한 점에서 만나다
   I **meet with** an old acquaintance in a bus.
      (나는 버스에서 옛날부터 아는 사람을 우연히 만났다.)
   He **met with** a serious accident while driving to Seoul.
      (그는 차를 몰고 서울로 가다가 큰 사고를 당했다.)

6) 한 점에서 만나다 ⇨ 충돌하다
   The bus **collided with** a truck. (버스와 트럭이 충돌했다.)

7) 더해지다(+)
   Oil **doesn't blend with** water. (기름과 물은 섞이지 않는다.)

8) 연결하다

Don't associate with dishonest boys.
  (불성실한 아이들과 사귀지 마라.)
I **broke with** a cloth friend last night.
  (나는 지난밤 절친한 친구와 절교했다.)
I **shall finish with** her at once. (나는 당장 그녀와 절교하겠다.)
I **have done with** her. (나는 그녀와 인연을 끊었다.)

9) 조화

This tie **doesn't go with** your suit.
  (이 넥타이는 어의 옷에 어울리지 않는다.)
His account **jars with** the facts. (그의 진술은 사실과 모순된다.)
  * jar : 귀에 거슬리는 소리, 불화, 다툼/
          귀에 거슬리는 소리를 내다, (의견 등이) 조화/일치되지 않다,

10) 비교/ 대조

His action **contrast** sharply **with** his promises.
  (그의 행동은 그의 약속과 아주 딴 판이다.)

(나) 확장 3-A형식

주어 + 동사 + 명사(A) + WITH + 명사(B)
                    → (+) ←

**해석법: 주어가 A를 B와 만나게 하다/ 같은 일에 참여하게 하다
         함께하게 하다/ 더해지게 하다(+)**

* 화살표의 방향에서 보이듯이 어느 한쪽이 고정되어 있는 상태에서 다른 한쪽이 움직여 이동하는 내용이 아니라 **A와 B가 같이 동시에 움직여서 더해지는 것을 의미합니다.** 그래서 A와 B가 함께 한 장소에서 위치하게

됩니다. **이때 A와 B가 한쪽에 치우치지 않고 동등해야 합니다.** 때문에 구체적인 예에서 A와 B를 바꾸어도 의미가 달라지지 않습니다.
* 기본 그림과는 관계없이 보이지만 A와 B를 바꿀 수 있다는 것으로부터 다음과 같은 표현에 WITH가 사용되는 것으로 보입니다.

    Days **alternate with** nights. (낮과 밤은 번갈아 온다.)
    You **must replace** the worn tire **with** a new one.
    (너는 헌 타이어를 새 것으로 바꿔야 한다.)

1) 더하다, 결합시키다, 연결하다
* 이때 with 대신에 to 또는 and가 올 수 있습니다.

connect	<u>A with B</u>	A와 B를 잇다, 연결하다
combine		A와 B를 결합시키다
blend(mix)		A와 B를 섞다
associate		A와 B를 연합시키다,
unite		A와 B를 하나로 하다
link		A와 B를 잇다, 연결하다,
harmonize		A와 B를 조화시키다

He **mixed** red **with(and)** blue paint.
        = He mixed blue with(and) red paint.
  (그는 파란색과 빨간색 페인트를 섞었다.)
This book attempt to **merge** theory **with** practice
    (이 책은 이론과 실제를 합하려고 한다.)
They **combined** the materials **with** play dough.
    (그들은 진흙과 물건들을 합했다)
We can't always **combine** work **with** pleasure.
    (일과 즐거움을 항상 조화시킬 수는 없다.)
You **must connect** this gas stove **with** the pipe.

(너는 이 가스난로를 그 파이프에 연결해야 한다.)
The avenue **unites** the highway **with** the station.
(이 도로는 고속도로와 역을 연결하고 있다.)
The behavior of animals **is connected** intimately **with** the nervous mechanism. (동물의 행동은 신경기구와 밀접한 관계가 있다.)

2) 일치시키다

You should **squared** your principles **with** your practice.
(신념과 행동이 같아야 한다.) * square : 정사각형/일치시키다

3) 공유하다

Share your text book **with** your neighbor.
(교과서를 옆의 학생에게도 보여 주시오.)

4) 조화

Some people always try to **harmonize** their opinions **with** those of others. (항상 자기 의견을 남의 의견과 맞추려는 사람도 있다.)
Reconcile your statement **with** a fact. (언행을 일치하라.)
  * reconcile : 화해시키다, 일치시키다, 조화시키다

5) 비교/ 대조

Compare your translation **with** the original.
(너의 번역문을 원문과 비교해 보아라.)
He **confounds** public interests **with** private profits.
(그는 공익과 사익을 혼동하고 있다.)
They **identified** him **with** God. (사람들은 그를 신으로 여겼다.)
He **identifies** wealth **with** success.
(그는 부를 성공과 동일시하고 있다.)

6) A가 B하는 것을 돕다.

We **assisted** the doctor **with** the people wounded in the bus crash.
  (우리들은 의사가 버스 충돌로 부상당한 사람들을
                          치료하는 것을 도왔다.)

My sister **helps** me **with** homework.
  (나의 누나는 내가 숙제하는 것을 도와준다.)

(I) OF

X of Y

전치사 OF는 매우 다양한 의미를 가지고 있을 뿐 아니라 다양한 역할을 합니다. 전치사 OF는 앞에서 설명한 전치사 및 전치사적 부사 중 몇 개와 그 의미가 겹치는 부분이 존재합니다. 그러한 이유로 마지막에 정리하는 것입니다. OF에 대해서 정확하게 정리할 수 있다면 영어에 대해서 많은 이해가 이루어 졌다고 할 수 있습니다. 눈 여겨 보시기 바랍니다.

앞에서도 여러 차례 말했듯이 전치사는 기본적으로 두 명사의 위치관계를 나타냅니다. 예를 들어 'X IN Y'의 경우는 X가 Y 내부에 위치하고 있음을 나타내고, 'X ON Y'의 경우는 X와 Y가 서로 접촉하고 있음을 나타냅니다. 이것이 전치사를 파악하는 기본입니다. 이것으로부터 더 구체적인 상황이 확장되는 것입니다. 확장되는 방식은 다음과 같습니다.

    ① X IN Y
⇨ ② X is IN Y
⇨ ③ X consists IN Y
      Happiness consists in contentment. (행복은 만족 안에 있다.)

    ① X ON Y
⇨ ② X is ON Y
⇨ ③ X lie ON Y
      He lay on the bed. (그는 침대 위에 누워 있었다.)

위에서 ①에서 ②로 그리고 ③으로 전개되는 과정을 보면 상황이 조금 복잡해지고 구체적이 되었을 뿐 X와 Y의 위치 관계는 모두 같습니다.

이제 전치사 OF의 위치관계에 대해서 설명하도록 하겠습니다.
'X OF Y'가 나타내는 두 명사의 위치 관계를 먼저 제시하도록 하겠습니다. X OF Y 는 X가 Y의 구성요소라는 것을 나타내어 줍니다. **X와 Y는 본질적으로 하나입니다.** X와 Y중 어느 하나가 다른 하나를 포함하는 관계입니다. 어느 한 편도 다른 한편으로부터 자유로울 수 없습니다. 즉 한 편이 존재하지 않으면 다른 한편도 존재 의미가 없어지는 그런 관계입니다. 다음 예문을 보시기 바랍니다.

      X OF Y ⇨
            X consist of Y
            Water consists of hydrogen and oxygen.
            (물은 수소와 산소로 이루어져 있다.)

위 예문에서 서로 분리된 수소와 산소는 물을 구성하는 필수적인 요소입니다. 반면에 'X IN Y'나 'X ON Y' 등에서는 앞에서 예문을 통해서 보았듯이 X와 Y는 서로 별개의 독립된 개체입니다. 특정한 상황 아래 임시적으로 같은 장소에 위치하고 있는 것뿐입니다.

지금까지 설명한 것이 전치사 OF의 기본 개념입니다. 이 기본 개념에 대해서 많은 분들이 '결합'의 OF라고 말하고 있습니다.
하지만 전치사 OF는 여기에 그치지 않고 다른 전치사와는 다르게 **기본 개념을 뛰어 넘어** 여러 가지 의미와 역할을 가지고 있습니다. 즉 앞서 제시한 기본 개념과는 상관없이 보이는 여러 가지 의미를 가지고 있습니다. 완전 반대로 '분리'의 경우에도 사용될 수도 있습니다. 전치사 OF만큼 다양한 의미를 가지는 전치사도 없다고 해도 과장은 아닐 것 같습니다. 그래서 많은 학습자들이 전치사 OF를 사용함에 있어서 적지 않은 어려움을 느끼고 있는 듯합니다. 하나씩 정리해 보도록 하겠습니다.

일단 전치사 OF를 두 가지 경우로 분리해 보도록 하겠습니다.
    첫째, '명사+OF+명사'의 형태로 사용되는 경우이고,
    두 번째는 앞에 명사가 없이 'OF+명사'의 형태를 보여주는 경우입니다.
         이 경우의 OF는 많은 경우 동사와 밀접한 관계를 가지고 있습니다.

A. 명사+OF+명사

'명사+ OF+ 명사'에서
'OF+명사'는 소유격과 같은 역할을 한다. 그래서
'OF+명사'는 형용사 역할을 한다.

설명을 위해서 무생물의 소유격에 대해서 보도록 하겠습니다. 모두들 알고 있듯이 '책상의 다리들'을 영어로 표현하면 **the desk's legs**라고 해도 될 것 같지만 그렇게 하지 않습니다. 무생물의 소유격에는 전치사 of를 사용해서 **the legs of the desk**라고 표현합니다. 두 표현을 비교해서 설명하도록 하겠습니다.

책상의 다리:　① **the desk's legs**
　　　　　　　② **the legs of the desk**

위 두 개의 영어 표현은 의미는 같습니다. 다만 ①번처럼 표현하지 않는다는 약속이 영어에 있기 때문에 사용하지 않을 뿐입니다.

위에서 ①번과 ②번의 의미가 같다면 **the desk's와 of the desk** 가 같은 의미이고 같은 역할을 하고 있다는 결론을 내릴 수 있습니다. 여기서 우리는 두 가지의 결론을 이끌어 낼 수 있을 것 같습니다.

① 'the desk's' 는 소유격으로서, 넓게 보면 뒤의 명사 legs를 수식하는 형용사와 같은 역할을 하고 있습니다.
그렇다면 the desk's와 의미와 역할이 같은 of the desk도 앞의 the legs를 수식하는 형용사 역할을 한다고 봐야 하겠습니다. 여기서 다음과 같은 결론이 나오게 됩니다.

보통의 '전치사+명사'는 부사의 역할을 하지만
'OF+명사'의 경우는 형용사 역할을 한다.

② **꾸미는 말과 꾸밈을 받는 말은 서로 떼어 놓을 수 없습니다.** 그래서 the desk's는 뒤의 명사 legs와 의미상 세트를 이루고 있습니다. 책상과 책상 다리는 서로 분리해서, 서로 아무런 상관이 없는 것처럼 생각할 수는 없습니다. 이 둘은 의미상으로 분리할 수 없는 하나의 단어로 보아야 합니다. 그렇다면 'the legs of the desk'도 마찬가지입니다. 'the legs'와 'of the desk'를 서로 분리해서 생각할 수 없고 한 단어로 취급해야 합니다. 다음과 같이 말할 수 있습니다.

'명사+OF+명사'는 하나의 단어로 취급해야 한다.

앞에서 이미 'X of Y'는 X가 Y의 구성요소라는 것을 나타내어 주고, **X와 Y는 '본질적으로 하나'**라는 것을 의미한다고 설명한 것과 내용상 일치하고 있습니다.

이제 지금까지의 설명을 정리하도록 합니다. 다시 한 번 강조하면, **다음의 정리는 'OF+명사'가 소유격의 역할을 한다는 것으로부터 도출된다는 것**입니다.

'명사+OF+명사'에서 'OF+명사'는
 ① 소유격의 역할을 한다.
 ② 소유격의 역할을 하기 때문에
  'OF+ 명사'는 형용사의 역할을 한다.
 ③ 앞의 명사와 뒤의 'OF+ 명사'는 불가분의 관계를 갖는다.
  그래서 한 단어로 생각해야 한다.

(1) 소유격의 역할을 하는 'OF+명사'

(1-1) 목적격의 OF

    a. <u>the desk's</u> legs   = the legs <u>of the desk</u>
    b. **Ceasar's** murderer = the murderer **of Ceasar**
            (시저를 죽인 사람)

a는 이미 앞에서 보았던 예이고, b와 비교해봄으로서 이해를 돕기 위해 같이 제시해 두었습니다. b에서 Ceasar는 의미상 murder(살인하다)라는 동사의 목적어입니다. 그래서 the murderer of Ceasar에서 of Ceasar는 목적격의 OF에 해당합니다. 다음은 목적격의 OF로 사용된 예입니다.

    the discovery **of** America : 미국의 발견
    the education **of** the young : 청소년 교육
    an offer **of** a job : 일자리 제공
    the study **of** English : 영어 공부
    the master **of** the house : 집을 소유한 사람
    loss **of** appetite : 식욕을 잃음
    the Korean love **of** nature : 한국인의 자연에 대한 사랑 etc.

잘 살펴보면 **OF 앞의 명사가 동사형을 가지고 있는 추상명사라는 것**을 알 수 있을 것입니다.

(1-2) 주격의 OF

    a. <u>the desk's</u> legs   = the legs <u>of the desk</u>
    b. **my father's** failure = the failure **of my father**
            (나의 아버지의 실패)

b에서 my father는 실패를 하는 주체입니다. 즉 my father가 fail이라는 동사의 주어 역할을 하고 있습니다. 그래서 the failure of my father에서 of my father는 주격의 OF에 해당합니다. 다음은 주격의 OF로 사용된 예입니다.

> the rise **of** the sun : 해돋이, 일출
> the appearance **of** a new power : 새 강국의 출현
> the death **of** his father : 그의 아버지의 죽음   **etc.**

주격의 OF에 대해서 한 가지 첨가하려고 합니다. 주격의 OF는 영영사전에서 흔히 볼 수 있습니다. 영영사전을 찾다보면 단어를 설명하는 부분에서 괄호 안에 다음과 같이 OF가 사용되는 것을 볼 수 있습니다.

> grow: **(of a living thing)** to increase in size by natural development.
> **(생물이)** 자연 발달로 크기가 증가하는 것
> bound: **(of a book)** fastened within covers
> **(책이)** 표지 내에 꽉 묶여진

위에서 괄호안의 of가 모두 주격의 of입니다.

여기서 우리는 전치사 OF가 주격인지 목적격인지를 구별하는 능력이 필요하다는 것을 느낄 수 있을 것입니다. 그러나 **'명사+OF+명사'에서 'OF+명사'가 주격인지 목적격인가를 구별하는 방법은 없습니다.** 문맥을 고려하여 각자가 구별할 수 있어야 하겠습니다. 다음의 문자 비교를 통해서 이러한 점을 확인하도록 하십시오.

> A: They came to **his** help.
> (그들은 그를 돕기 위해 왔다. - his는 목적격)
> I need **his** help.
> (나는 그의 도움이 필요하다. - his는 주격)

B: You want the love **of God.**
(당신은 하느님이 당신을 사랑하기를 원한다. - of는 주격)
You neglect the love **of God.**
(당신은 하나님을 사랑하기를 게을리 했다. - of는 목적격)

(1-3) 소유의 OF

여기서 말하는 소유는 해석상 두 가지 의미를 가지고 있습니다.

첫째 우리말로 '가지고 있다(having)'로 해석되는 경우'
둘째, 우리말로 '-의'로 해석되는 경우입니다. '-의'의 의미를 좀 더
　　　풀어쓰면 '-에 속하는 (belong to)'라고 할 수 있습니다.

이 두 경우의 의미는 비슷하게 보이지만 'X of Y'에서 X와 Y의 포함 관계는 정 반대입니다. 첫 번째 경우는 X가 Y를 소유하고 있지만, 반대로 두 번째의 경우는 Y가 X를 소유합니다.

1 having

이 경우의 OF는 뒤에 나오는 **<'OF+명사'가 형용사>**인 경우와 비슷하게 보입니다. 예를 들어 **man of good sense (양식 있는 사람)**의 경우, 양식을 가지고 있는 사람으로 파악할 수 있겠으나 분류의 편의상 OF뒤의 명사가 추상명사인 경우는 **<'OF+명사'가 형용사>**인 경우로 분류 합니다.

　　　a woman **of** seven children (7명의 자녀를 둔 여자)
　　　man **of** wealth (부를 가진 사람 - 부자)
　　　man **of** character (인격을 가진 사람 - 인격자)
　　　a basket **of** apples (사과를 담은 바구니)

이것과 관련하여 두 가지만 첨언하겠습니다.
먼저 앞에서 나왔던 '목적격의 OF'와의 차이점입니다. 'having'에 해당되는 경

우를 목적격의 OF의 하나로 분류하기도 하기 때문입니다. 두 경우 모두 내용상 OF 뒤의 명사가 목적어의 역할을 하고 있기는 하지만 차이가 있습니다. 다음은 '목적격의 OF'로 사용된 경우입니다.

the discovery **of** America : 미국의 발견

위 예에서 discovery는 discover라는 동사의 명사형입니다. 그래서 '미국의 발견'이라고 했을 때, 발견의 의미는 discovery에서 나오게 됩니다.
반면에 a woman of seven children의 경우 '7명의 자녀를 가지고 있는 여자'라고 파악되고, 이때 소유하다는 의미는 OF에서 나오는 것이고 woman에서 나오지 않습니다.

다음으로 having의 의미를 가지는 OF에 대한 정확한 이해를 돕기 위해서 '**학교 선생님**'을 영어로 어떻게 표현할 것인지에 대해서 생각해 보기로 하겠습니다.

① a teacher **of** the school
② a teacher **at** the school

①번과 ②번 중 맞는 표현은 무엇이겠습니까? 전치사 AT이 사용된 ②번이 맞습니다. OF를 쓰지 않는 이유는 OF를 사용하게 되면 소유의 OF가 되어 학교를 소유한 선생님이란 의미가 되기 때문입니다.

2 **belong to**

처음 설명한 전치사 OF의 기본개념(결합)에
가장 부합되는 경우입니다.

a. the desk's legs = the legs of the desk
b. **God's** son = the son **of God** (하나님의 아들)

구동사 분류 및 정리

먼저 having의 의미를 갖는 경우와 비교해 보겠습니다.

① a woman **of** seven children (7명의 자녀를 둔 여자)
　　　a woman **having** seven children
　⇨ a woman ⊃ seven children
② the son **of** God　(하나님의 아들)
　　　the son **belong to** God
　⇨ the son ⊂ God

이해되실 겁니다. 이제 belong to의 의미를 가지는 경우의 예를 몇 개 더 보겠습니다. 아래 예들은 belong to의 의미로 들여다 볼 경우 조금은 무리가 있는 것도 있지만 모두 '결합'의 OF가 사용된 경우입니다.

　　　the legs **of** the desk (책상 다리들)
　　　a topic **of** conversation (대화 주제)
　　　the history **of** the village (그 마을의 역사)
　　　the phonograph **of** Edison (에디슨의 축음기)
　　　the cause **of** the accident (그 사고의 원인)
　　　the will **of** God (신의 의지)
　　　the property **of**　the government (정부의 재산)
　　　a daughter **of** my friend (내 친구의 딸)

다음 문장을 해석해 보시기 바랍니다.

It is of you.

위 문장에 사용된 of는 belong to의 의미를 가지고 있습니다. 그래서 다음과 같이 바꾸어 쓸 수 있습니다.

　　　It is **of** you. = It **belongs to** you. (그것은 너와 관련이 있다.)

한 문장 더 보겠습니다.

This money is **of** me. = This money **belongs to** me.
= This money is mine.

(2) 'OF+명사'는 형용사이다
* 대체로 전치사 OF 뒤에 추상명사가 나오는 경우입니다.
 having의 의미를 가지는 of와 비교해 보시기 바랍니다.

앞에서 이미 설명했듯이 소유격은 뒤의 명사를 꾸며주는 형용사와 같은 역할을 합니다. 따라서 소유격과 같은 역할을 하는 'OF+ 명사'도 형용사 역할을 하게 되고 따라서 당연히 **'OF+명사'는 형용사의 역할을 하게 되는 것입니다.** 문법적으로 정확히 정리하면 다음과 같습니다.

'OF+명사'는 '형용사구'이다

OF를 제외한 다른 전치사 + 명사는 대부분

부사의 역할을 합니다. 그래서 보통 문법적으로 '전치사+ 명사'는 부사구라고 말합니다. 그런데 'OF+ 명사'만은 형용사역할을 하게 됩니다.

a man **of ability** = an **able** man (유능한 사람)

a machine **of much use** = a **very useful** machine
(매우 쓸모 있는 기계)

a matter **of importance** = an **important** matter (중요한 문제)

'전치사 OF+ 명사'가 형용사로 사용되는 또 다른 경우를 살펴보겠습니다.

* BE OF

a. The machine **is of** use.

위 문장과 같은 형태를 처음 볼 때 조금은 당황했던 기억을 모두들 가지고 있을 겁니다. 그런데 'OF+명사'가 형용사라는 것만 알면 해결되는 문장입니다.

b. The machine **is useful**.

b 문장은 쉽게 이해될 것으로 믿습니다. 그렇다면 a 문장도 해결되었습니다. a문장과 b문장은 의미가 같습니다. 왜냐하면 'OF+명사'가 형용사이고, 따라서 **of use는 useful과 바꾸어 써도 의미가 같기 때문**입니다. 다음 문장도 같은 원리로 접근하시기 바랍니다.

The book is **of value**. = The book is **valuable**.
The matter is **of great importance**.
= The matter is **very important**.
I am glad to have been **of some help to you**.
= I am glad to have been **a little helpful** to you.
I would like to be **of some service** to you.
= I would like to be **a little helpful** to you.

cf. 다음과 같이 be of를 have로 바꾸어 해석하면 편리하기도 합니다. 참고하시기 바랍니다.

The book **is of** value. = The book **has** value.

(3) '명사+OF+명사'는 하나의 단어 역할을 한다.

'명사+OF+명사'는 하나의 단어 역할을 한다는 것은 2권 <문법 없이 독해하기>에서 제시한 '구조적 독해'에서 언급했던 사항이기도 합니다.

여기서는 지금까지 설명한 용법 이외에 '명사+OF+명사'에서 OF가 가지는 여러 가지 의미를 제시하려고 합니다.

1 **동격의 OF I**

the city **of** London (런던이라는 도시)
the five **of** us (우리들 5명)

'**city=London**'라는 관계가 성립합니다. 이런 경우를 동격의 of라 한다. 물론 콤마(,)를 찍어서 the city, Paris라고 표현해도 됩니다. 콤마를 쓰게 되면 보충 설명하는 어감이 강하게 됩니다. 그런데 사람인 경우에는 of 앞의 명사와 뒤의 명사 사이에는 동격(=)이 될 수 없기 때문에 동격의 of를 쓰지 않고 보충 설명하는 식으로 콤마(,)를 찍어 사용하는 것이 맞습니다.

Mr. Park, the doctor, came back.
(의사인 Park씨가 돌아왔다.)

그러나 **the five of us**처럼 of 앞, 뒤가 모두 사람이라면 동격이 성립할 수 있으므로 of를 사용할 수 있습니다.

2 **동격의 OF II : 추상명사 + OF**

There is **little hope of** her returning.
(그녀가 돌아오리라는 희망은 거의 없다.)
the fact of my having seen him (내가 그를 만났다는 사실)
the fact of your meeting him (네가 그를 만났다는 사실)

3 동격의 OF III : 이중 소유격

a portrait **of** my father's (나의 아버지가 소유한 초상화)
a friend **of** mine (나의 친구)

4 불가산 명사의 양을 측정하는 방법

a piece **of** bread (빵 한 덩어리)
a slice **of** bread (빵 한 조각)
a lump **of** clay (흙 한 덩이)
a cup **of** coffee (한 잔의 커피)

5 - 같은(비유적 표현)

a angel **of** a girl (천사 같은 소녀)
a mountain **of** a wave (산더미 같은 파도)
a brute **of** a man (짐승 같은 남자)
a palace **of** a house (궁전 같은 집)

6 재료

a table **of** wood (나무로 만든 테이블)
a house **of** stone (돌로 만든 집)
a dress **of** silk (비단으로 만든 옷)

7 - 중

some **of** that cake (그 케이크의 약간)
one **of** us (우리들 중 한명)
the younger **of** the two (둘 중에 더 젊은 쪽)
some **of** my money (내 돈의 일부)

8 기타

a man **of** a good family (좋은 집안의 사람 - 출처, 기원)
a long story **of** adventures (긴 모험담 - '-에 대해서') etc.

B. 동사와 관련 있는 'OF+명사'

(1) 출처, 기원의 의미 : FROM

X from Y는 X와 Y가 서로 떨어져 있는 그림을 표현하고 있고, 이로부터 크게 2가지의 의미, 즉 '기원'과 '분리'의 의미를 가지고 있다는 것을 앞에서 설명한 바 있습니다. **이중에서 전치사 OF는 '기원'의 의미를 가지고 있습니다.** 물론 전치사 OF가 FROM이 가지는 분리의 의미도 가지고 있지만 FROM 과는 구별해야 하는 점이 있기 때문에 여기서 설명하지 않고 항을 바꾸어 뒤에 설명하도록 합니다.

예문을 보도록 하겠습니다. 아래 예문에 사용된 OF 대신에 FROM을 집어 넣어 보면 이해에 도움이 될 것입니다.

① **확장1-A형식**

Love **is of** god. (사랑은 신으로부터 나온다.)
She **comes of** noble blood. (그녀는 명문가 출신이다.)
Though they **were born of** same parents, they bear no resemblance to each. (그들은 같은 부모로부터 태어났지만 서로 닮은 점이 전혀 없다.)

② **확장3-A형식**

May I **ask** a favor **of** you? (당신에게 부탁하나 드려도 좋습니까?)
I **beg** a favor **of** you. (당신에게 부탁이 하나 있습니다.)
A father **demands** obedience **of** his children.
    (아버지는 자기 아들에게 복종을 요구한다.)
The parents **expected** too much **of** their son.
    (그 부모는 자기 아들에게 지나친 기대를 하고 있다.)

이것과 관련하여 다른 관점을 소개하려고 합니다. 앞에서 여러 차례 '명사 +OF+ 명사'는 하나의 단어로 보아야 한다고 했었습니다. 그래서 다음과 같이 파악하는 것도 가능합니다.

A father demands **[obedience of his children]**.
(아버지는 **[자기 아들의 복종]**을 요구한다.)

obedience of his children을 주격의 OF로 분류하여 하나의 단어로 취급하는 것입니다. 해석상 충분히 의미 있는 분석이라고 생각됩니다. 한 문장 더 보겠습니다.

The parents expected **[too much of their son]**.
(그 부모는 **[자기 아들의 너무 많은 것]**을 기대를 하고 있다.)

(2) 분리의 의미

① **FROM**

<확장1-A>
The ball **went** wide **of** the goal. (공이 목표에서 많이 벗어났다.)

<확장3-A>
Take one **of** the apples. (그 사과들 가운데 하나를 가져라.)

<be 형용사>
The old woman **is** never **free of** pain.
(그 노부인은 고통으로부터 결코 벗어난 적이 없다.)
This coffee **is free of** caffeine.
(이 커피는 카페인과 분리되어 있다. → 카페인이 없다.)
They **were short of** food. (그들은 식량이 부족했다.)

② **OFF**
* 전치사 of가 off의 의미를 가지게 된 것은 비슷한 발음 때문인 것으로 보입니다.

동사 + <u>A</u>　OF　<u>B</u>　(A에게서 B를 빼앗다)
← (-) → (A에게서 B를 <u>멀어지게 하다</u>)

영문에서는 위와 같은 형식이 존재한다는 것을 1권을 통해서 제시한 바 있습니다. 이 경우 <u>동사 자리에 무엇이 오든지 간에 위의 형식을 취하면 'A에게서 B를 빼앗다'로 파악해야 합니다. 이 때 동사 자리에 올 수 있는 **대표적인 동사가 ROB이고**</u> 그 외에도 A와 B가 무엇이 오느냐에 따라 그리고 말하는 사람의 의도에 따라 다양한 동사가 올 수 있습니다. **rob A of B는 사용 빈도가 높은 표현의 하나로서 받아들여야지** 기존 문법에서처럼 이 표현 하나만을 독립된 숙어로 취급해서는 안 됩니다.

The man **robbed** the clerk **of** a thousand dollars.
　(그 남자는 점원으로부터 1천 달러를 빼앗았다.)
We must **rid** the house **of** rats. (우리는 집에서 쥐를 없애야 한다.)
He **picked** the woman **of** a purse.
　(그는 그 여자에게서 지갑을 빼앗았다.)
Teacher **discharged** him **of** an obligation. (선생님은 그에게서 의무를 빼앗았다. ⇨ 선생님은 그를 의무로부터 해방시켰다.)
He **cleared** his mind **of** doubts.
　(그는 그의 마음에서 의심을 빼앗았다. ⇨ 그는 의심을 풀었다.)
The cat **freed** the house **of** rats. (그 고양이는 그 집에서 쥐를 빼앗았다. ⇨ 그 고양이 때문에 집에서 쥐들이 사라졌다.)
I'm trying to **break** my son **of** his bad habits.
　(나는 내 아들에게서 나쁜 습관을 빼앗으려고 시도했다. ⇨ 나는 내 아들에게서 나쁜 습관을 없애려고 시도했다.)
The company **relieved** him **of** his post. (그 회사는 그에게서 그의 자리를 빼앗았다. ⇨ 그는 직장에서 해고 되었다.)

They **cleared** the pavement **of** snow. (그들은 도로에서 눈을 치웠다.)
He **emptied** the box **of** all its contents.
  (그는 그 상자의 내용물을 모두 끄집어내었다.)
The wind **stripped** the trees **of** all their leaves.
  (바람으로 나뭇잎이 모두 졌다.)
The people **deprived** the king **of** all his power.
  (국민들은 왕에게서 모든 권력을 박탈하였다.)
The doctor **cured** him **of** rheumatism.
  (의사는 그에게서 류머티즘을 고쳐주었다.)
Can I **ease** you **of** your burden?
  (제가 부담을 덜어 드릴 수 있을 까요?)

이 경우를 전치사 from과 비교해 보면 방향이 반대라는 것을 알 수 있을 것입니다. 즉, X of Y = Y from X 라는 것입니다. 물론 from과 of가 그대로 바꾸어 사용되는 것은 아니고 전치사가 바뀜에 따라 사용될 수 있는 동사가 달라지지만 X와 Y만 놓고 보면 반대라는 겁니다. 아래에 제시된, from이 분리의 의미로 사용된 확장3-A형식의 예문과 비교해 보면 쉽게 알 수 있을 것입니다.(더 많은 예문은 앞에 제시한 from을 참조하시기 바랍니다.)

The thieves **stole** all the money **from** the safe.
  (그 도둑들은 그 금고로부터 모든 돈을 훔쳤다.)

이처럼 전치사에 따라서 X와 Y의 위치가 바뀌는 경우를 전치사 WITH를 설명하면서 확인한 바 있습니다.

(3) 결합의 의미

* 결합의 의미로 of가 사용되는 경우는 어떤 사실, 내용을 여러 가지 방식으로 다른 사람에게 전달하는 경우에 사용됩니다. 대표적인 것이 **'Inform A of B : A에게 B를 알려주다'**입니다.

* 결합의 의미로 of가 사용되는 경우는 **뒤에 전치사 OF의 역할을 설명하면서 완전히 다른 관점에서 다시 설명할 것입니다.** 결합의 의미로 분류하는 것은 의미(해석)상 그러한 것이고, 뒤에 나오는 분류는 기능에 의한 것입니다. 제가 판단하기로는 뒤의 분류가 더 정확하다고 생각합니다. - 영어를 분석함에 있어서 참으로 어려운 점 중의 하나가 우리말로 어떻게 해석되는가를 무시하기가 힘들다는 겁니다. 이러한 표현이 나오게 되는 원리는 뒤의 분류가 맞지만, 의미상으로는 결합의 의미로 분류하는 것도 의미 있어 보이기 때문입니다. 앞에서 구동사를 분류할 때도 어려웠던 점입니다. 저 혼자만 결정할 사항은 아닌 것 같습니다. 앞으로 많은 연구를 통해서 합의를 도출해야 할 것입니다.

동사 + A OF B (A에게 B를 알려주다)
(A와 B를 <u>더하다</u>)

They **informed** me **of** your success in the examination.
   (그들이 나에게 네가 시험에 합격했다는 것을 알려 주었다.)
He **assured** us **of** his ability to solve the problem.
   (그는 그 문제를 해결할 능력이 있음을 우리에게 확신시켜 주었다.)
They **convinced** me **of** her honesty.
   (그들은 나에게 그녀의 정직을 확신시켰다.)
Please **advise** us **of** the dispatch of the goods.
   (물건이 언제 발송되는지 알려 주세요.)
How can I **persuade** you **of** my sincerity?
   (나의 성실성을 어떻게 하면 믿어 주시겠습니까?)
The picture always **reminds** me **of** my childhood.
   (이 사진을 보면 언제나 어렸을 때 일이 생각납니다.)
She **warned** him **of** the danger. (그녀는 그에게 그 위험을 경고했다.)
He **warned** me **of** their fierce design.
   (그는 나에게 그들의 무서운 흉계가 있음을 경고했다.)
She **accused** him **of** stealing her car.

구동사 분류 및 정리

(그녀는 그가 자동차를 훔쳤다고 고발하였다.)

잠시 '**동사+A+OF+B**'에 대해서 정리하고 넘어가겠습니다.

1. The man **robbed** the clerk **of** a thousand dollars.
2. They **informed** me **of** your success in the examination.

같은 '동사+A OF B'이지만 1번 문장과 2번 문장의 의미가 다릅니다. 완전히 반대의 의미입니다. 1번의 경우는 주어가 A에게서 B를 <u>멀어지게 하는 의미</u>여서 이 경우의 OF는 이미 배운 전치사 FROM과 같은 의미로 파악 되지만 2번의 경우에는 'A와 B를 <u>더하다</u>'라는 의미로 전치사 WITH와 가깝습니다. 이 차이는 문장의 내용을 파악하는 도중에 쉽게 구분이 될 수 있습니다. **왜냐하면 언어란 억지가 아니기 때문이지요.** A문장을 'rob A of B'로 파악하면 '그들은 나에게 네가 시험에 합격한 것을 빼앗았다'가 되어서 누가 보더라도 상식적으로 자연스럽지 않습니다. 그리고 이 구분에 동사도 중요한 역할을 합니다. <u>동사는 자유스럽게 변할 수 있기는 하지만 **형식의 의미를 해치지 않아야 하는 제약을 필연적으로 가지고 있는 것입니다.**</u> 동사란 형식의 의미를 풍부하게 하는 역할을 가지고 있음을 이미 설명 드렸습니다. 따라서 다음과 같이 정리할 수 있겠습니다.

* **동사 A of B (A에게서 B를 빼앗다)**
  이 경우에는 동사 자리에 ROB, CLEAR, RELIEVE, DISCHARGE 등이 자주 사용된다.
* **동사 A of B (A에게 B를 알려주다)**
  이 경우에는 동사 자리에 INFORM, CONVINCE, WARN 등이 자주 사용 된다.

아무튼 이것은 구체적인 문장을 통해서 반복적으로 학습하면 자연스럽게 그리 어렵지 않게 구분하여 사용할 수 있을 것입니다.

(4) -에 대해서 : ABOUT

다음 문장들의 비교를 통해서 전치사 of가 about(-주위에)의 의미를 가지고 있다는 것을 설명하려고 합니다.

a. I know him.
b. I know of him.

a 문장: 나는 그를 **직접** 만나서 알고 있다.
b 문장: 나는 그런 사람이 있다는 것을 다른 사람이나 그 밖의 것을 통해서 **간접적**으로 알고 있다.

c. I read the book.
d. I read of the book.

c 문장: 나는 그 책을 **직접** 읽었다.
d 문장: 나는 그런 책이 있다는 것을 신문, 잡지, 다른 책 등에서 읽어서 **간접적으로** 알고 있다.

e. I heard it.
f. I heard of it.

e 문장: 나는 그것을 **직접** 들었다.
f 문장: 나는 그것을 직접 듣지 못하고 **간접적으로** 다른 매체를 통해서 들었다.

g. I heard him.
h. I heard of him.

g 문장: 나는 그가 말하는 것을 **직접** 들었다.
f 문장: 나는 그런 사람이 존재한다는 사실을 다른 매체를 통해서

간접적으로 들었다.

(5) 직접적인 원인

of는 '**(직접적인) 원인**'을 나타내는 경우 사용됩니다. 특히 질병처럼 사람 몸 내부에서 생긴 원인을 표현할 때 사용됩니다.

>He died **of** cholera. (그는 콜레라 때문에 사망했다.)
>She died **of** cancer. (그녀는 암으로 사망했다.)

그러나 참고로 **간접적인 원인인 경우에는 from**을 사용 합니다.

>He died **from** the traffic accident.
>(그는 교통사고로 사망했다.)
>He died **from** drinking too much.
>(그는 술을 너무 많이 먹어서 사망했다.)

다음은 '(직접적인) 원인의 of'에 해당되는 예문입니다.

>I am dying **of** curiosity. (나는 호기심 때문에 죽어가고 있다.)
>He was arrested **of** robbing a bank.
>(그는 은행을 털었다는 이유로 체포되었다.)
>The prosecutor accused him **of** stealing a car.
>(그 검사는 그를 차를 훔쳤다는 이유로 고소했다.)
>I am tired **of** the whole business.
>(나는 모든 일로 인해 지쳐있다.)

전치사 **OF의 의미**에 대해서는 여기까지만 정리하도록 하겠습니다. 완벽하지는 않지만 많은 도움이 될 것입니다. 이제 전치사 **OF의 역할**에 대해서 살펴보겠습니다.

C. 전치사 OF의 역할

"목적어를 취할 수 있도록 돕는다."

(1) 동사가 아닌 것이 목적어를 취할 경우

* 이 부분의 내용은 1권<이제영어의의문이풀렸다>에 있는 내용을 좀 더 보강한 것입니다.

① 'be+형용사'가 목적어를 취할 경우

우리말에는 '행복한'이라는 형용사와 '행복하다'는 동사가 모두 사전에 있습니다. 하지만 영어 사전에는 '행복한'에 대응되는 'happy'는 있지만 '행복하다"에 대응되는 한단어의 동사는 존재하지 않습니다. '행복하다'를 표현하려 'be happy'라고 해야지요.

우리말	ENGLISH
행복한	HAPPY
행복하다	**be happy**
그는 행복하다 ⇨	He is happy

여기에서 보듯이 BE동사는 **형용사를 동사의 역할을 하도록 만듭니다.** 그렇다고 본다면 **'be+형용사'는 하나의 동사**라고 해도 크게 무리는 없을 것입니다. 그러면 여기서 의문이 생깁니다. 일반 동사는 모두 아시다시피 자동사와 타동사로 나누어집니다. 자동사는 목적어를 취하지 않는 동사이고 타동사는 목적어를 취하는 동사입니다. 그러면 'be+ 형용사'도 동사이기 때문에 목적어를 취할 수도 있을 것입니다. 그러면 'be+ 형용사'는 어떻게 목적어를 취할까요? 그 방법은 전치사 of를 사용하는 것입니다. '나는 무섭다', '나는 두렵다'를 영어로 바꾸면

I'm scare.
I'm afraid. 입니다.

그러면 이제 '나는 쥐를 두려워한다.'를 영어로 바꾸면

I'm scare **of** the rat.
I'm afraid **of** the rat. 입니다.

이렇듯 전치사 of는 'be+형용사'가 목적어를 취할 수 있게 해줍니다.
한 가지 유념할 것이 있습니다. 'BE+ 형용사'뒤에 항상 전치사 OF만 오는 것은 아닙니다. 내용에 따라 다양한 전치사가 위치할 수 있겠습니다. 따로 예문을 들지 않더라고 알고 계실 것입니다. 보통 '-을, -를'로 해석 되는 경우에는 전치사 OF를 사용한다는 것만 기억해 주십시오. OF가 사용된 문장 몇 개만 더 보겠습니다.

He **is ashamed of** his behavior. (그는 그의 행동을 부끄러워한다.)
They **are fearful of** accidents. (그들은 사고를 두려워한다.)
We **are glad of** your success in the project.
(우리는 그 사업에 있어서 당신의 성공을 기뻐한다.)
They **were proud of** their success.
(그들은 그들의 성공을 자랑스럽게 여겼다.)
I **am ignorant of** what she intends to do.
(그녀가 무엇을 하려고 하는지 나는 모른다.)
The general **was suspicious of** the men.
(그 장군은 장병들을 의심했다.)

2 명사 구문(목적격의 OF)

* 명사구문의 형태는 다양합니다. 하지만 여기서 다루는 명사 구문은 모두 '명사+ of+ 명사'의 형태를 취하고 있습니다. 그리고 '명사+ of+ 명사'는 앞에서 설명했듯이 주격, 목적격 등 여러 가지 의미를 갖게 되지

만, 이 부분에서 다루는 목적어를 취하는 명사란 분류상 앞에 보았던 '목적격의 OF'에 해당됩니다.

영어에서 목적어를 스스로 취할 수 있는 것은 동사 뿐 입니다. 하지만 우리말과는 달리 영어는 동사가 아닌 것도 목적어를 취하게 됩니다. 앞에서 보았던 'be+ 형용사'가 대표적인 것입니다. 그 외에 **명사도 의미상 목적어를 취하게 됩니다.** 예를 들어 보겠습니다.

The appreciation of music is dependent on **some knowledge of its rules.**
    The appreciation **of** music
        ⇦ appreciate music - 음악을 감상하다
    some knowledge **of** its rules   ⇦ know its rules - 규칙을 알다
    (해석: ①**음악의 감상**은 **음악의 규칙에 대한 지식**에 의존한다. ⇨
        ②음악을 **감상하려면** 음악의 규칙에 대해
                어느 정도 **알고** 있어야 한다.)

위 문장에서 The appreciation of music은 주어 자리에 위치한 명사구입니다. 이것은 appreciate music이라는 동사적 표현을 명사적 표현으로 전환한 것입니다. 동사적 표현을 보면 동사는 목적어를 직접적으로 취할 수 있으므로 OF가 사용되지 않았지만 명사적 표현인 The appreciation of music에서는 appreciate가 appreciation으로 바뀌면서 전치사 OF가 첨가되었습니다. 왜냐하면 말씀드렸듯이 명사는 직접적으로 목적어를 취할 수 없기 때문에 music을 목적어로 계속해서 취하기 위해서는 OF가 필요한 것입니다. some knowledge of its rules도 마찬가지입니다.

그리고 해석을 보면 명사를 명사처럼 해석한 ①번 보다는 동사적으로 해석한 ②번이 훨씬 자연스럽고 의미의 전달도 명확합니다. **명사가 동사처럼 사용된 이와 같은 구문을 '명사 구문'이라고 합니다.** 많이 사용되는 대단히 중요한 개념입니다. 예를 몇 개 더 들어 보겠습니다.

The mere sight of him makes me thrilled.
　　(그를 **보기만** 해도 흥분이 된다.)
He pretends **ignorance of the fact**.
　　(그녀는 그 사실에 대해서 **모르는** 체 했다.)

명사 구문의 형태를 몇 가지를 소개하겠습니다.

　　　　　동사 구문　　⇨　　**명사 구문**

① **목적격의 OF** – 명사를 목적어를 취할 수 있게 한다는 <u>이 부분의 주제</u>
　　　　　<u>와 부합</u>하는 형태입니다.

　　He removed the rock. ⇨ His removal **of** the rock.
　　　　(그가 바위를 치웠다. – **목적격의 OF**)
　　Columbus discovered America. ⇨ Columbus' discovery **of** America
　　　　(콜럼버스가 미국을 발견했다. – **목적격의 OF**)

아래에 나오는 명사구문의 형태는 명사를 목적어를 취할 수 있게 한다는 **이 부분의 주제와는 상관없습니다.**

② **주격의 OF**

　　　　　동사 구문　　⇨　　**명사 구문**

　　The parcel arrived late. ⇨ The late arrival **of** the parcel
　　　　(소포가 늦게 도착하다. – **주격의 OF**)
　　The ship failed to arrive in London. ⇨
　　　　　　The failure **of** the ship to arrive in London
　　　　(그 배는 London에 도착하지 못했다. – **주격의 OF**)

명사 구문에서 항상 전치사 OF만 사용되는 것은 아닙니다.

③ OF외에 다른 전치사가 사용된 경우

<u>동사 구문</u>　　⇨　　<u>명사 구문</u>

He answered the question. ⇨ His answer **to** the question
(그는 그 문제에 대답했다.)
The enemy attacked the village. ⇨
　　　　　　The enemy's attack **on** the village
(적들은 그 마을을 공격했다.)

이 외에도 명사 구문의 형태는 다양합니다. 하지만 이정도로 마치겠습니다.

정리하겠습니다. **동사가 아닌 것이 목적어를 취하려고 할 때 영어에서는 전치사 OF를 사용합니다.**

(2) That절을 목적어로 취하는 동사가 명사를 목적어로 취할 경우
　　　　　(THAT ⇨ OF)

먼저 예문을 보도록 하겠습니다.

A: He boasts **THAT he is rich.**
　　⇨ B: He boasts **OF being rich**.
(그는 자신이 부자라는 것을 자랑 한다.)

위에서 A문장에서 B문장으로 바뀌는 과정을 살펴보도록 하겠습니다. A문장에서 동사 boast의 목적어로 that절이 나와 있습니다. 이 문장을 B문장에서처럼 that절의 내용을 구나 한 단어의 낱말로 바꾸는 경우 전치사 OF를 사용합니니다.
　문법적으로 설명하면, 동사 boast는 that절을 목적어로 취하지만 한 단어의 목적어나 목적어 구는 취하지 못합니다. 이럴 경우 목적어를 갖도록 도와주는 것이 전치사 OF입니다.

영어에서 THAT절이 목적어로 사용되는 경우는 두 가지 경우입니다. 기존의 형식 이론에 의하면, 3형식과 4형식에서 그러한 경우가 존재합니다.

　　A: 3형식: 주어 + 동사 + **THAT절**
　　B: 4형식: 주어 + 동사 + 간접 목적어 + **THAT절**

이미 1권<이제영어의의문이풀렸다>를 통해서 that절을 목적어로 취하는 경우의 형식에 대해서 설명한 바 있습니다. 위와 같은 형태는 **보통 '말하다, 생각하다'의 의미를 표현할 경우**에 사용된다는 것을 다시 한 번 말씀 드립니다.

위에서 that 절의 내용을 한 단어나 또는 구로 표현하려고 할 경우에 전치사 OF가 사용됩니다. 다음과 같이 공식화할 수 있습니다.

　　A: 3형식: 주어 + 동사 + **THAT절**
　　　⇨ **A-1:** 주어 + 동사 + **OF + 명사**
　　B: 4형식: 주어 + 동사 + 간접 목적어 + **THAT절**
　　　⇨ **B-1:** 주어 + 동사 + 간접 목적어 + **OF + 명사**

각각의 예문을 하나씩 제시해 보겠습니다. 앞에 제시한 boast가 사용된 문장도 A의 예문에 해당됩니다.

　　A: 3형식: I dreamed **THAT** my mother will come back.
　　　⇨ A-1: I dreamed **OF** my mother's coming back.
　　　　　　(나는 나의 어머니가 돌아오는 꿈을 꾸었다.)

B: 4형식: He informed me **THAT** you succeeded in the examination.
⇨ B-1: He informed me **OF** your success in the examination.
(그는 나에게 네가 시험에 합격했다는 것을 알려 주었다.)

물론 사용되는 동사에 따라서 <A ⇨ A-1>, <B ⇨ B-1>의 문장 전환에서 각각의 문장이 실제로 자주 사용되는 표현인 경우도 있고 그렇지 않은 경우도 있겠지만 그러한 것은 차츰 영어를 공부하고 사용하면서 알아가야 할 사항이고, 여기서 제가 전하려고 하는 것은 <A-1>과 <B-1>의 표현에 대한 논리적인 이해입니다.

그리고 of가 사용된 문장에 대응되는 that절이 사용된 표현이 존재하지 않는다면 이경우의 of는 목적어를 취하기 위한 of가 아니라고 일단 생각할 수 있겠습니다.

우리는 여기서 지금까지 숙어로 암기해 왔던 많은 표현들을 암기하기 이전에 이해할 수 있어야 하겠습니다. 우선 위의 <B-1>의 예문을 보도록 하겠습니다.

B-1: He **informed** me **of** your success in the examination.

위 문장은 앞에서 결합의 의미로 사용된 OF를 설명하면서 나왔던 문장입니다. 이 경우 대표적인 표현이 '**Inform A of B**: A에게 B를 알려주다'입니다. 앞에서는 의미상 결합의 의미로 분류했지만 그것은 의미상 그렇다는 것이고 이러한 표현이 생성된 근본 원인은 지금 설명한 이유에 의해서입니다.
앞으로 동사 뒤에 전치사 of가 사용된 표현이 있는 경우에 혹시 of이하를 that절로 바꿀 수 있는지 따져보고, 만약 가능하다면 과거처럼 무조건 암기할 것이 아니라 지금 설명하고 있는 원리에 의한 of라고 이해하면 도움이 될 것입니다. 그리고 반대로 **동사 뒤에 that절이 사용된 표현의 경우라면 일단 of로 전환이 가능하다고 생각하시기 바랍니다.**

예문을 더 보겠습니다.

B: 4형식: They convinced me **THAT** she is honest.
⇨ B-1: They convinced me **OF** her honesty.
(그들은 나에게 그녀의 정직을 확신시켰다.)

B: 4형식: They accused the man **THAT** he had taken bribes.
⇨ B-1: They accused the mann **OF** taking bribes.
(그들은 그가 뇌물을 받았다고 비난했다.)

여러분은 'accuse A of B: A를 B라고 비난/고소하다'라는 표현을 알고 있을 겁니다. 이제 이 표현에서 of가 어떠한 역할을 하고 있는지 이제 아시겠습니까? 원리를 이해하고 암기한다면 더욱 효과적일 것입니다.

이번에는 3형식문장을 보겠습니다.

A: 3형식: He complained **THAT** she was late for the meeting.
⇨ A-1: He complained **OF** her being late for the meeting.
(그는 그녀가 그 모임에 늦었다고 불평했다.
← 불평해서 말했다.)

(L) 기타 전치사적 부사 및 부사 정리

부사에는 다음과 같은 것들이 있습니다.

ASHORE FAR(FURTHER) THERE   HERE AHEAD
FORWARD ALONE FORTH NEAR OVERSEAS ABROAD
SKYWARD NORTH(NORTHWARD) ELSEWHERE
UPSTAIRS RIGHT/LEFT UPHILL ABREAST HOME
ABOARD   etc

1) AHEAD (in front; forward)

He **got ahead** as an interior decorator.
   (그는 실내장식가로 성공했다.)
After the rain stopped, the workmen **went ahead** with their work.
   (비가 멈추자 직공들은 일을 계속했다.)
He wants to **get ahead** quickly.
   (그는 빨리 출세하기를 원했다. - 의역)

2) BEHIND

<확장1-A형식>

The player **dropped behind** early in the marathon.
   (그 선수는 마라톤 경주 초반부터 뒤떨어졌다.)
Tom studied hard not to **fall behind** his classmates.
   (Tom은 급우들에게 뒤지지 않기 위해서 열심히 공부했다.)
The lame child **lagged behind**. (절름발이 아이는 뒤에 처졌다.)
   * lame : 절름발이의   * lag : 천천히 걷다, 뒤떨어지다
He **hid behind** the bushes.
(그는 비겁하게 굴었다. ← 그는 검불 뒤에 숨었다.)

While cleaning out the room they found several umbrellas which **had fallen behind** the sofa. (방을 청소하다가 그들은 소파 뒤에 떨어져 있던 여러 개의 우산들을 찾아냈다.)

<확장3-A형식>

He **put** the thought **behind** him.
(그는 그 생각을 떨쳐버렸다.
← 그는 그의 뒤에 그 생각을 이동시켰다.)

cf. be behind

He is behind other boys of his age.
(그는 그 또래의 다른 소년들만 못하다.)
The train **is** always **behind** time. (그 기차는 항상 시간에 늦는다.)

3) 기타

(가) 확장1-A형식

주어(A) + 동사 + 부사

주어가 스스로 부사 쪽으로 이동하다.

The wind blew **ashore**. (바람은 해변으로 불었다.)

The virus spread **overseas**. (그 바이러스는 해외로 퍼져 나갔다.)
He trying to move **forward**. (그는 앞으로 움직이려고 시도하고 있다.)
Nina really wanted to go **abroad** to study.
(Nina는 외국에 나가 공부하기를 진정으로 원했다.)
I were driving **home**. (나는 차를 몰고 집으로 가고 있습니다.)
He won **home**. (그는 집에 이르렀다.)

Every year thousands of people move **there**.
 (해마다 수 천 명의 사람들이 그곳에 갑니다.)
Turn **right** at the next light. (다음 신호등에서 오른쪽으로 돌라라.)
Flames stretched **skyward**. (화염이 하늘로 향했다.)
Our mind is **elsewhere**. (우리의 마음은 다른 곳에 있다.)
He flew **upstairs**. (그는 위층으로 뛰어 올라갔다.)
The following day saw us flying **northward**.
 (그 다음날 우리는 북쪽을 향해 출발하게 되었다.)
The New Year draws **near**. (새해가 다가온다.)
Until the children have climbed **aboard** no car may pass a school bus picking up pupils. (어린이들이 탑승을 완료할 때까지 그 어떤 차도 학생들을 태우는 학교 버스를 지나갈 수 없다.)

(나) 확장 3-A형식

주어 + 동사 + 명사(A) + 부사

주어가 명사(A)를 부사 쪽으로 이동시키다.

They sends the letter **north**. (그들은 편지를 북쪽으로 보냈다.)
Science **take** us too **far**.
 (과학과 기술은 우리를 너무 멀리 보낸다. ⇨ 도가 지나치다.)
I had **left** it **there** for long.
 (나는 그것을 오랫동안 거기에 방치해 두었다.)
He **brought** work **home**. (그는 일을 집으로 가져왔다.)
A back pressure **pushes** the balloon **forward**.
 (후방 압력이 풍선을 앞으로 보낸다.)
Let me **help** you **upstairs** with your trunk.

(2층으로 트렁크를 날라다 드리지요.)
We **will pull** the shed **uphill**.
(우리는 그 썰매를 끌고 산위로 갈 것이다.)
Please **lay** the box **here**. (그 상자를 여기에 내려놓아라.
The bus passenger **hurried** her young daughter **aboard** without paying the child's fare. (그 버스 승객은 서둘러 자기 어린 딸을 태우고 그 아이의 요금을 내지 않았다.)

글을 끝마치며

항상 책을 다 쓰고 나면 아쉬움이 남습니다. 그 아쉬움에는 두려움도 함께 존재합니다. 이번에도 마찬가지입니다.

하지만 1권을 출간할 때보다는 2권, 그리고 지금이 좀 더 편안한 것 같습니다. 이유는 제 책을 찾아주시는 독자 여러분들이 더 많아진 것 때문이겠지요.

아직도 저의 영어는 진행형입니다.

제가 제시한 새로운 영어 이론에 대해서 동감해주는 독자들이 있는 한 계속 진행할 것입니다.

다음 책은 게으름 피우지 않고 좀 더 빨리 출간하도록 하겠습니다.

항상 건강하시고 많은 발전 이루시기를 희망합니다.